每天学点语文小知识

NAXIE YIWEISHENCHANG DE JUEMIAOHAOCI

祁 冰 编著

中国纺织出版社

内 容 提 要

词语是中华民族语言智慧的结晶，它言简意赅，内涵丰富，许多词语背后都有一个精彩生动的故事，体现了古代人民的精神与智慧。

本书挑选了一些比较经典的词语，并给每个词语配上了妙趣横生的故事及趣味链接，使读者能在快乐阅读中体会词语的深意。

图书在版编目（CIP）数据

那些意味深长的绝妙好词 / 祁冰编著. --北京：中国纺织出版社，2016. 4（2022.8 重印）
（每天学点语文小知识）
ISBN 978-7-5180-2210-6

Ⅰ.①那…　Ⅱ. ①祁…　Ⅲ. ①汉语—词汇—青少年读物　Ⅳ. ①H136-49

中国版本图书馆CIP数据核字（2015）第292079号

责任编辑：赵晓红　　特约编辑：徐　洪　　责任印制：储志伟

中国纺织出版社出版发行
地址：北京市朝阳区百子湾东里A407号楼　邮政编码：100124
销售电话：010—67004422　传真：010—87155801
http：//www.c-textilep.com
E-mail：faxing@c-textilep.com
中国纺织出版社天猫旗舰店
官方微博http://weibo.com/2119887771
佳兴达印刷（天津）有限公司印刷　各地新华书店经销
2016年4月第1版　2022 年 8 月第 3 次印刷
开本：710 × 1000　1/16　印张：21
字数：254千字　定价：52.80 元

前言

你可曾想过人人厌恶的“流氓”原本不是用来指坏人；

你可知道“二百五”这个词语的由来有多么令人“啼笑皆非”；

你知道经常食用的油条和秦桧有关吗？

你知道耳环最早是作为护身符用的吗？

……

当你遇到不顺心的事情你会说自己“倒霉”；在比赛中赢得冠军的人会被形容“摘得桂冠”；某人的女儿嫁了个好丈夫，众人会恭贺他得了一个“东床快婿”；形容一个人守信用，重情义，你会说他“一诺千金”。

“倒霉”“桂冠”“东床快婿”“一诺千金”这些词语在日常生活中，你常常说，时时听，处处用，但是你知道它们的由来吗？

词语中有悠久的历史，有丰富的地理，有灿烂的文化，有有趣的官职……词语是中华民族语言智慧的结晶，它言简意赅，内涵深远，每一个词语背后都有一个精彩生动的故事，体现了古代人民的生活、精神和智慧。

例如，《红楼梦》中说：“可叹停机德，堪怜咏絮才。”曹雪芹赞黛玉有“咏絮才”，那么为什么要用这个词语形容女子的才气？“咏絮才”究竟是一种什么样的才情呢？

如果你不清楚，不了解，没关系，本书告诉你。本书妙趣横生的历史故事，典故，可以让你充分享受词语的奥妙，了解历史的真相。这些满载着知识的词语化成一本深厚的书籍放于案头，就像一个神秘的世界等待你去冒险，去探究词语背后的故事，充分了解词语的深意，拥有为人处世的智慧。

换个视角学词语，让你在阅读中体会快乐。当你走近这些词语，看到了这些词语背后的故事时，就如同打开了历史长长的画卷，在提高使用词语的能力的同时，还增长了历史知识。

编著者

2015年6月

目录

上篇　小词语，大能量

第一章　词语中的历史：每个词语都是一段历史

第二章　词语中的地名：震撼人心的奇观与美丽

第三章　词语中的饮食：词语中色、香、味

第四章　词语中的习俗：有趣的民间传统习俗

第五章　词语中的衣饰：点滴之中，品悟文化的沧桑

第九章　词语中的官职：趣说古代官职的由来

第十章　词语中的俗语：喜闻乐见的语言形式

第十一章　固定语：源远流长源自于凝练

第十三章　词语的演绎：踏寻词语流变的痕迹

下篇　读词语，学历史

第十四章　求知类：少而好学，如日出之阳

第十五章　励志类：听从理想的召唤

第十七章　做人类：做个堂堂正正的人

上篇

小词语，大能量

张灯结彩　欢聚一堂　普天同庆　喜气洋洋　百花盛开　争奇斗艳　五彩缤纷　色色俱全

得意扬扬　天长日久　狐假虎威　半信半疑　神气活现　摇头摆尾　东张西望　大摇大摆

跋山涉水　餐风宿露　水送山迎　赏心悦目　生机勃勃　心狠手辣　起早贪黑　神通广大

高耸入云　日思夜想　重见天日　舐犊之爱　乌鸟私情　天伦之乐　其乐无穷　摩拳擦掌

第一章 词语中的历史：每个词语都是一段历史

一、“瓦解”来源于秦朝的灭亡

“瓦解”一词从字面上看即为瓦片破裂，意喻崩溃解体。此类词语还有一些，如“土崩瓦解”比喻彻底垮台或溃败；“望风瓦解”比喻望风而溃；“瓦解冰消”比喻完全消逝或彻底崩溃。“瓦解”还隐指人心离散、斗志涣散。

战国末期，群雄并起，秦王嬴政叱咤风云，踏平六国，统一全国，建立中国历史上第一个封建王朝，自称秦始皇。

秦始皇驾崩，他的小儿子胡亥与赵高、李斯狼狈为奸，逼死了长兄扶苏，夺取了帝位，史称秦二世。秦二世缺少秦始皇的雄才大略，但在残忍暴虐方面却有过之而无不及。他一登上皇位，就大肆诛杀和他意见不同的人。百姓生活在水深火热之中。

很快，秦二世的暴政引起了百姓的反抗。陈胜、吴广揭竿起义，举起反秦的旗帜，天下群起响应。诸侯背叛，将领倒戈，秦军在前线节节败退。起义军中刘邦、项羽的兵马直逼都城咸阳。在秦王朝风雨交加、摇摇欲坠的时候，朝廷又发生了内讧，丞相赵高诛杀了秦二世，立二世的侄子子婴为王。子婴在举行登位大典之前又诛杀了赵高，子婴只当了四十多天皇帝，刘邦和项羽就打进了咸阳城，子婴被杀死，秦王朝就此灭亡了。

后来，司马迁在记叙这段历史时，用了一个极其形象的比喻，形容秦王朝的迅速崩溃，他说："这真像是瓦解呀，即使有周公那样的能人，也挽救不了它的毁灭。"此后，人们便用"瓦解"来比喻事物的崩溃、分裂或分解。

苏联的解体

在斯大林之后，从赫鲁晓夫到戈尔巴乔夫，苏联几代领导人都对原有的体制进行过改革尝试，但都没有从根本上触动原有体制的弊端。改革的过程中，反复无常，使改革变成了改向，最终导致了苏联的解体。

二、楚汉相争留"鸿沟"

"鸿沟"一词我们经常见到，如："这件事给夫妻俩的感情造成了极大的伤害。两人心里无形中形成了一条不可逾越的鸿沟，再难恢复到以前那样子。"这里的"鸿"是大的意思，类似的还有"鸿儒""鸿鹄"；"沟"的本义是田间水道，既为沟壑，则隐指难以跨越。说到"鸿沟"，它不是一个普通的"大沟"，它原是我国古代最早连通黄河和淮河的人工运河的名称，在今河南省荥阳市，现在已经不存在了，只有残存的"鸿沟"和"楚河汉界"遗址。但是，"鸿沟"的名字却一直流传了下来，这是因为历史上曾经发生过惊天动地的事件：

秦朝末年，反秦主力刘邦、项羽兵分两路伐秦。刘邦抢先占领咸阳，迫秦王子婴献传位玉玺。刘邦被封为汉王，秦王朝自此灭亡。

随后，项羽入咸阳，杀子婴，自立为"西楚霸王"。从此，刘邦、项羽两人争夺天下，打了几年的仗，这就是历史上的"楚汉之争"。公元前204年，刘邦一度被项羽围困在荥阳城内，后用计谋，才奋力逆转局势。突围之后，刘邦兵分两路，一路与项羽正面对峙，另一路从后路包抄楚军，这样，逐渐拖垮了楚军，此后形势发生了逆转，楚军渐弱，汉军日强。公元前202年秋，楚军粮尽，处于劣势的项羽无奈之下只好与刘邦讲和，双方约定以鸿沟为界“中分天下”，割鸿沟以西为汉，以东为楚。这就是历史上著名的“楚汉相争，鸿沟为界”的故事。

因此，后来人们常用“鸿沟”比喻不可超越或难以消除的界线。今天，象棋的棋盘上也以“鸿沟”划分“楚河”“汉界”。另外，两代人之间由于生活环境、思想的不同而造成的鸿沟，常被称为“代沟”。

闲敲棋子得佳对

有一家货铺的老板是个棋迷，在棋艺方面很有研究，其妻子也很喜欢下棋。当年二人就是以棋相交，定下终身的。

一次晚饭过后，老板娘便摆开了楚河汉界，夫妻二人又切磋起棋艺来。下棋时老板下得十分稳健，老板娘却求胜心切，每每走错棋，急得直冒汗，在老板相让之下，才赢了两局，多少挽回点面子。第二天，两人又在一起下棋。老板一想起老板娘昨晚的狼狈样子，便口出一副上联戏谑道：

昨夜敲棋寻子路

老板娘一听丈夫的戏弄，便张口要还击，一想：不对，这上联中有玄机。原来，那“子路”虽是指寻思走棋，但暗含孔子的学生、七十二贤人之一的子路，一时急得不知如何应对。正要认输，恰好有个客人进来买镜子。老板娘灵机一动，便应道：

今朝对镜见颜回

同样，下联中也隐含了孔子的学生、七十二贤人之一颜回。下联里表示自己照镜子可以见到自己的真实相貌（颜）。老板一听这样巧妙的对句，心

中十分高兴，便让人写好，装裱之后，挂在店铺的大门上，作为一个招牌，吸引顾客。

三、“唇齿”相依

“唇齿”是比喻关系接近、利害一致的双方，成语也作“唇齿相依”“唇亡齿寒”，这一词出自《左传》中“假虞伐虢”的故事。

春秋时期，晋国为了扩大自己的疆土，想灭掉虢国。但晋虢两国之间隔着一个虞国，要想进攻虢国，晋国要先通过虞国，于是晋国就向虞国提出借路让晋军通过的请求。虞国的国君惧怕晋国是一个大国，势力强盛，不敢得罪，准备答应晋国的要求。大臣宫之奇向虞国国君规劝道：“这事千万答应不得！虢国是我们虞国的外围，如果虢国灭亡了，我们虞国就很危险了。民间都知道：‘要是没有嘴唇，牙齿露在外面就会感到寒冷。’我们虞虢两国的关系就像嘴唇和牙齿的关系一样。没有了虢国在外围的战略位置，虞国的灭亡只不过是时间早晚的问题。”虞国国君没有听从宫之奇的劝告，一意孤行，答应了晋国的请求。宫之奇马上带着族人离开了虞国，并且说：“虞国被灭的时间就快到来了。”

果然，晋国灭了虢国之后，回师经过虞国，把虞国也灭掉了。后来，人们就用“唇齿”来比喻休戚相关、互相依存的关系。

夸张的讽刺

有个笑话描写个别人不知羞耻，极尽夸张，便说他“上唇碰天，下唇挨地”，初读还不太明白，细想之后才恍然大悟，原来是“没脸”。妙绝！令人笑破肚皮。

四、“掣肘”不如放手

“掣肘”一词是说有人从旁牵制，工作受干扰，难以展开，掣，就是牵制的意思；肘，就是上臂与前臂相接而凸起的地方。这一词出自《吕氏春秋》。

春秋后期，孔子有个学生叫宓不齐，字子贱，很有才能。鲁国国君派宓不齐去治理一个落后的地方单父县。子贱担心国君听信小人谗言，从而使自己无法按自己的方法治理，于是上任前，他请求国君派两名亲信和他一起赴任。

宓子贱和两名近侍到了单父，当地官吏都来拜见。宓子贱让这两名亲信书写文书，他站在一边观看，当两人正在写字的时候，他突然把他们的右肘拉扯一下。每次都这样，两名亲信写出来的字很难看。宓子贱大发雷霆，两个亲信非常气恼，便主动提出回都。宓子贱也不挽留，还说：“你们的书法功底很差，回去努力自勉吧！”

两名近侍回到都城，向鲁君报告了情况。鲁君略一思考，顿有所悟，深有感触地说：“他这是提醒我呀！他要你写字，又在一旁拉扯你，你的字当然写不好。同样的道理，我叫他去办事，却又总是去扰乱他的治理方案，就会使他不能按自己的意愿办事了，幸亏我明白了他的意思。”

经鲁君这么一说，两个亲信也恍然大悟了。鲁君立即派一名使者去转告宓子贱，叫他尽管放手行事。后来，宓子贱果然将单父这个地方治理得很好。

以后，人们便根据这个故事，把干预、牵制别人做事叫做“掣肘”。

趣味链接

王翦请田

秦国大将王翦率60万大军伐楚，临行前，他请求秦王赏赐了很多良田宅园，后来又谴人请求秦王再赏赐他的子孙很多上好的良田。他身边的人不能理解，问：“您要的东西也太多了吧？”王翦笑着说：“非也。现在我几乎带着秦国所有的将士来攻打楚国，秦王必定怀疑我会反叛他，我为子孙请求这么多

的赏赐，这样，秦王就不会见疑于我了。”

王翦是个聪明人，他深知秦王生性多疑，一些奸臣很可能会利用秦王的这种心理，在暗地里对他进行陷害，这样他就很危险了。同时，对于一个领兵作战的将军来说，如果皇帝不相信自己，处处被牵制，那么自己就不能集中全部的力量作战，军队没有战斗力，势必会失败。因此，对王翦来说，无论于公还是于私，消除秦王的掣肘，是十分重要的。

五、孟母“断织”

人们常把中途辍学、半途而废称为“断织”。“织”并不等于“学习”，“断织”的比喻意义又是如何产生的？

据《列女传·邹孟轲母》记载：孟轲小时候上学读书很不努力，常常逃学，有一天他又逃学回家了。当时孟轲的母亲正在织麻线，问孟轲道：“你学得怎么样了？”孟轲漫不经心地回答道：“还是原来那个样子。”孟轲的母亲听了，十分恼火，就拿起刀割断了手中的织物。孟轲很惊讶，问母亲为什么要这么做，孟轲的母亲说：“你中途辍学，就像我割断了这织物一样，前功尽弃。有德行的人学习是为扬名，多向有才能的人求教才能广见博知。”孟轲深受教育，从此再也不逃学了，从早到晚勤学不止，终于成了天下有名的大儒，被尊称为“孟子”。这个故事是说读书不能半途而废，它以“断织”为喻，所以“断织”就成为“辍学”的代称。

趣味链接

孟母三迁，择邻而居

从前孟轲小的时候，父亲早早地死去了，与母亲相依为命。

一开始，他们住在墓地旁边。孟轲就和邻居的小孩一起学着大人跪拜、哭嚎的样子玩。孟轲的母亲看到了，皱起眉头，自言自语道：“不行！我不能让我的孩子住在这里了！”

孟轲的母亲就带着孟轲搬到市集，挨着杀猪宰羊的地方住下。到了市集，孟轲又和邻居的小孩学起商人做生意和屠宰猪羊的事。孟轲的母亲知道了，又皱皱眉头：“这个地方也不适合我的孩子居住！”

于是，他们又搬家了。这一次，他们搬到了学堂附近。每月夏历初一，官员到文庙，行礼跪拜，互相礼貌相待，孟轲见了一一都学习记下。孟轲的母亲很满意地点着头说：“这才是我儿子应该住的地方呀！”

六、“解手”是怎么来的

口语中，特别是北方地区，人们习惯把上厕所称为“解手”，这看起来毫不相关的词语是怎么联系在一起的呢？其中还有一段不寻常的来历。

“解手”最早是指朋友相逢高兴地“携手”，相当于现代的握手，离别时称“解手”。宋代秦观有诗云：“不堪春解手，更为客舟停。”这是说春天时朋友相逢了，高兴得不能忍受离别，竟为朋友停舟不归。可是到了明代，这个充满友情的词，词义开始发生了变化。

明太祖朱元璋死后立皇太孙朱允炆为帝，就是历史上的建文帝。此举惹恼了燕王朱棣，他跟随朱元璋南征北战多年，为大明江山立下了赫赫战功，满以为皇位非他莫属，没想到太祖居然将皇位传给了乳臭未干的朱允炆，朱棣心中很是不服。于是，他暗地招兵买马发展自己的势力，伺机谋反。建文帝看到诸王的势力强大，难以控制，就采取了“削藩”的政策。这样就使朱棣找到借口，他以“清君侧”的名义公开发难，号称“靖难”之师，一路从河北、河南、山东打到了南京。大战四年，军民伤亡无数，造成江北地区人烟稀少、千里无城乡的悲惨局面。

燕王即位以后，为了发展农业生产，实行移民垦田政策，决定把山西地

区的农民迁移到河北、河南、山东一带来。但故土难离，百姓们用各种方法反抗，怎么办呢？官兵就编造谎言，把百姓们骗到洪洞县大槐树下，然后强迫他们登记，实行强制移民。官兵为防止移民路途中，有人逃跑，就把他们反绑起来，再用绳子一个个穿起来，相互牵连在一起，一人要动，就会牵动别人，谁也逃不脱，就这样押解着百姓向移民区进发。路上有人要大小便，就向官兵哀求："大人，请把我的手解开，我要大（小）便。"次数多了，只要说声"解手"，就都明白是要大小便了。从此，"解手"就成了上厕所的代名词，流传至今。

"出恭"的由来

上厕所还有一个雅称叫"出恭"，这一词始于明朝。

明代国子监为防止学生私自外出，特设一面牌子，出去领牌，回来交牌，方便考核。牌子上书有"出恭入敬"四字。考试时，场内亦设此牌，考生欲离席如厕，需领得此牌方可。到后来就称之为"领出恭牌"。再后来，就直称如厕为"出恭"了。

七、"东西"究竟是什么

"东西"一词，含义极为丰富，用法也灵活，比如它本身可以指方位，与"南北"相对；要买某物品，可以说要买"东西"；骂人的话也作"你这个坏东西"。有一则笑话说有位外国教授，向学生解释汉语"东西"一词时说："中国人称物为东西，这东西，那东西，都可以称为东西。但人不是东西，我不是，你们不是，他们不是，我们大家都不是东西！"

"东西"是一切物体的统称，它的来源跟中国的五行有关。我国古代把木、火、金、水、土称为"五行"，分别代表东、南、西、北、中五个方位。

东方属木，代表一切植物；西方属金，代表一切金属矿物；南方属火；北方属水；中方属土。由于水、土、火是自然界常见的，常被古人忽视。木和金则受到人们的重视，被认为可以代表一切有用的物质，因此，人们就用代表“木”和“金”的两个方向“东”“西”来代表世界上的物体。

据说，宋朝理学家朱熹，有一次在街上碰见他的朋友盛温和提着一只竹篮子。朱熹问他：“你干什么去？”盛温和答：“去买东西。”朱熹又问：“为什么不买南北？”盛温和说：“东方属木，西方属金，凡金、木之类的竹篮子装得；南方属火，北方属水，水与火，我这竹篮子就不能装了。所以，只能买东西，不能买南北。”

对联讽总统

1914年4月，窃国大盗袁世凯篡夺了辛亥革命的胜利果实，激起国民怨愤。前清翰林、湖南巨绅王闿运给袁世凯总统府撰写一联，以吐胸中愤懑：

民犹是也，国犹是也，何分南北；

总而言之，统而言之，不是东西！

王闿运用镶嵌的手法，上联嵌入“民国何分南北”，下联嵌入“总统不是东西”，这是对袁世凯的辛辣讽刺和严厉斥责。

八、“倒霉”原是“倒楣”

汉语里，带“霉”的字多含晦气的意思，如“霉头”“霉气”“走霉运”等，口语里常说“倒了八辈子的霉”。“倒霉”一词指做事不顺利或者遇到不好的事。这个词语怎么来的呢？

清代顾公燮《消夏闲记摘抄》中有一段讲到“倒霉”之原由，是这么记载的：明朝时候，科举考试很难考中。从乡试开始，考生们就在自己家门前竖一根旗杆，称为“楣”，考中了便挂上一面旗，旗上写着“捷”字，来光耀门楣。如果京试也考中了，就要换成黄色的旗来大大庆贺一番。如果考不上，就要把原来竖起的旗杆放倒，自认“倒楣”。

后来，“倒楣”一词运用得更为广泛，凡人们遇到不顺心的事，都被称作“倒楣”。经过长期的流传，“楣”字被更能代表沮丧心情的“霉”字代替，“倒霉”一词的含义从此固定下来。

说“倒霉”

关于“倒霉”有个笑话：从前，有一户人家过年时请人写了一条幅贴在大门外，原意是：“今年好，倒霉少，不得打官司。”但写条幅的人把字句都连着写，忽略了断句，语句之间既没有标点，也没有间隔。初一，拜年的人一见条幅，忙问道：“你家遇到什么倒霉事啦？”主人怏怏不乐地说：“干嘛一进门就说不吉利的话？”来人指着门上的条幅说：“你这儿不是写着吗？‘今年好倒霉，少不得打官司’。”

九、“马虎”不得

大家都知道，“马虎”是说对工作不认真负责，敷衍了事。“马”与“虎”本是两种动物，二者连在一起可以用来形容一个人草率、不细心，这是为什么呢？

“马虎”一词，据说来自宋代。相传，当时京城有个粗心大意的画家，非常喜欢画画，尤其喜欢画动物，但又不细心观察，有时仅凭想象信手乱画。有一次，他正在画一只猛虎，可刚画出虎头，就有人请他画马。于是，他就接着虎头画了一匹骏马的身子。那人看了莫名其妙，问他：“这是马啊还是虎啊？”画家答：“马马虎虎！”那人见他画得不伦不类便走了。这位画家却自鸣得意，把这张画挂在墙上自我欣赏。他的大儿子看见了，问他画的是什么，他回答是虎。他的二儿子问他画的是什么，他说是马。

一天，他的大儿子出外打猎，看见一匹马在树林里的草地上溜达，他以为是虎，张弓就射，将马射死了，结果不得不赔偿马主的损失。二儿子去野外玩耍，碰到一只老虎，气势汹汹地向他扑来，他以为是马，不但不躲避，反而上前要去骑，结果被老虎咬死了。

事后，画家伤心不已，追悔莫及，痛心地将这幅画从墙上摘下来，烧掉了，并写诗自嘲：

马虎图，马虎图，似马似虎。

大儿依图射死马，

二儿依图喂了虎。

草堂焚毁马虎图，

奉劝诸君莫学吾。

此后，人们便把办事不认真、粗心大意的人称为“马虎先生”了。

画像失真

明代苏州蒋思贤父子为人画肖像。为了展示画画的才艺，父子二人互相对画，画好后将画像公之于众，但所画的画像皆失真，有人嘲之云：

父画子不像，子画父不真。

自家骨肉尚如此，何况区区陌路人。

十、“抬杠”这样来

两个人争论不休，各持己见，谁也不肯服输，人们称之为“抬杠”。这“抬杠”不同于斗嘴，斗嘴可能停留在互相戏谑几句后就完事了，如两口子斗嘴，还颇有亲密的意味，而抬杠则是较上劲儿了，用俗语说叫动真格。不过这种嘴上功夫，最终还是要落到一个“理”字上，正如《红楼梦》里的一句话：“三人抬不过一个理字去。”

“抬杠”一词来自民间的习俗。过去，民间春节闹元宵常常会有形形色色的花会，其中有一个奇特的抬杠会，有些地方叫“撞官会”“甩会”“太平颤”等。其道具是众人抬着一个巨大的杠杆，杠杆翘起的一端安着一只椅子，椅子上坐着一个身穿红袍、头戴纱帽的丑官。这丑官没有固定的台词，而是即兴回答人们提出的各种问题，或者互相争辩、拌嘴，常常逗得人们哄堂大笑。后来，人们就把这样类似的对话称之为“抬杠”了。

趣味链接

有意思的“抬杠铺”

古时候有个“抬杠铺”，专门以“抬杠”赌输赢。八仙之一的张果老，骑着毛驴来到这里，觉得这事很新鲜，就掏出银子下赌注，要和掌柜的赌输赢。抬杠铺掌柜问他：“大仙整天骑着毛驴游荡，究竟是往前走呢，还是往后退？”张果老毫不犹豫地说：“当然是朝前走！”掌柜的说：“你总是倒骑毛驴，怎么能说往前走呢？”一时把张果老问得张口结舌，只好认输。

孔子周游列国正好路过此地，恰逢盘缠快花光了，看到以抬杠赌输赢的抬杠铺，心想凭自己的学问，肯定能赚回点银子，便走了进去。掌柜的见孔子来抬杠，就问：“请问孔夫子，常言道：‘父母在家不远游，游必有方。’这是否您说的？”孔子答：“正是。”掌柜的冷笑道：“那么您高堂健在而四处周游，这岂不违背了您自己的教条吗？”一席话把孔夫子问得哑口无言，把仅有的二两银子输光了。孔子的弟子颜回见老师愁眉不展，一问才知是怎么回事。于是，他一手拿着杀猪刀，一手拿着一杆秤，来到抬杠铺张口就说：“掌柜的！我说你这脑袋不过半斤，不信割下来称称！”说着就要动手。掌柜的忙说：“认输！认输！”这样，颜回把老师输掉的银子又挣了回来。

十一、何谓“圈阅”

“圈阅”就是领导人审阅文件后，在自己的姓名处画圈，表示已经看过。

自三国时起，我国就有在文字和契约上签字署名的做法，以表示某人的身份，史书上称为“押”。唐宋时期，改变了过去署全名的做法，臣僚们在进呈公文或传阅书牍时，只书写上自己的字，表示“阅过”之意。

公元1069年，王安石任参知政事，每天都要接触大量的呈文。按照惯例，每次阅过文牍后，王安石都要写上一个“石”字。由于文牍多，他的性子又比较急，且不太注意书写规范，因此，这个“石”字在写了一横一撇以后，干脆把剩余的“口”字画成了圆圈。据史书记载，“他作圈多不圆，往往窝扁，又多带过”，因此，给别人造成了很多麻烦。为了方便，在一次议政会之前，王安石将“阅毕”文牍的符号告诉了大家，即一横一撇后加一个圆圈。事隔不久，他又索性把一横、一撇去掉了，仅将圆圈保留。其他同僚纷纷仿效，久而久之便演变成了“阅毕”文件的特殊符号。

时至今日，这种“圈阅”的形式仍然流行，领导在文件上签上自己的姓名，然后在上面画个圈，表示已经阅过。

郑板桥断案

有位丧偶的老者，续弦后又得一子。临终时，老者写下遗嘱，关照家人在他死后才许拆封。待老人死后，其家人打开遗嘱，可老者所写文字没有标点符号，因此惹来一场争执。老者前妻所生女儿已出嫁，女儿女婿认为父亲的家产应归他们，照他们的读法是：七十老翁产一子，人曰非是也。家产尽付与女婿，外人不得干预。

后妻自然不服，遂带着幼子状告到县太爷郑板桥那儿。郑板桥在对当事人实情做了调查后，对孤儿寡母甚表同情，遂用朱笔将遗嘱圈点了几下，当众诵

读，老者的女儿女婿便也无话可说。原来，郑板桥读为：七十老翁产一子，人曰“非”，是也，家产尽付与，女婿外人不得干预。

十二、“润笔”是稿费的雅称

稿费是近百年才有的新词，以前对稿费有个雅称叫“润笔”。有趣的是，古时士大夫讲究清高，耻言金钱，非说不可时，称之为“阿堵物”，意思是“那个东西”。

关于“润笔”一词，在《隋书·郑译传》一书中记载了这么一个故事：隋朝时有一个叫郑译的人，他是开国功臣，深得隋文帝杨坚的器重，但是后来由于疏于职守及不孝顺母亲，被隋文帝贬了官。过了一些日子，文帝念他往日的功劳，又重新起用他，封他做了刺史。

郑译奉诏归来，隋文帝赐宴招待他。席间，隋文帝对群臣说：“想当年，郑译与我同生死，经历过许多危难，这些事，我是不会忘记的。”说罢，当场宣旨恢复郑译的爵位，并让内史令李德林马上起草诏书。

李德林正要提笔，一边的丞相高颎开玩笑地对郑译说：“哎呀，你看看，这笔都干了，怎么写诏书呀，郑公，你给润润笔吧！”意思是要郑译送点礼物作酬劳。郑译听懂了这话外音，风趣地回答：“我一直在山野之间生活，接到命令就赶紧快马过来，来得匆忙，囊中羞涩呀，叫我拿什么来润笔呢？”大家听了仰面哈哈大笑，连隋文帝也忍俊不禁笑了起来。

后来，“润笔”一词一直沿用了下来，成了书画酬金的代名词。故此，现在我们通常所说的稿费，也被称作“润笔”。

古人的润笔

古代文人所得的润笔费，即稿费，十分可观。钱泳《履园丛话》载：“白乐天为元微之作墓铭，酬以舆马、绫帛、银鞍玉带之类，不可枚举。”皇甫湜为裴度作《福光寺碑》，字数不过三千，裴度赠给他车马丝绸，皇甫湜嫌少，裴度又酬谢绢九千匹。韩愈为文，必索润笔。刘禹锡《祭韩吏部文》“公鼎侯碑，志隧表阡，一字之价，辇金如山”。这虽是形容之词，有所夸大，但也说明当时稿酬是十分高的。

古代文人们的润笔之最，要算唐朝的李邕了。《旧唐书》讲，“邕尤长碑颂”，“中朝衣冠及天下寺观，多赍持金帛，往求其文”，“受纳馈遗，以至巨万。时议以为自古鬻文获财，未有如邕者”。

十三、“知音”的由来

“知音”常指知心朋友。杜甫在《哭李常待峰》中诗云：“斯人不重见，将老失知音。”那么，为什么把知心的朋友称为“知音”呢?

“知音”源自一个千古传诵的故事。《列子·汤问》中说，春秋时期晋国有个叫俞伯牙的人，善于弹琴。他所弹的曲子典雅动听，但一般人都听不懂。有次他回乡坐船从汉水经过，那夜月色很好，俞伯牙便在船头弹琴。有个晚归的樵夫，听见船上传来优雅的琴声，便跑到岸边偷听起来。俞伯牙先弹了一阵志在高山的曲调，樵夫听了，情不自禁地说道：“善哉！峨峨兮若泰山！”（好啊，雄伟而庄重，好像高耸入云的泰山一样！）

俞伯牙又弹了一阵意在流水的曲子，樵夫又说道：“善哉！洋洋兮若江河！”（美啊，宽广浩荡，好像浩浩荡荡奔流的河水一样！）

俞伯牙再也坐不住了，连忙把樵夫请到船上，称樵夫为自己的“知音”，并与樵夫结为好友。这位樵夫名叫钟子期，是个隐士，很懂音乐，尤其善于听琴。

后来，钟子期去世，俞伯牙闻讯悲痛欲绝。他痛泣许久，挥泪操琴，叹道：“今日重访，不见知音人！但见一抔土，惨然伤我心。”继而割断琴弦，

并把琴身砸碎，发誓终生不再弹琴。这就是“俞伯牙摔琴谢知音”的传说。

趣味链接

伯牙台

古琴台，又名伯牙台，位于湖北省武汉市汉阳龟山首义公园内，是为纪念俞伯牙弹琴遇知音钟子期而修建的纪念性建筑。它始建于北宋，新中国成立后，人们又重建了琴台纪念碑廊，并刻上琴台简史、碑文以及俞伯牙的画像。

在俞伯牙画像旁还有两副对联，歌颂的是俞伯牙与钟子期之间的友谊。第一副对联是：

志在高山，志在流水

一客荷樵，一客听琴

另一联是：

绿树成荫，芳草为积，登临贵在得趣时耳；

水仙已去，樵子不来，先生何以移我情乎；

两副对联，不但描绘出了琴台的风景，而且还写出了“高山流水遇知音”的意趣。

十四、用“桃李”比喻学生的由来

人们历来喜欢把老师培养出来的学生称作“桃李”。如果老师教育、培养了很多学生，则可称作“桃李满天下”。为什么要把学生比喻为“桃李”呢？这里有一个历史典故。

据《韩诗外传》记载：春秋时期，魏国有个叫子质的大臣，他得势的时候，曾培养和提拔了一大批人，后来由于政见不一，他得罪了魏文侯，却没人肯站出来帮他说话。子质只好辞官独自去了北方。

后来，子质遇见一个叫子简的人，就向他发牢骚，抱怨自己栽培的人不肯为他出力，以致使他流落到今天这种地步。子简听后，笑着说：“春天种下桃树和李树，夏天可以在树下休息纳凉，秋天还可以吃到果子；可是你春天种下的是蒺藜（一种带刺的植物），夏天不仅不能利用它的叶子乘凉，秋天长出来的刺还会扎伤人。因此，君子培养人才，要像种树一样，应该先选准对象，然后再加以培养。你过去培养、提拔的都是一些不值得举荐的人，所以他们也就不会报答你啊。”

又《资治通鉴》中记载：狄仁杰曾荐姚崇等数十人，都为名臣，可称狄仁杰：“天下桃李，悉在公门矣。”于是，后来人们就把培养人才称作“树人”，把受教育后成长起来的优秀人才称作“桃李”；老师培养出来的学生多，则称为“桃李满天下”。

桃李不言，下自成蹊

“桃李不言，下自成蹊”语出自《史记·李将军列传》，比喻为人真诚，严于律己，自然会感动别人，会受到人们的敬仰。

西汉时候，有一位骁勇善战的将军，名叫李广，一生跟匈奴打过七十多次仗，战功赫赫，深受官兵和百姓的爱戴。后来，当李广将军去世的噩耗传到军营中时，全军将士无不痛哭流涕，百姓们也纷纷悼念他。在人们心目中，李广将军就是他们崇拜的大英雄。

史学家司马迁在为李广立传时称赞道：“桃李不言，下自成蹊。”桃李有着芬芳的花朵、甜美的果实，虽然它们不会说话，但仍然会吸引人们到树下赏花尝果，使得树下都走出了一条小路。李广将军是以他的真诚和高尚的品德赢得了人们的尊敬。

词语中的地名：震撼人心的奇观与美丽

一、北京地名“旗”的由来

看北京的很多公交站名，你会发现，很多地名带“营”或“旗”字，诸如“蓝旗营”“正白旗”“厢白旗”等，这些地名都和清朝的统治有关。

清朝定都北京以后，满洲八旗的主力按旗驻扎在北京城内外，人们称之为“禁旅八旗”。除正阳门外，北京的八个城门都有八旗兵驻防。当时清朝统治者认为北京的最大威胁来自北方，因此北面的德胜门和安定门是防守的重中之重，由皇帝亲自指挥的正黄、镶黄两旗驻防，其余的城门，则由剩下的六旗兵按照各自的方位，分别把守。

出于同样的道理，清朝在京城的北部郊外也部署了相当的兵力，这也就是今天为什么北京的北面多有以“旗”“营”为名的地名，而其他三个方向少有类似地名的原因。

八旗制度给北京留下的历史遗迹也间接地烙印在了皇城之内，在今天的北京地图上，我们总可以看到许多像“北营房”“南营房”“东营房”这样的地名，追根溯源，是因为过去这些地方曾是驻守城门的八旗兵的营房。

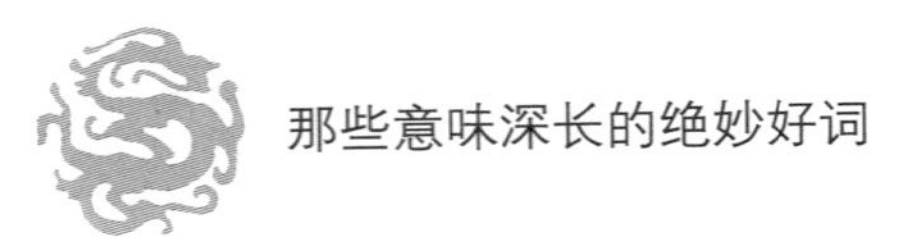

趣味链接　**中国有趣的地名**

以食品为首的地名：盐城、酒泉、茶陵、蚌埠、谷城、鱼台、枣庄、米脂、乳山等。

以花果树木为首的地名：兰溪、梨树、桃源、荔枝、榆次、莲花、梅县、柳州、桐芦等。

以姓氏为首的地名：万县、康平、彭泽、吴江、秦岭、江山、洪洞、乐平、包头等。

以动物为首的地名：龙泉、虎林、鹿港、鹰潭、狼山、鸡西、鹤岗等。

以矿产为首的地名：金华、银川、玉门、铜陵、铁岭、煤山、铅山、石城等。

以颜色为首的地名：黄岩、青岛、蓝田、紫阳、白城、黑山、红安、赤峰、赤水等。

以方位为首的地名：东阳、南昌、西安、北京、上海、中卫、下关、左权、右江等。

以数字为首的地名：零陵墓、一平浪、二连、三明、四平、五台、六安、七星台、八达岭、九江、十堰、百色、千阳、万安等。

二、西周的都城“西安”

西安，陕西省的省会，位于我国西北地区，是中国六大中心城市之一，世界著名的历史文化名城。西安是历史古都，历史上曾有13个王朝在此建都，从周至唐，先后有西周、秦、西汉、新、东汉献帝、西晋愍帝、前赵、前秦、后秦、西魏、北周、隋、唐等13个王朝，历时一千多年。

西安，在西周时称为“丰镐”。“丰镐”，是周文王和周武王分别修建的丰

京和镐京的合称。武王灭商建立周王朝后，以丰镐为都，是西安作为都城之始。

及至西汉初年，刘邦定都关中，取当地长安乡之含意，立名“长安”，意即“长治久安”。

丝绸之路开通后，长安成为东方文明的中心，在当时有“西有罗马，东有长安”之说。隋时，隋文帝杨坚曾被周明帝封为“大兴都公”，因而将新都命名为“大兴城”，长安在隋朝也被称为“大兴城”。唐朝时，又恢复长安之名。元代，易名为“奉元城”。

明洪武二年（1369年），明政府改奉元路为西安府，取义“安定西北”。西安之名由此而来。

趣味链接

房子有女即为“安”

美国某大学有位汉语教授，在一堂文字学课上，他对同学们说：“中国的文字始于象形。”一边说一边板书了一个宝盖头，告诉大家，这个在汉字中用来表示房屋；随之又在下面写了个“女”字，说这代表女人。然后提问道：“屋子里有个女人，会得到什么？”

学生齐声回答：“麻烦！”

教授微笑着说：“如果房子里是个中国女人，那就会得到平安。所以汉字的‘安’字就是宝盖头下边加上一个女字。”

三、圣洁的“拉萨”

拉萨，藏文意为“圣地”或“佛地”，是西藏自治区的首府，海拔3650米，为世界上海拔最高的城市。它的名字是怎么得来的呢？

史籍记载“拉萨”二字第一次见于公元806年藏王赤德松赞所立《噶琼寺碑》，其中有言：“神圣赞普先祖松赞之世，始于圆觉正法，建拉萨大昭寺。”

相传1300多年前，吐蕃赞普松赞干布娶得大唐文成公主入藏，为了庆祝此事，决心要好好建设王都。但当时的吐蕃王都，还是一片荒草沙滩之地。

文成公主精通天象地气，善观五行风水，她观察拉萨的地形，发现其好像一个仰卧的罗刹女（即母夜叉），认为选拉萨作为王都实在是不吉利。于是公主建议在拉萨外围建造四个寺庙，以镇住女魔的四肢。她又算出拉萨中心的卧马湖是母夜叉的心脏，湖水便是母夜叉的血液，都应想办法镇住。于是，公主根据五行之说，主张用白羊背土填湖。藏王松赞干布听从了公主的意见，就在卧马湖动工，填湖造寺，建成了著名的大昭寺。拉萨原称“山羊地”，便是由此得名。

大昭寺建成后，藏王便把文成公主从长安带来的释迦牟尼佛像供在庙内，从此各地善男信女纷纷前来朝拜。这块神圣的“逻娑”（山羊地）因音似，便被称为“拉萨”了。

活佛转世制度

达赖、班禅是藏传佛教格鲁派（黄教）的两大活佛系统。西藏佛教界认为，达赖是“欣然僧佛”即观世音菩萨的化身；班禅是“月巴墨佛”即无量光佛的化身。

活佛转世制度是藏传佛教特有的传承方式，是以灵魂转世说为根据，为解决宗教首领继承问题而产生的宗教制度。它初创于藏传佛教噶举派的噶玛噶举派。该支派的首领都松钦巴1193年逝世时，遗嘱弟子“将转世再来”。弟子们认定噶玛拔希为其师的转世灵童，经寺庙十年培养，正式以该派首领身份活动，成为转世活佛。

四、“长沙”地名的由来

关于“长沙”一名的由来，历代文史学家众说纷纭，没有定论。流传最广

的一种说法是，“长沙”得名于星宿。

这是广为人知的一种说法。古天文学根据天空方位将天上的星辰分为二十八宿，二十八星宿中有一轸宿，有星四颗，《西步天歌》中有“轸宿四珠不等方，长沙一黑中间藏”的记载。轸宿相应的地面是南岳衡山，星相学里，轸是衡天地之重的星宿。附属它的小星星——长沙星，唐代张守节《史记正义》中云：“长沙一星在轸中，主寿命。”又云：“长沙星明则主长寿，子孙昌。”古人认为：上有星象，下有相应的星野。《史记·天官书》云：“天则有列宿，地则有列域。”于是长沙星相对应的地面即叫长沙，故长沙又名星沙。星相学关于“长沙”的这一说法符合古人的认知和心理需要，流传甚广，影响最大。

关于“二十八星宿”

我国古代天文学家把天空中可见的星分成二十八组，叫做二十八宿，东西南北四方各七宿。东方青龙七宿是角、亢、氐（dī）、房、心、尾、箕；北方玄武七宿是斗、牛、女、虚、危、室、壁；西方白虎七宿是奎（kuí）、娄、胃、昴（mǎo）、毕、觜（zī）、参（shēn）；南方朱雀七宿是井、鬼、柳、星、张、翼、轸（zhěn）。印度、波斯古代也有类似我国二十八宿的说法。

五、古老的“武汉”

武汉市是湖北省省会，是我国历史文化名城，华中地区和长江中游的经济、文化、信息中心，素有“九省通衢”之称，是武昌、汉阳、汉口即“武汉三镇”的合称。武汉成为统一的大城市，经历了漫长的历史过程。

历史上武汉三镇形成的时序为江北（汉阳）先于江南（武昌），而汉口在明代以前，不过是毗连汉阳的一个水曲荒洲，故此明代以前，所谓“武汉”，乃是武昌、汉阳两地的合称。元代武昌、汉阳均属湖广行省，鄂（武昌）、汉

（汉阳）并称，是为双城。元代诗人余阙在诗中把武昌、汉阳称为“双城”，显示了武昌、汉阳由单称到合称的趋势。明成化年间汉水改道，逐渐形成了江北有汉口、汉阳，江南为武昌的三镇鼎立的格局。

1926年12月，国民党中央执行委员、国民政府委员临时联席会议确定“确立国都，以武昌、汉口、汉阳三城为一大区域作为‘京兆区’，定名武汉”。1927年4月16日，成立武汉市政委员会，这是统一建市的开始。随后分分合合，直到1949年，武汉市人民政府正式成立，“武汉市”的名称也就一直保留了下来。

“汉阳”一名的来历与汉水密切相关，古语“水北为阳，山南为阳”。古时汉阳在汉水之北，龟山之南，又因得日照多的地方也称阳，故名汉阳。

隋唐年间，汉阳得名并逐渐发展。汉阳，尤其鹦鹉洲一带，历来是长江中游商船集散的地方。唐宋元明各朝代，商业手工业很是繁华。在历史上，汉口与汉阳有相当长的一段时间是同步发展的。直至明代成化年间，汉水改道从龟山北麓入江以后，汉口才独立发展。独立出来的汉口迅速发展为一座新兴商埠，名声和发展速度也远远超过了历史更为悠久的武昌和汉阳。

“武昌”得名于东汉末三国初。孙权为了与刘备夺荆州，于公元221年把都城从建业（今南京）迁至鄂县，并更名“武昌”，含“以武治国而昌”之意。武昌之名是与今鄂州市互换的，从考古发掘来看，武昌在新石器时代的水果湖放鹰台和南湖老人桥、洪山区花山乡的许家墩和棋子墩等处，就是古人栖居之地。武汉又被称为江城。唐代大诗人李白的诗《与史郎中钦听黄鹤楼上吹笛》中云：“黄鹤楼上吹玉笛，江城五月落梅花。”所谓江城，乃指武昌，后沿称武汉为江城。

湖北名胜——抱冰堂

“抱冰堂”是湖北的一大名胜，地处武昌蛇山南腰，首义公园内。清光绪

三十三年（1907年），湖广总督张之洞调任军机大臣离鄂，其在鄂门生、僚属建此堂以存纪念。因张之洞晚年自号“抱冰老人”，取《吴越春秋》“冬常抱冰，夏还握火”语意以自励，故取是名。

六、李白命名“九华山”

九华山，坐落在安徽省青阳县西南，素有“江南第一山”之称，与山西五台山、浙江普陀山、四川峨眉山合称我国佛教四大名山。

九华山原名九子山，唐时诗人李白诗云：“昔在九江上，遥望九华峰。天河挂绿水，绣出九芙蓉。”借此诗意，九子山从此更名为“九华山”。

初春，九子山上积雪覆盖，李白从秋浦经五溪，直奔青阳，应好友韦仲堪之邀，游览九子山。李白问：“韦处士，你知道九子山的来历吗？”韦仲堪向李白讲了“九子战妖的传说”。李白抬头望去，只见莲花峰伫立入云，云雾飘飘走动，先把山峰遮住一半，很快就把山峰吞没了，变成茫茫一片。不一会儿，云消雾散，山峦又显现出来。瞬息万变，景色迷人，李白看得如痴如醉，高兴地说：“不亲临九子，怎知九子山绚丽多姿？这九子山比花还好看，比画还美，你看，多像出水芙蓉！”

韦仲堪听了，深有同感，忙说：“诗仙高见。”李白说：“芙蓉是花，我想为它改个名字，韦处士意下如何？”韦仲堪连忙拱手拜请：“请给九子山赐名！”李白又问：“改名九华（花）山好不好？”韦仲堪连声赞道：“九华山，好，太好了！”从此九子山就更名为九华山了。

五台山名字的由来

五台山位于山西省五台县东北隅，距太原市230公里，由五座顶如平台、屹立环抱的山峰组成。五座山峰以台定名：东台望海峰，西台挂月峰，南台锦绣峰，北台叶斗峰，中台翠岩峰。五台之中北台最高，海拔3061.1米，素称“华北屋脊”。五峰之外称台外，五峰之内称台内，台内以台怀镇为中心。《清凉山志》载：“五峰耸，出顶无林木，有如垒土之台，故曰五台。”《五台新志》载：“五台之名，北齐始见于史，北齐以前则称清凉山。”根据史书记载，五台山之称始于北齐，以前称清凉山。

七、天下第一奇山——“黄山”

黄山，是中国著名的风景区，被誉为“天下第一奇山”。它在古时称为“天子都”，因其雄伟秀丽，又神秘莫测，历来被认为是天帝和神仙的居所。直至秦代，人们称黄山为“黟山”。关于“黄山”名称的由来，源说不一，其中“因黄帝炼丹而名”一说，流传广泛，影响深远。

还有一种说法，黄山古名黟山，因峰岩青黑，遥望苍黛而名，后改名为黄山。北宋的《黄山图经》解释说：“江南黟山，据得其中，云凝碧汉，气冠群山，有古木灵药，名花异果，瀑水飞泻，汤泉香温，是轩辕黄帝‘栖真之地’”。唐玄宗崇尚道教，特于“天宝六年（公元747年）六月十七日敕改为黄山”。

另一种说法，元人赵访用阴阳五行学说，结合黄山盘踞于崇山之中，中央正色是黄色，而起名黄山。

明、清时期，又有黄山即黄檗山一说。康熙八年《黄山志》附录《黄山辨》一文称“今乡俗称为黄檗山，山川出黄檗也。曰黄山，省辞也”，认为黄山因出产黄檗而得名。

黄山名松

奇松是黄山“四绝”之首，黄山无峰不石，无石不松。七十二峰，处处都

有青松点梁，如一支支神奇的画笔，为五百里黄山抹上了生命的色彩。古人有云："黄山之美始于松。"

这十大名松分别为：迎客松、送客松、陪客松、盼客松、望客松、蒲田松、探海松、倒挂松、望泉松和贴壁松。

八、"香格里拉"的由来

"香格里拉"的意思是"美丽的、遥远的、神圣的地方"。在藏语里，"香格里拉"即为"心中的日月"，英文写作Shangri-la。该词最早出现于英国作家詹姆斯·希尔顿的长篇小说《消失的地平线》中。

该书描述了在20世纪30年代初，南亚次大陆某地发生暴乱，英国领事康威一行四人乘飞机撤离。途中飞机被一个神秘的东方劫机者劫持到一个山谷。飞行员不知何故濒于死亡，临死前说此处是中国藏区，附近有个地方名叫"香格里拉"。一个熟悉英语的老人告诉他们此处是蓝月山谷，是进入"香格里拉"的唯一通道，他们所看到的山谷前端如金字塔般高耸入云的山峰是充满神奇魔力的卡拉卡尔雪山（即梅里雪山）。后来，老人将他们带到了香格里拉，这里居住着以藏族为主的数千居民，各种信仰和平共存。人们遵从"适度"的美德，对任何事情都保持一种适度的原则，即使对待欢乐也不例外。书中所描写的香格里拉是一个自然景色和财富的汇集地，这里人神共融、天地合一、宁静祥和，宛如世外桃源。

《消失的地平线》发表于1933年，当时立即传遍欧洲，并很快畅销到美、日等国，跃居畅销书排行榜首位，还荣获了英国的"霍桑登文学奖"。次年，独具慧眼的好莱坞制片公司投资250万美元将其摄制成电影，影片风靡全球，主题歌"香格里拉"唱遍世界。

《不列颠文学家辞典》在评述《消失的地平线》时指出：小说的最大贡献

在于创造出英语新词“世外桃源”，而詹姆斯·希尔顿的伟大之处在于“在创作中发现了香格里拉”。

1971年，“香格里拉”一词被马来西亚华人企业家郭鹤年买断，成为酒店的商号，进而风靡世界，成为世界酒店品牌的至高象征之一，这从侧面印证了《消失的地平线》在社会学上的伟大意义，它为西方的文化价值观念，植入了人间乐土的意境，《消失的地平线》成为了西方人的《桃花源记》。从此，这片想象中的人间乐土就成了“伊甸园”“世外桃源”“乌托邦”的代名词。

香格里拉的宗教一说

“香格里拉”一词，又说源于藏经中的香巴拉王国，在藏传佛教的发展史上，一直作为“净王”的最高境界而被广泛提及，在现代词汇中它是“伊甸园、理想国、世外桃源、乌托邦”的代名词。传说中的香格里拉中有最高智慧的圣人，他们身材高大，拥有自然力量，至今仍从人们看不到的地方借助于高度发达的文明，通过一条名为“地之肚脐”的隐秘通道与世界进行沟通和联系，并牢牢地控制着世界。事实上，长期以来，这条“地之肚脐”的神秘通道，一直作为到达香格里拉王国的唯一途径而成为寻找香格里拉的关键。

九、仙人赐名“张家界”

张家界是湖南省内的一处旅游风景胜地，它原先并不叫张家界，而是叫青岩山。关于“张家界”名称的由来，流传着这样一个传说：

相传，汉高祖刘邦平定天下后，滥杀功臣，留侯张良想到韩信死前讲的那句话：“狡兔死，走狗烹；飞鸟尽，良弓藏；敌国破，谋臣亡。”为保存性命，他辞官归隐江湖，沿着赤松子的足迹，来到上古时代舜帝流放兜欢的地

方，后又辗转登上了青岩山。此处风景优美，别有一番天地，正是张良所要寻找的“世外仙境”。从此，他就在这里隐居下来，修仙学道，并留下了一脉张氏子孙。为了保护青岩山风水，张良在青岩山南侧种植了七棵银杏树。这七棵银杏树长得又高又大，在半山腰像七个巨人守护着青岩山。

许多年后，有个叫张万冲的朝廷官员到青岩山游玩，颇有兴致，便以这七棵银杏树为界，在每棵银杏树上各刻一字，刻了“指挥使张万冲界”七字，霸占了青岩山，害得原来住在青岩山上的张氏后代被迫携儿带女远走他乡，流离失所。

有一天，猎户张家雄进山打猎，看到那七棵银杏树都流着黄水，如泪人一般。张家雄十分惊奇，直到看到树身上的“指挥使张万冲界”七个大字，才恍然大悟，顿时火冒三丈，拔刀将“万冲”二字改为“家雄”。

张家雄的举动惹恼了张万冲，他调来三百亲兵围住青岩山，要捉拿张家雄，并把原来住在山寨的居民赶到银杏树下，声称如果捉不到张家雄，就要拿七个童子的血染红那七个大字。危急时刻，已成仙的张良突然显身，他施法从银杏树干上喷出七股黄水，霎时狂涛巨浪把张万冲和他的三百兵马一齐卷到金鞭溪去了。随后，张良又将手中的拂尘往七棵银杏树上一指，只见树上立刻就出现了“人间仙境张家界”七个金灿灿的大字。因此山是张良仙人赐名，从此后人就将青岩山叫做“张家界”。

趣味链接

张家界的森林资源

张家界市森林资源丰富，全市有林业用地面积1012亩，占71%。森林覆盖率达64.61%，位列全省第一。城市实施了“美化、亮化、净化”工程，人均拥有绿地1.55平方米，是理想的生态旅游区和国际度假区。

十、关于“日月潭”的传说

日月潭是我国宝岛台湾著名的旅游胜地，是台湾八景中的绝胜，也是台湾岛上唯一的天然湖泊，其天然风姿可与杭州西湖媲美，每年慕名前来游玩的游客络绎不绝。据说“日月潭”这一名称的得来，是因其由不规则的菱形之日潭与细长弧形之月潭构成，故名“日月潭”。不过，在民间还流传这样一个关于月亮和太阳的美丽传说。

传说，从前曹族中有一对恩爱勤劳的夫妻——大尖哥和水社姐，这对人人称羡的夫妻以种植玉米为生。

有一天，人们像往常一样在田间顶着烈日辛勤耕作，突然间地动山摇，太阳不见了踪影，到晚上，连月亮也消失了。天昏地暗，万物凋敝，人们难以生活。

于是，大尖哥和水社姐背着食物去寻找太阳和月亮，经过几天的长途跋涉，他们在一个大水潭边发现了太阳和月亮。原来，两条五彩巨龙卷走了太阳和月亮，并将它们挟持到这个水潭里把玩。大尖哥夫妻俩又惊又恐，这时，一位白发老婆婆出现在他们面前，告诉他们，要想夺回太阳和月亮，只有找到藏在阿里山的金剪刀和金斧头，才能制伏潭中的巨龙。

大尖哥和水社姐带着铲子来到了阿里山，他们一寸一寸地朝地底挖下去，终于找到了金剪刀和金斧头。他们回到潭边，用金斧头砍死了深潭中吞食太阳的公龙，又用金剪刀杀死了吞食月亮的母龙，并在白发老婆婆的指点下，用大棕榈树枝重新把太阳和月亮托上天空，天地又恢复了正常的运转。

后来，人们便把那个太阳和月亮曾掉落下的水潭成为“日月潭”。从那以后，曹族人每年都会在潭边举行“托球舞”，以感念大尖哥和水社姐的义行。

趣味链接

台湾八景

关于“台湾八景”一说，清时高拱乾《台湾府志》注为：安平晚渡、沙鲲

渔火、鹿耳春潮、鸡笼积雪、东澳晓日、西屿落霞、斐亭听涛、澄台观海。新定台湾八景为：基隆旭冈、淡水、八仙山、日月潭、阿里山、寿山、鹅銮鼻、太鲁阁峡。

十一、璀璨的东方明珠——“香港”

香港，顾名思义，就是芳香的海港。关于这一美丽名称的由来，历来有不同的说法。一般认为最可信的说法，是这里过去曾是运香、贩香的港口，因而得名香港。在明朝时，香港及东莞、宝安、深圳一带盛产莞香，此香香味奇特，颇受人们的喜爱，远销江浙，饮誉全国。由于当时贩香商人们一般都是在港岛北岸石排湾港将莞香船运往广州或江浙等省，所以人们将这个港口称为香港，意为贩香运香之港，将港口旁边的村庄称为香港村。另有一种说法是1841年英国侵略军在港岛南部赤柱登陆后，由一名叫陈群的当地居民带路向北走，经过香港村时，英军询问该处地名，陈群用当地土话答称“香港”，英军即以陈群的地方口音HongKong记之，并用以称呼全岛。在1842年签订的《南京条约》中，香港作为全岛的名称被正式确定下来。1856年签订《中英北京条约》和1898年签订《展拓香港界址专条》之后，香港成为了整个地区的称谓。

趣味链接

香港区旗

香港特别行政区区旗以红色作为底色，红白两色象征一国两制，中间有一朵五星花蕊的白色洋紫荆花图案。洋紫荆是香港的象征，盛放的洋紫荆象征着香港的繁荣，红色的背景象征着香港永远背靠祖国。

十二、“澳门”的含义

据词典解释，“澳”是指海边弯弯曲曲可以停船的地方。珠江口一带这类海湾甚多，澳门便是众澳中地理环境比较好的一个澳。

澳门之“门”又作何解释呢？澳门南面有四个岛，四岛分别对峙，海水纵横分割而成十字，古人将此水域称为“十字门”。于是将“澳”与“门”合起来而成“澳门”。

另有一种解释认为，澳门北有莲峰山，南有妈阁山，两山对峙如“门”，上下海域为“澳”，合二为一称“澳门”。

两种说法都有道理，得到公认。澳门还有一个名字叫“莲岛”，此名既优雅大方，又通俗形象，作为别称可谓恰到好处。

合法的博彩业

澳门的博彩业于1847年在葡萄牙的管治之下开始合法化，自此以后，澳门以“东方蒙地卡罗”之名广为世界所知。博彩业是澳门经济的重要组成部分，其规模渐与美国拉斯维加斯博彩业相较。

词语中的饮食：词语中色、香、味

一、“叫花鸡”是给叫花子吃的吗?

“叫花鸡”又称黄泥煨鸡，是江苏常熟的传统名菜，也是闻名四海的佳肴。关于它的由来，民间流传着这样一个传说。

相传，明末清初，江苏常熟的虞山一叫花子，一天，一位好心肠的老太太送给他一只老母鸡，他高兴得手舞足蹈。但他除了手中的破碗，没有别的炊具，怎样才能把这只鸡做熟呢？突然，他灵机一动，计上心来，他就近找了一户人家，向主人借了把刀，将鸡宰杀，除去内脏，到山上挖了些黄泥涂于鸡的表面，取来枯树枝叶点起火，将用黄泥包好的鸡放在火堆中焖烧，待泥烧干，他估计鸡也熟了，就用棍子敲去泥壳，鸡毛也随泥脱落，顿时香气四溢。

叫花子十分惊喜，抱起鸡狼吞虎咽地吃起来。正当叫花子吃得起劲时，明朝大学士钱牧斋散步路过此处，闻到鸡的香味，并看到叫花子吃鸡的情景，便差人上前打听叫花子是如何做出这样美味的鸡的。差人打听了一番，并取了一小块鸡肉给钱牧斋，钱牧斋品尝后，觉得味道确实很好。回到家中，他让家厨按照叫花子所说的方法制作，并在鸡肚子里加进肉丁、火腿、虾仁及香料等各种调味品，用荷叶包着，涂上黄泥，在火中烘烤，并取名“叫花鸡”。

“富贵鸡”的由来

“叫花鸡”，又名“富贵鸡”，这个截然相反的名字的得来据说与乾隆皇帝有关。相传，一次乾隆皇帝微服私访江南，因某些原因流落街头，一叫花子看他可怜，就把自认为美味的“叫花鸡”送给他吃。乾隆饥饿交加，觉得这鸡非常好吃，便急问其名。叫花子不好意说“叫花鸡”，便胡吹说是“富贵鸡”。乾隆听后，大赞“富贵鸡”好吃。“富贵鸡”一名由此而来。

二、好吃的“佛跳墙”

佛跳墙是福州一道集山珍海味之大全的传统名菜，誉满中外，被烹饪界列为福建菜谱的首席菜。据福州老字号聚春园人称，佛跳墙这道菜前后共改换过三个菜名，它最初叫“坛烧八宝”，后易名为“福寿全”，传至后来才叫“佛跳墙”。关于“佛跳墙”一名的得来，还有一段有趣的故事。

清道光年间，有一次，福州官钱局请布政使周莲到家里吃饭，席间有一道菜是将鸡、鸭、羊肘、火腿等原料加工后，放于绍兴酒坛中煨制而成。吃起来相当美味，使周莲难以忘怀。回去后，周莲便命家厨郑春发试做此菜，但口味不佳，周莲就带着郑春发到官钱局求教。郑回去后精心研究，增加了数种水陆之珍，终于做出了香味更浓、风味更佳的菜肴。

后来，郑春发辞去衙厨职务，在东街口开设了聚春园菜馆，将此菜以海参、鱿鱼等十八种原料加陈酒、桂皮、茴香等作料，放入陶制瓦罐中煨制，味道鲜美绝伦，品尝者络绎不绝。一次，几个秀才慕名到聚春园品尝此菜，菜上桌后，打开坛盖，顿时满室飘香，秀才们吃过后赞不绝口，当席赋诗咏之，其中有句云：“坛启荤香飘四邻，佛闻弃禅跳墙来。”因诗句生动、有说服力，这道菜名就被改称为“佛跳墙”。几百年来这道菜一直风靡全国，饮誉海外。

佛跳墙小知识

佛跳墙这道菜用料比较珍贵，将鱼翅、鲍鱼、鱼唇、海参、鱼肚及鸡鸭鸽蛋等荟萃一锅，食物众多，烹制费时，是一道价格昂贵的菜肴。成菜特点香味浓郁，肉质软嫩，滋味异常鲜美，回味无穷，其卤汁醇厚，汁浓味鲜，被誉为“天下第一汤”。

三、张仲景用“饺子”治冻耳

饺子史称“娇耳”，据说是由我国医圣张仲景发明的。

东汉末年，各地灾害严重，很多人身患疾病。张仲景在长沙为官时，常为百姓除疾医病。有一年当地瘟疫盛行，他在衙门口架起大锅，施药救人，深受长沙人民的爱戴。张仲景告老还乡后，经过家乡白河岸边时，见很多穷人饥寒交迫，耳朵都冻烂了。他心里十分难过，决心救治他们。张仲景回到家，尽管求医的人很多，但他仍惦记着那些冻烂耳朵的穷苦百姓。他让弟子在南阳东关的一块空地上搭起医棚，架起大锅，在冬至那天向穷人施药治病。此药方叫“祛寒娇耳汤”，即将羊肉、辣椒和一些祛寒药材入锅煮熬，煮好后再把这些东西捞出来切碎，用面皮包成耳朵状的“娇耳”，下锅煮熟后分给乞药的病人食用。每人两只娇耳，一碗汤。人们喝下祛寒汤后浑身发热，血液通畅，两耳变暖。食用数日后，病人的烂耳朵就好了。

张仲景施药一直持续到大年三十。大年初一，人们庆祝新年，也庆祝烂耳康复，就仿着娇耳的样子做过年的食物。人们称这种食物为“娇耳”“饺子”或“扁食”，在冬至和大年初一吃，以纪念张仲景。

饺子馅的寓意

不同馅的饺子，有着不同的寓意呢，且看下面几种馅代表什么意思。

白菜馅——百财之意；

香菇馅——鼓财之意；

韭菜馅——久财之意；

荠菜馅——吉财之意；

芹菜馅——勤财之意；

野菜馅——野财之意；

酸菜馅——算财之意。

四、“元宵”寓意团圆美好

正月十五吃元宵，这种风俗在我国流传已久。据说，元宵象征着合家团圆，吃元宵预示新的一年合家幸福、万事如意。

元宵，又叫“汤圆”“水圆”“汤团”等。宋人陈元靓写的《岁时广记》称它为“元子”；《乾淳岁时记》称它为“乳糖元子”；《大明一统赋》称它为“糖元”；《武林旧事》称它为“团子”。尽管各地元宵种类繁多，风味各异，但都有团圆的寓意，深受人们的喜爱。

元宵始于宋朝，那时民间流行着一种新食品，其做法是用各种果做馅，外面裹上糯米粉搓成球，煮熟后吃起来香甜可口，饶有风味。因为这种糯米球煮在锅里一会儿浮一会儿沉，所以，人们叫它们“浮元子”。

1912年，袁世凯篡夺革命果实，一心想当皇帝，又恐遭到人民反对，终日忐忑不安。由于“元”和“袁”“宵”和“消”同音，“袁消”有“袁世凯被消灭”之嫌，所以，在1913年元宵节前，袁世凯下令将“元宵”改为“汤

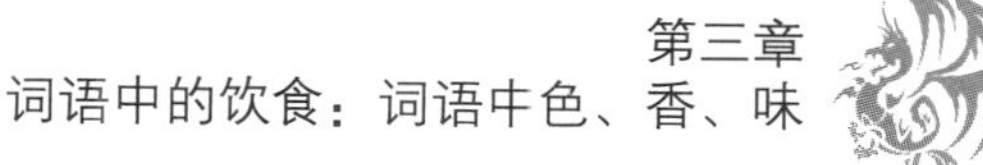

圆”。袁世凯垮台后，大部分地区又恢复了元宵的叫法。

品种繁多的元宵

元宵是用糯米粉做成的球形食品，从种类上可分为实心和带馅的两种。带馅的又有甜、咸之分。甜馅一般有猪油豆沙、白糖芝麻、桂花什锦、枣泥、果仁、麻蓉、杏仁、白果、山楂等；咸馅一般有鲜肉丁、火腿丁、虾米等。用芥、葱、蒜、韭、姜组成的菜馅元宵，称“五味元宵”，意寓勤劳、长久、向上。

五、“月饼”的诸多名称

月饼，又称胡饼、宫饼、小饼、月团、团圆饼等，是古人中秋祭拜月神的供品，在我国有着悠久的历史。

据史料记载，早在殷周时期，江浙一带就有一种纪念太师闻仲的边薄心厚的“太师饼”，此乃我国月饼的“始祖”。汉代张骞从西域引进芝麻、胡桃，丰富了月饼的馅料，继而出现了以胡桃仁为馅的圆形饼，名曰“胡饼”。唐代，民间已有从事制作胡饼的饼师，京城长安也开始出现糕饼铺。据说，有一年中秋之夜，唐玄宗和杨贵妃赏月吃胡饼时，唐玄宗嫌“胡饼”之名不雅，杨贵妃见皓月当空，十分陶醉，便将“胡饼”改称为“月饼”，从此，“月饼”的名称便流传开来。

月饼的分类

我国月饼品种繁多，按地域分有：苏式、广式、京式、宁式、潮式、滇式等；就口味而言，有甜味、咸味、咸甜味、麻辣味等；从馅料分，有五仁、豆

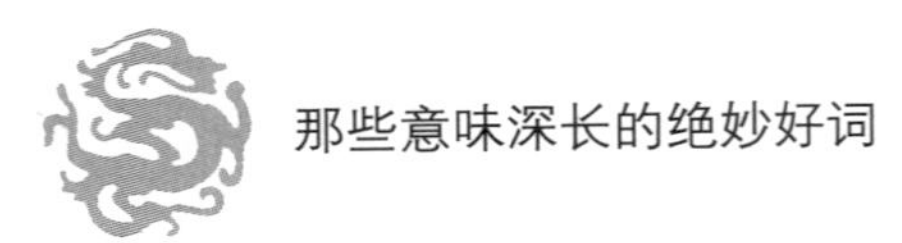

沙、冰糖、芝麻、火腿等；按饼皮分，则有浆皮、混糖皮、酥皮三大类；就造型而论，有光面月饼、花边月饼、老寿星月饼等。

六、“茅台酒”的悠久历史

茅台酒是我国的“国酒”，它的悠久历史可以追溯到两千年前甚至更早。传说在远古的大禹时代，居住于赤水河畔的人们就已经非常善于酿酒了。据《遵义府志》记载：“蒟酱，酒之始也。”由此可见，茅台在早期被称为“蒟酱酒”。据《史记》记载，汉武帝建元六年（公元前135年），受命出使南越的唐蒙，品尝到了当地产的“蒟酱酒”后，他曾专程绕道取“蒟酱酒”再返回长安献给汉武帝，武帝饮而“甘美之”，并留下了“唐蒙饮酱而使夜郎”的传说。随着时光流转，“蒟酱酒”的名字就开始频频地出现于各类历史文献和相关记载中。《仁怀厅志》中有古诗曰：“尤物移人付酒杯，荔枝滩上瘴烟开。汉家蒟酱知何物，赚得唐蒙习部来。”元代的宋伯仁更是在《酒小史》中记载了“南粤唐蒙蒟酱酒”的历史典故。西晋咸宁三年（227年）犍为郡的陈瑞发动农民起义时，就曾以“始用酒一斗、鱼一头”作为奖励来吸收义民。这一历史细节，正好从另一个侧面证实了当时酿酒业已经小有规模。

唐宋时期以后，“蒟酱酒”已更名为“哑酒”，渐渐成为历代封建王朝的指定贡酒，并且开始经由南丝绸之路远销海外。而绘制于明代的茅台村《邬氏族谱》上已标有酿酒作坊。一直到1704年，“偈盛烧房”终于将其产酒正式定名为茅台酒。

美酒与圣人

古时候，我国有把美酒比做“圣人”的说法。其由来可追溯至东汉末年的一段历史故事。据说，时任尚书侍郎的徐邈在家喝得酩酊大醉，正值此时，曹操派人召他入朝议事。他来不及躲闪，就借着酒劲儿说："回禀丞相，臣正与圣人议事，不得工夫。"来人一听是"圣人"，便没敢多言，就复命去了。而曹操也听得糊里糊涂，于是也就没有再追问。事后，徐邈与友人谈起此事时说："不想'圣人'二字竟救了我的命。"从此，"圣人"便成了美酒的别称。

七、讲究的"腊八粥"

北京有句谚语说："送信的腊八粥，要命的关东糖。"意思是说吃了腊月初八的腊八粥，就该准备还赊清欠，而吃了腊月二十三祭灶的关东糖，年近岁末，债主就要上门讨债了。

腊八粥历史悠久，腊月初八是佛教始祖释迦牟尼成道的佛日，据说古代印度佛教僧徒，鉴于佛祖未成道前，六年的苦行修持每天只吃一麻一素，佛弟子为了永志佛祖成道前一麻一素的苦厄，所以每年腊月初八用豆果黍米熬粥供佛永矢弗忘，而且说喝了佛粥，可以上邀佛祖庇佑。自从佛教传入中土，各大禅林寺院都在腊月初八那天拂晓熬粥供佛。

中国民间喝腊八粥的习俗始于汉朝。到了盛唐，唐太宗崇信佛法，并且有玄奘法师西去天竺求取真经，过腊月初八吃腊八粥的风气更加盛行。清朝也是信仰佛教的，康熙年间太平已久，有一年康熙皇帝一高兴，把大内供佛的腊八粥赏赐给有功的臣僚，从此成为常例。

腊八面

我国北方一些不产或少产大米的地方，人们腊月初八不吃腊八粥，而是吃腊八面。这种腊八面是用各种果、蔬做成臊子，拌在面条里而成。

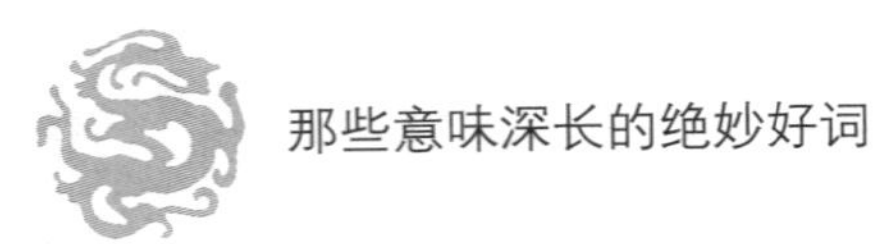

八、“东坡肉”是怎么来的

浙江有一道家喻户晓并与宋代大文豪苏轼有关的名菜，叫“东坡肉”，流传已近千年，其中还有一段有趣的传说。

相传，北宋文学家苏东坡在杭州做刺史时，常为民排忧解难，做了许多有益于老百姓的事，尤其是他曾带领20万人疏浚西湖，将挖掘出来的湖中淤泥筑成贯通南北的长堤——苏堤，从而大大改善了民生。更重要的是西湖增加了蓄水量，消除了水灾，并利用湖中水灌溉良田，使杭州地区年年获得丰收，这一带的老百姓都十分感激他。

人们私下相议，用什么来报答自己的恩人呢？有人打听到，太守喜欢吃猪肉，还写了一首关于猪肉的诗呢！于是人们为了报答苏东坡，每逢过年时，老百姓都抬着猪肉给他拜年。这样一来，苏东坡每年都收到许多猪肉，面对如此多的猪肉该怎么办呢？他叫人将所有的肉切成方块并烧得红酥软烂，按参加疏浚西湖的民工花名册给每家发送一份。当地老百姓都感激不尽，便将这种肉称为“东坡肉”。有位老板便挂出“东坡肉”的牌子专卖这种做法的肉，生意很兴旺。后来“东坡肉”就成了杭州的名菜。

好吃的东坡肉

“东坡肉”的特点：薄皮嫩肉，色泽红亮，味醇汁浓，酥烂而形不碎，香糯而不腻口。后被浙江省把其列为杭州名菜之一。

九、“老婆饼”和妻子有关

老婆饼是潮汕地区的风味名小食，皮酥脆醇香，馅软嫩香甜。关于“老婆饼”民间流传着两个说法：

其一，很久以前，有一对夫妻感情甚好，为了给家翁治病，媳妇甘愿卖身为奴。丈夫不仅没被生活的磨难击倒，还用心研制出一种味道独特、口感奇佳的饼，最终用卖饼挣来的钱赎回了妻子，小两口重新过上了幸福的生活。从此，老婆饼便流传开来。

其二，源于广州名店莲香茶楼。

清朝末年，莲香茶楼的潮州师傅带了点心回家探亲。岂料他妻子吃完莲香茶楼的点心后十分不快："这点心还不如我炸的冬瓜角呢！"这位师傅听了妻子的话很不服气，就让妻子把冬瓜角拿出来跟他的点心一较高下。

次日，妻子用冬瓜茸、白糖做馅儿，再用面粉包成小角，然后下锅炸成金黄色。点心师父尝过后称赞道："果然味道奇佳！"后来，师傅将冬瓜角带回了莲香茶楼给大家品尝，老板吃过后也赞不绝口，忙问："这好吃的点心叫什么名字？"点心师傅一时想不出来，另一位师傅就接着说："这是潮州师傅的老婆做的，就叫潮州老婆饼吧！"

如今，老婆饼仍然是深受人们的喜爱点心之一。

老公饼

点心中和老婆饼相对的还有老公饼。老公饼形状比老婆饼稍微大一些，味道不同于老婆饼的细腻，而是有些像面包的感觉，大大咧咧的，有点像个大男人。

十、"四喜丸子"——吉祥的菜肴

四喜丸子是鲁菜里面的招牌菜，四喜寓意福、禄、寿、禧四件喜事，丸子意即团团圆圆，一般常把此菜作为喜寿宴席的压桌菜。

据传，四喜丸子创制于唐朝。有一年朝廷开科考试，发榜当日，衣着寒酸的张九龄居然中得头榜，皇帝赏识其有才华，便将他招为驸马。当时正值张九龄家乡遭水灾，父母背井离乡，杳无音讯。成亲那天，张九龄正巧得知父母的下落，便派人接至京城。喜上加喜，张九龄高兴之余，便叫厨师烹制一道吉祥的菜肴，以示庆贺。菜端上来一看，是四个炸透蒸熟并浇以汤汁的大丸子。张九龄问其意，聪明的厨师答道："此菜为'四圆'。一喜，老爷金榜题名；二喜，成家完婚；三喜，做了乘龙快婿；四喜，合家团圆。"张九龄听后开怀大笑，连连称许，又说道："'四圆'不如'四喜'响亮好听，干脆叫它'四喜丸子'吧。"自此以后，逢有重大喜庆之事，宴席上必备此菜。

对"四喜"阐释

后人对"四喜"有不同的解释，有人把喜庆、吉祥、幸福、长寿称为四喜；而南宋文学家洪迈《容斋随笔》中"久旱逢甘霖，他乡遇故知，洞房花烛夜，金榜题名时"所言的四件喜事，更是尽人皆知，一直被百姓视为人生最大的理想。时至今日，人们依然津津乐道。

十一、"油条"源于"油炸桧"

油条，在粤语和闽南语里又称"油炸鬼"，它是很多人爱吃的早点食品。说起它的来历，与奸相秦桧有关。

《宋史》记载：南宋高宗绍兴十一年，秦桧一伙卖国贼，以"莫须有"的罪名杀害了岳飞父子。此消息传开后，南宋军民无不义愤填膺，一时间，酒楼茶馆、街头巷尾，都在讨论这件事。

在众安桥下，有两个吃食摊：一家卖芝麻葱烧饼，老板叫王二，一家卖油炸糯米团，老板叫李四，这一天，两人议论起此事，很是激愤，就做了两个面人扔到油锅里，表示对秦桧夫妻的愤恨，并称这是"油炸桧"。

原先，“油炸桧”是背对背的两个人。但面人要一个一个捏起来，做一个“油炸桧”，确实很费工夫。后来，将面切成许多小条，然后拿两根，扭在一起，放到油锅里炸，仍旧叫它“油炸桧”。这样，制作起来就方便多了。

老百姓当初吃“油炸桧”是为了解恨。一尝味道不错，价钱也便宜，于是逐渐成为家喻户晓的食物了。

吃油条的注意事项

吃油条时应注意：

1.不宜经常吃油条。

2.恢复期病人和老年人不宜吃油条。

3.孕妇及儿童不宜吃油条。

十二、“年糕”——年年高

吃年糕是春节的习俗之一。年糕又称“年年糕”，与“年年高”谐音，意寓人们步步高升，生活一年比一年好。

在我国，年糕由来已久。1974年，考古工作者在浙江余姚河姆渡母系氏族社会遗址中发现了稻种，这说明早在7000年前，我们的祖先就已经开始种植稻谷。汉朝人对米糕有“稻饼”“饵”“糍”等称呼。古人还记录了从米粒糕到粉糕的发展过程，明崇祯年间刊刻的《帝京景物略》一文中记载了当时的北京人每于“正月元旦，啖黍糕，曰黏黏糕”。不难看出，“年年糕”是北方的“黏黏糕”谐音而来。

据说，年糕最早是年夜祭神、朝供祖先所用，后来才成为春节食品。年糕不仅是一种节日美食，更表达了人们对美好生活的期盼和祝愿。正如清朝的一首诗云：“人心好多高，谐声制食品，义取年胜年，籍以祈岁稔。”

年糕的种类

年糕的种类有很多，具有代表性的有北方的白糕、塞北农家的黄米糕、江南水乡的水磨年糕、台湾的红龟糕等。年糕有南北风味之别：北方年糕有蒸、炸两种，均为甜味；南方年糕除蒸、炸外，还有片炒和汤煮诸法，味道甜咸皆有。

十三、“鸡尾酒”的传说

鸡尾酒已经走进了我们的生活，闲暇时在酒吧喝杯鸡尾酒，逐渐成为一种时尚。此酒口感新奇，色彩缤纷。关于它的名称由来，在民间流传着这样两个故事：

其一，19世纪，美国人克里福德在哈德逊河边经营一间酒店。他有三样自豪的宝贝，即一只能争好斗的大公鸡，珍藏多年的美酒以及美若天仙的女儿。有个年轻船员叫阿普鲁恩，他爱上了克里福德的宝贝女儿，克里福德说：“等你当上船长，我就把女儿嫁给你。”几年后，阿普鲁恩终于当上了船长，再次来提亲。克里福德很高兴地拿出了珍藏的美酒，并在精心调制后把雄鸡尾巴上的漂亮羽毛插入酒杯以做装饰。因此，这种被称为“鸡尾酒”的新酒逐渐流行开来。

其二，也是大家熟知的传说：一艘英国船只驶入墨西哥犹加敦半岛的坎佩切港，船只停靠后水手们来到一家酒吧喝酒。水手们看到酒吧的酒保手拿一根漂亮的鸡尾形无皮树枝正在调制一种混合饮料。水手们好奇地向酒保询问这种饮料的名字，酒保却以为他们在问树枝的名称，便随口答道“考拉德·嘎窖”，就是西班牙语中的“公鸡尾”。于是，“鸡尾酒”的名称就这样流传下来了。

有新意的广告

从前，有一个人开了一间酒铺。他为招揽生意，特意在铺前挂了一块大招牌，上面写着：月挂半边天，嫦娥伴子眠，酉时天下雨，读书不必言。

自从招牌挂出以后，顾客络绎不绝，买卖兴隆。原来招牌上的四句话是隐含四个字的谜语：有好酒卖。真可谓匠心独具、别有新意。

十四、“白兰地”的起源

白兰地是英文brandy的音译，它源于拉丁语Aguavitae，意思是：“生命之水”。用它作为酒的命名有两种传说：

一种传说是：大约在15世纪时，荷兰有位船长往家乡运送葡萄酒，因路途遥远，船载重量有限，他将葡萄酒用蒸馏浓缩后使液体减少一半的方法，原打算到达目的地后再兑水，这样就可多运一倍的酒。出人意料的是，经过浓缩后的葡萄酒味道更加醇美。当地人把这种经过蒸馏的葡萄酒叫白兰地，荷兰语的意思是：浓缩过的葡萄酒。16世纪前后，荷兰就开始用葡萄酒蒸馏的办法生产白兰地了。

另一种传说是：15世纪在意大利有个卫士叫霍夫曼，他把自制的葡萄酒储存在木桶里。有一年发生战争，他就把酒桶藏入地窖内，战争中霍夫曼被敌军击毙，酒就无人知晓了。十年后，有人无意中发现了地窖中的酒，由于时间已久，酒蒸发了许多，剩下一半左右金色、酒味醇厚的酒。人们为了纪念死去的卫士霍夫曼，为酒取名为“白兰地”，意思是“生命之水”。

如今法国生产的白兰地最负盛名，夏德朗省人用当地产的葡萄酒酿制而成的科涅克白兰地被公认为最佳白兰地。

趣味链接

三星白兰地

民国初年，重庆有一个酒家，在门口放一瓶“三星牌”白兰地，并出一上联征对：三星白兰地

对者非常多，最后中奖的是一位青年的下联：

五月黄梅天

这是一副绝妙对联。上联与下联内容上毫不相干，但字面上字字绝对。五六月间为梅雨季节，叫“黄梅天”。

有好事者将这副对联上下颠倒，联尾停顿，各加一字，成为如下一联：

五月黄梅天，湿

三星白兰地，干

以“干”对“湿”，反义词相对。同时，“干”字双关，又是“干杯”的意思。

第四章 词语中的习俗：有趣的民间传统习俗

一、“元旦”开启新的一年

每年阳历的1月1日为元旦，是新年的开始。“元旦”是合成词，按单个字来讲，“元”是第一或开始的意思，“旦”的原意是天亮或早晨，“元旦”就是指新年的第一天。

“元旦”一词，最早出自南朝梁人萧子云《介雅》诗：“四气新元旦，万寿初今朝。”宋代吴自牧《梦梁录》卷一“有正月”条目：“正月朔日，谓之元旦，俗呼为新年。”

“元旦”的古代叫法不同。《书·舜典》中叫“元日”，汉代崔瑗《三子钗锦》中叫“元正”，晋代庾仲初《扬都赋》中称作“元辰”，北齐时的一篇《元会大享歌皇夏辞》中呼为“元春”，唐代李适《元日退朝观军仗归营》诗中谓之“元朔”。

但是，我国古人说的元旦，却并不是阳历的1月1日，而是正月初一，又称元日。中国的历史是以农历纪年，现行的公元纪年，是西方历法的体现，是以基督诞生为公元1年。中国是到了“中华民国”以后才逐渐改用公元纪年。

“元旦”一词，源于古埃及。公元前五万年左右，古埃及人已由游牧改为农耕，定居在尼罗河畔，农业收成与尼罗河是否泛滥有很大关系。古埃及人在长期的观察中发现，尼罗河泛滥的时间是有规律的，他们就把这个时间每次都记录在竹竿上，从而得知两次泛滥之间大约相隔365天。同时还发现，尼罗河初涨的潮头来到今天开罗城附近的时候，正好是太阳与天狼星同时从地平线上升起的时候。于是，古埃及人就把这一天定为一年的开始，这便是元旦的由来。

其他国家的元旦

阴历的祖先埃及历，把天狼星和太阳一同升起的那天作为元旦；阿富汗把春分作为元旦；犹太人把秋分作为元旦；爱斯基摩人的元旦是不固定的，他们把第一次下雨作为元旦。

公元前年，罗马皇帝儒略·恺撒制定儒略历，开始时他把冬至作为元旦，但是，人们坚持要把朔日作为元旦，因此就把元旦延到冬至后10天。

二、为何要“守岁”

除夕之夜“熬年”，又被称为“守岁”，是我国民间的传统习俗。古时候，守岁是为了驱除百鬼，而如今，则是人们辞旧迎新的一种方式。

魏晋时期，就已经有关于守岁的记载了。这个习俗的由来，有一个传说：老天爷每逢除夕就会向人间散发金银财宝，希望天下百姓能够生活富足。除夕之夜，所有的石头、砖瓦都会变成金灿灿的财宝。但是有一个条件，就是不可有急切和贪婪之心，人们必须把捡到的财宝全部放入家中，直到第二天天亮才能开门。

李家庄有对兄弟，哥哥爱财如命，吝啬鬼一个；弟弟诚恳勤劳，心地善良。这一年除夕之夜，兄弟二人坐在屋里等着金银财宝从天而降。哥哥十分心

急，心想："我得想个办法可以不费力气就能多弄些金银回来。"于是他搬了许多石头到自己的门前，等着"黄金时刻"的来临。三更时分，老天爷开始大散金银财宝。弟弟把金银放入箩筐里，背进屋子，关上了房门。而哥哥此时使出浑身力气把他预先堆好的大石头推到屋里，心想："以后我就是天下最大的财主了！"可是天迟迟不亮，他很着急，最后终于按耐不住了，将家门打开，等他再回到屋里的时候，金银财宝全都变回了大石头。弟弟等到天亮才打开门，一箩筐的财宝闪闪发光。

后来，老天爷得知像哥哥这样的贪财之人越来越多了，大发雷霆，便从此不再向人间散金银财宝了。可是人们总是心存侥幸，年复一年地盼望着这一天再次到来。尽管天上再也没有下过"金银雨"，但这一天家家户户还是团聚在一起，点着蜡烛等待新年的来临，这让全家人都觉得很幸福。这样，守岁的习俗就流传了下来并沿袭至今。

趣味链接

守岁始于何时

守岁源于何时？《秦中岁时记》载："守岁之事三代前后典籍无文，至唐杜甫的《杜位宅守岁》诗云'守岁阿咸家，椒盘已颂花'疑自唐始。"唐诗中对守岁习俗有不少描写。白居易《客中守岁》云："守岁尊无酒，思乡泪满巾。"孟浩然也有"续明催画烛，守岁接长筵"的诗句。到了宋朝，守岁之风遍于城乡。苏东坡的"儿童强不睡，相守夜欢哗"，描绘了守岁的情景。《东京梦华录》记载："除夕……士庶之家，围炉而坐，达旦不寐，谓之守岁。"

三、"压岁钱"的传说

除夕的晚上，很多孩子都能够得到长辈给的红包，叫"压岁钱"。为什么会有压岁钱呢？这里有一个传说。

传说古代有一个叫“祟”的小妖，黑身白手，他每年除夕夜里出来，专门摸熟睡的小孩的脑门。小孩被摸过后就会发高烧、说梦话，退烧后就会变成痴呆疯癫的傻子。大人们怕“祟”小妖伤害孩子，常常在除夕整夜亮灯不睡，这也叫做“守祟”。

有一户姓管的人家，夫妻老来得子，十分疼爱孩子。年三十晚上，为了防止祟来侵扰，这对老夫妻不睡觉，一直逗着孩子玩，他们用红纸包了几枚铜钱，包了拆，拆了又包。夜渐渐深了，小孩子坚持不住，先睡着了，这对老夫妻便把包好的几枚铜钱放在他的枕边。老夫妻年纪大了，也熬不住，一看都已是四更天了，想来那祟不会来伤害孩子了吧，便睡着了。可他们刚一睡着，一阵阴风吹过，祟就进了屋，就在他要用手摸孩子头的时候，突然孩子枕边发出一道金光，祟尖叫着逃跑了。

很快，这件事就传扬开来，大家纷纷效仿，在大年除夕夜里用红纸包上钱给孩子，小妖就不敢再来侵扰了。人们把这种钱叫“压祟钱”，“祟”与“岁”发音相同，就被称为“压岁钱”了。

汉代就有压岁钱

最早的压岁钱起源于汉代，又叫“压胜钱”，并不在市面流通，而是铸成钱币形式的玩赏物。钱币正面一般铸有“万岁千秋”“去殃除凶”等吉祥话和龙凤、龟蛇、双鱼等吉祥图案。

四、“元宵节”的来历

关于元宵节的起源，民间有许多传说。

一种传说为：天上的天鹅不幸被猎人射伤坠落人间。玉帝欲替天鹅报仇，便在农历正月十五派天兵天将下凡，想把人畜全部烧死。有一个好心的神仙不忍

心，冒着生命危险，告诉了百姓。农历正月十五，家家户户挂红灯，放烟花爆竹，装出人间已经起火的样子，骗过了玉帝，才避免了一场灾难。

另一种传说为：汉武帝时期，宫女元宵因不能在父母面前尽孝，欲投井自杀。东方朔为成全宫女，散布农历正月十六火神君奉玉帝旨意，要火烧长安的消息。汉武帝问东方朔有没有解决办法，东方朔说火神君最爱吃汤圆，看红灯，所以如果皇帝、后妃、文武百官农历正月十五上街观灯火，便可以避灾。于是，宫女元宵终于有机会回家与家人团聚了。

趣味链接

元宵节佳对

清代文人闵鄂之自幼喜欢作对，常常是出口成章，闭口成对。

有一年元宵节，他随父乘船到毛尚书家做客。毛尚书命家人张灯结彩，敲锣打鼓，又请作陪的幕僚出联属对，以助雅兴。席间，你出一联，我答一联，好不热闹。这时，毛尚书提议以元宵夜为题属对。时逢那夜乌云遮月，一幕僚望着辉煌的灯火说道：

元宵不见月，点几盏灯为河山生色

闵鄂之听到鼓声阵阵心中一动，于是上前高声对道：

惊蛰未闻雷，击数声鼓代天地宣威

满座宾客齐声叫妙。

五、“清明节”始于周代

我国传统的清明节大约始于周代，已有2500多年的历史。清明节，又叫踏青节，按阳历来说，应在每年的4月4日至6日之间，清明节古时也叫三月节。

清明是一个很重要的节气。二十四节气歌编排了“春雨惊春清谷天，夏满芒夏暑相连。秋处露秋寒霜降，冬雪雪冬小大寒”的歌谣。清明是农历历法中的第五个节气，古代劳动人民常在这时安排农事活动。清明一到，天气转暖，大地回春，万物复苏，一片生机盎然，正是春耕春种的大好时节，故有“清明前后，种瓜种豆”“植树造林，莫过清明”的农谚。《岁时百问》说“万物生长此时，皆清洁而明净，故谓之清明”。

清明节是我国的传统节日，有着悠久的历史，古时就有在清明时插柳、踏青、荡秋千、拔河、赛龙舟等活动。清明是祭祖和扫墓的日子，扫墓俗称上坟，是祭祀死者的一种活动，它是人们慎终追远、敦亲睦族及行孝的表现。汉族和一些少数民族大多是在清明节扫墓。

按照旧的习俗，扫墓时，人们携带酒食果品、纸钱等物品到墓地，将食物供祭在亲人墓前，再将纸钱焚化，为坟墓培上新土，折几枝嫩绿的新枝插在坟上，然后叩头行礼祭拜。唐代诗人杜牧“清明时节雨纷纷，路上行人欲断魂。借问酒家何处有？牧童遥指杏花村。”的名句便是清明节特殊气氛的生动写照。

直到今天，仍有清明节祭拜祖先，悼念已逝的亲人的习俗。

寒食节禁火

寒食是指清明节前两天，在这期间民间要禁火：食物以稠饧、麦糕、乳饼等为主，所以称为“寒食”。寒食原为周朝旧制，究竟是哪一天，历来说法不一。魏晋南北朝时始定为清明前一两天。唐朝沿袭此制，清明前两天禁火，第三天即清明节晚上，由宫内传火，赐予近臣，有所谓“内宫初赐清明火”，能得到皇帝赐火者只是少数达官显贵，他们得火后将传火的柳条插于门前，炫耀于世人。后来，人们争相效仿，形成了插柳的习俗。

六、众说纷纭的“端午节”

每年农历五月初五是端午节。端午节又名午日、重午、地腊、中天等。在端午节这天，人们要吃粽子表示敬祝。

端午节的起源有几种说法：

1.南朝梁吴均《续齐谐记》所写的吃粽子的起源和宗懔《荆楚岁时记》所写的龙舟竞渡的起源，都认为端午节是为了纪念伟大诗人屈原。

2.端午节是龙的节日。这种看法是近代才有的，是闻一多先生在《端午考》与《端午的历史教育》中提出来的，现在学术界大多沿用此说。

3.纪念伍子胥说。伍员，字子胥，春秋时期楚国人。其父、兄遭楚平王杀害后，他投奔吴国，帮助吴王阖闾成就霸业，并打进楚国，鞭楚平王尸体三百。后吴王夫差打败越国，骄傲轻敌，伍子胥力劝，太宰伯嚭进谗言，于是夫差赐“属镂”剑令伍子胥自刎，并将伍子胥尸体扔到江中。传说伍子胥含冤死后变成了“波涛之神”，江浙一带百姓每逢端午节就要举行祭祀活动以悼念伍子胥。

4.端午起源于夏、商、周时期的夏至节，《风土记》写道：“俗重五月五日，与夏至同。”

5.端午节起源于恶日。因历史上某些坏人生于五月五日，故有“不举五月子”（意为不把五月生的孩子抚养成人）之说，并导致端午的一些民间风俗都是为了镇妖避邪，这属于封建迷信。

趣味链接

粽子

端午节吃粽子。粽子又称“角黍”，明代李时珍《本草纲目·谷部四》解释：“古人以葫芦叶裹黍米煮成尖角，如棕榈叶心之形，故曰粽，曰角黍。”魏晋时期，周处在《风土记》曾记载：“仲夏端午，烹鹜角黍。”这足以说明早在晋时，端午吃粽子就已成习俗了。端午节包粽子祭吊屈原，最早见于吴均所著的《续齐谐记》：“屈原五月五日投汨罗江而死，楚人哀亡，每至此日，竹筒贮米，投水祭之。”

七、“中秋”祭月

中秋节由来已久。古代帝王有春天祭日、秋天祭月的礼制，早在《周礼》一书中，已有“中秋”一词的记载。后来贵族和文人学士也仿效起来，在中秋时节，对望着天上的一轮皓月，祭拜观赏，寄托情怀。这种习俗传到民间，成为一个传统的活动。

到了唐代，人们更加重视祭月的风俗，中秋节才成为固定的节日。《唐书·太宗记》记载有“八月十五中秋节”，这个节日盛行于宋朝，至明清时，已与元旦齐名，成为我国的重要节日之一。

赏月台

中秋节赏月到唐代已十分盛行了。《开元天宝遗事》记载，唐玄宗每年农历八月十五中秋节都要和杨贵妃到太液池赏月。在他兴意正浓时，明月却沉沉西下，于是玄宗下令在太液池西岸修建一百尺高台，称“赏月台”，供他以后与贵妃赏月用。

八、九月初九“重阳节”

农历九月初九，二九相重，称为重九。在我国古代，六为阴数，九是阳数，故此，重九又叫重阳。

重阳节的起源，最早可以追溯到汉初。据说，在皇宫中，每年九月初九，都要佩茱萸，食蓬饵，饮菊花酒，以求长寿。

古代，民间有重阳登高的风俗，所以重阳节又叫“登高节”。重阳节要赏菊花、饮菊花酒，这风俗源于陶渊明。陶渊明以隐居出名，以诗出名，以酒出名，也以爱菊出名；后人效之，遂有重阳赏菊之俗。重阳节插茱萸的风俗，在

唐代就已经很普遍。古人认为在重阳节这一天插茱萸可以避难消灾；或戴带于臂，或把茱萸放在香袋里面佩带，还有插在头上的。

重阳节除了佩戴茱萸，也插菊花。唐代就已经如此，历代盛行。清代，北京重阳节的习俗是把菊花枝叶贴在门窗上。宋代，还有将彩缯剪成茱萸、菊花来相赠佩戴的习俗。

趣味链接

重阳糕

重阳糕又名“花糕”“发糕”“菊糕”。吃重阳糕的习俗在宋代已经十分盛行了，一直沿袭至今。

山西重阳糕属面食糕点，以枣泥、银杏、松子、杏仁为馅，可做九层。有的在糕点上做两只小羊，取重阳之意；有的在糕点上插小彩旗，以图吉利。糕，谐音高，寓步步高升之意。家境殷实的人家在这天不仅要吃重阳糕，还要吃寿面，或者全家聚会，以祈祝家人平安、健康。

九、“情人节”的传说

公元3世纪时，古罗马有一位暴君叫克劳多斯。这一时期，古罗马战事连连，暴君克劳多斯征召了大批公民前往战场，为了保证人们忠于战争，他下令禁止人们结婚，甚至连已订了婚的人也必须马上解除婚约。无奈之下，许多年轻人就这样告别爱人，满怀悲愤地奔赴战场。

修士瓦伦丁对克劳多斯的行为感到十分难过。当一对情侣来到神庙向他请求帮助时，修士瓦伦丁在神圣的祭坛前悄悄为他们举行了婚礼。事情传开后，很多人来到这里，在瓦伦丁的帮助下结成伴侣。消息传到克劳多斯耳朵里，他暴跳如雷，命令士兵们冲进神庙，将瓦伦丁从一对正在举行婚礼的新人身旁拖走，关入地牢。公元270年2月14日，瓦伦丁在地牢里受尽折磨而死。满怀悲伤

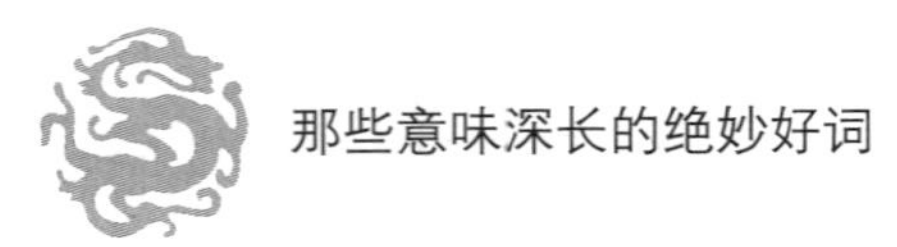

的人们将他安葬于圣普拉教堂。

为了纪念瓦伦丁，人们把每年的2月14日定为“情人节”。

中国的情人节

我国农历七月初七是人们俗称的七夕，也有人称之为“乞巧节”或“女儿节”，因为是牛郎织女一年一度相会的日子，又称为中国情人节。

七月初七之所以称为乞巧节，是因为民间相信这天牛郎织女会天河，女孩们就在晚上以瓜果朝天拜，向女神乞巧，她们除了乞求针织女红的技巧，同时也乞求婚姻巧配。

十、西方的“复活节”

复活节是西方的一个重要节日，它的庆祝活动从四旬斋开始，象征着重生与希望，为纪念耶稣基督被钉死在十字架之后第三天复活的日子。在欧美各国，复活节是仅次于圣诞节的重大节日。根据西方教会的传统，是春分后第一次月圆之后的第一个星期日。东方教会则规定，如果满月恰好出现在这第一个星期日，则复活节再推迟一周。因此，复活节的日期大致在3月22日至4月25日之间。

关于耶稣基督的受难和复活，《圣经·马太福音》中有这样一个故事：传说耶稣被犹大出卖，遭到逮捕判以死刑，被钉死在十字架上。据说耶稣死时，圣殿中的幔子突然从上到下裂成了两半，凭空落了下来。并发生了地震、石崩等一系列奇异现象。耶稣临终前说的最后一句话是：“我的信徒们，无须为我的死而悲伤，三日后我必复活。”罗马人惧怕耶稣的预言会变成现实，在他受刑的第二天把他的坟墓严严实实地看守起来。就在第三天安息日将尽的时候，忽然间地面强烈震动起来。随后，一个身着白衣，相貌闪烁着神圣光泽的天使，从空中降落

下来，他对众人说："耶稣不在墓中，已经复活，他到加利利去了。"

按照基督教教义，耶稣复活后，曾多次在信徒面前显现。在第40天时，众信徒见他升入云端，回到天父那里。这一天，也是基督教的盛大节日之一——耶稣升天节。关于耶稣基督之死，按基督教教义，是为了赎世人的罪。因此，在基督教中，复活节具有重要的意义。

随着社会的进步，和圣诞节一样，复活节的宗教色彩也越来越淡，作为一个民俗节日的特征，则越来越明显。

趣味链接

复活节彩蛋

根据《圣经》记载，复活节彩蛋最早起源于12世纪，当时的基督教会在复活节前的几天时间里禁止公众吃鸡蛋，在这段时间里下的鸡蛋都被赋予了特殊的意义，装扮起来代表耶稣基督的复活。

十一、"母亲节"的起源

古时母亲节起源于希腊，古希腊人在这一天向希腊神话中的众神之母赫拉致敬。17世纪中叶，母亲节流传到英国，英国人把封斋期的第四个星期天作为母亲节。在这一天里，出门在外的年轻人将回到家中，并送给他们的母亲一些小礼物。

现代意义上的母亲节起源于美国，由安娜·贾薇丝（1864～1948年）发起，她终身未嫁，一直陪伴着自己的母亲。安娜的母亲于1905年去世，她悲痛欲绝，两年后，她和朋友开始写信给有威望的部长、商人、议员来寻求支持，希望让母亲节成为一个法定的节日。

1908年5月10日，第一个母亲节在西弗吉尼亚和宾夕法尼亚州举行，康乃馨被选为献给母亲的花，并从此流传下来。

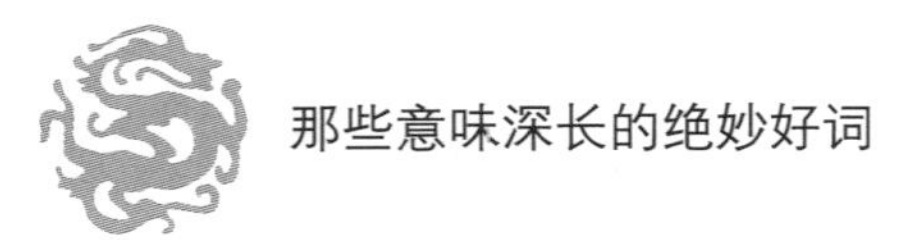

1914年5月7日，美国国会通过决议，规定每年5月的第二个星期日为母亲节，并在1914年5月9日由威尔逊总统颁布施行。现在，母亲节已经在很多国家流行了。

父亲节的起源

有母亲节，当然也有父亲节，父亲节也起源于美国。1909年，一位名叫多伍德的女士在美国首都华盛顿特区传播“母亲节”。在此期间，她想起了含辛茹苦将她抚养成人的父亲。多伍德女士深深地感到设立父亲节很有必要。她的呼吁，引起了人们的热烈响应，于是，6月的第三个星期日被定为“父亲节”。1910年，美国庆祝了第一个“父亲节”。当时凡是父亲还健在的人都在胸前佩戴一朵红玫瑰花，以表达对父亲的敬意；而父亲已故去的人，则佩戴一朵白玫瑰花，以表达对父亲的无限怀念和哀思。

十二、“蜜月”的兴起

人们把新婚燕尔的第一个月称为“蜜月”，有的新郎新娘还外出旅游度蜜月。那么“蜜月”是怎样来的呢？

“蜜月”一词产生于公元前500年的英国。当时的英格兰还处于较落后的蛮荒社会。在多顿族中流行“抢婚”，即任何一个多顿青年男子都可以抢一个自己中意的姑娘为妻，不少男子一将妻子抢到手，就迫不及待地携新人外逃，过一段隐居生活后再回来。然而很多夫妻游荡于荒山野岭之间，食宿都无着落，能够活着返回家乡的人很少。

当时的英国野蜂窝随处可见，蜂蜜唾手可得，旅途中的人们纷纷吸食蜂蜜来充饥。这一发现逐渐被流传开来，抢婚外逃进入山野的新婚夫妇，便纷纷以蜂蜜充当食物，得以婚后厮守终生。

到了公元前4世纪左右，多顿人“抢婚”的习俗扰乱了社会秩序，迫使多顿首领不得不作出规定：凡成婚三十天以上者，不得卷入抢婚之列，并发给新婚对牌，以备查验。此后，外逃的新婚夫妇多数都在三十天以后主动重返家乡，过上幸福的家庭生活。新婚夫妻在外面靠吸食蜂蜜为生的三十天，久而久之就被人们称为“度蜜月”，后来演变成了新婚度假的代称。

趣味链接

交杯酒

据传，喝交杯酒这一习俗源于先秦时期。《礼记》载：“新郎、新娘各执一片一剖为二的瓢饮酒。其意是象征一对新人自此合二为一，夫妻间享有平等的地位，婚后相亲相爱，和谐美满。”到了唐代，除了沿用瓢当作酒器外，亦可以杯替代。到了宋代，新婚夫妇喝交杯酒时用的是两个酒杯，先饮一半后再换杯共饮，饮完后则将酒杯一正一反掷于床下，以示婚后百年好合。清末，交杯酒仪式已发展成为“合卺”“交杯”“攥金钱”三个部分。

今天的婚礼中，“安杯于床下”之礼已被革除，“攥金钱”则被“掷纸花”所代替，唯有“交杯酒”之礼仪仍然实行，为婚礼增添了许多喜庆的气氛。

十三、“抓周”的风俗

小儿满周岁行“抓周”礼的风俗，在民间流传已久。宋朝吴自牧《梦粱录·育子》载：“其家罗列锦席于中堂，烧香秉烛，顿果儿饮食，及父祖诰敕、金银七宝玩具、文房书籍、道释经卷、秤尺刀剪、升斗戥子、彩缎花朵、官楮钱陌、女工针线、应用物件，并儿戏物，却置得周小儿于中座，观其先拈者何物，以为佳谶。”宋朝孟元老《东京梦华录·育子》谓此为“小孩之盛礼”。由于这种风俗是在小孩满周岁时进行，俗称“抓周”。

清末民初，北京民间盛行这种小儿“抓周”礼。虽然，小儿周岁并不搭棚办酒席，也不下帖请客，但近亲们都不约而同地循例往贺，聚会一番。“抓周”的仪式一般都在吃“长寿面”之前进行。讲究一些的富户都要在床前陈设大案，摆放好：印章、书、笔、墨、纸、砚、算盘、钱币、账册、首饰、花朵、胭脂、食物、玩具，如果是女孩“抓周”还要加摆：铲子、勺子（炊具）、剪子、尺子（缝纫用具）、绣线、花样子（刺绣用具）等等。一般人家，限于经济条件，多予简化。由大人将小孩抱来，让其端坐，不予任何诱导，任其挑选，视其先抓何物，后抓何物。以此来推测其志趣、前途和将来从事的职业。

如果小孩先抓了印章，便意味着孩子长大以后，必乘天恩祖德，官运亨通；如果先抓了文具，则谓长大以后必写得一手好文章，终能三元及第；如是小孩先抓算盘，则谓将来长大善于理财，必成陶朱事业。如是女孩先抓剪、尺之类的缝纫用具或铲子、勺子之类的炊事用具，则谓长大后善于料理家务。反之，小孩先抓了吃食、玩具，也不能当场就斥之为“好吃”“贪玩”，也要说成“孩子长大之后，必有口道福儿，善于‘及时行乐’”。总之，这是长辈对小孩的一种祝愿。

长寿面的祝福

民间有生日吃寿面的习俗，“长寿面”一词来源于西汉年间。相传，汉武帝崇信鬼神，又相信相术。一天与众大臣聊天，说到人的寿命长短时，汉武帝说：“《相书》上讲，人的人中长，寿命就长，若人中一寸长，就可以活到一百岁。”坐在汉武帝身边的大臣东方朔听后就大笑了起来，众大臣莫名其妙，都怪无礼。汉武帝问他笑什么，东方朔解释说：“我不是笑陛下，而是笑彭祖。人活一百岁，人中一寸长，彭祖活了八百岁，他的人中就八寸长，那他的脸得有多长啊！”

众人闻之也不禁莞尔，看来想长寿，靠人中长是不可能的，但可以想个

变通的办法表达一下自己长寿的愿望。人中在脸上，脸即面，那“脸长即面长”，于是人们就借用长长的面条来祝福长寿。渐渐地，这种做法又演化为过生日吃面条的习惯，称之为吃“长寿面”，这一习俗一直沿袭至今。

十四、“生肖”趣闻

十二生肖最早见于世界上第一部诗歌总集《诗经》。《诗经·小雅·车攻》曰：“吉日庚午，既差我马。”我国在春秋战国时期就开始使用十二生肖了。十二生肖也被称为十二年兽。在中国的历法上有十二只年兽依次轮流当值，所以中国年就有以鼠、牛、虎、兔、龙、蛇、马、羊、猴、鸡、狗和猪应用在历法上。

那么，为什么用这十二种动物为属相呢？

一说十二生肖的选用与排列，是根据动物每天的活动时间确定的。

子时（夜里十一点钟到一点钟）：据说老鼠是深夜里最活跃的动物，所以子时属鼠。

丑时（夜里一点钟到三点钟）：据说牛是最早耕地的家畜，所以丑时属牛。

寅时（夜里三点钟到五点钟）：“寅”字解释为害怕的意思，古人最怕的动物是老虎，所以寅时属虎。

卯时（早晨五点钟到七点钟）：据说此时为“太阴”（即月亮）的时间，传说月亮上有玉兔，所以卯时属兔。

辰时（早晨七点钟到九点钟）：传说此时是群龙行雨的时候，所以辰时属龙。

巳时（上午九点钟到十一点钟）：据说蛇最爱在此时利用青草作掩护，所以巳时属蛇。

午时（上午十一点钟到下午一点钟）：午时阳气到顶，阴气始生，正是骏马驰骋的时候，所以午时属马。

未时（下午一点钟到三点钟）：传说羊在未时吃过的草，草根再生力很强，所以未时属羊。

申时（下午三点钟到五点钟）：天快晚了，猴要呻叫，所以申时属猴。

酉时（下午五点钟到七点钟）：此时正当日没月出之际，古有“太阳金鸡”的传说，所以酉时属鸡。

戌时（晚上七点钟到九点钟）：是夜的开始，由犬守夜，所以戌时属犬。

亥时（夜间九点钟到十一点钟）：据说此时天地最混沌，而猪爱睡觉，混沌不清，所以亥时属猪。

另有一种说法是，十二生肖是古代华夏族的纪年法与少数民族纪年法融合的结果。据史籍记载，居于中原的华夏族从传说中的尧舜时代就开始使用甲、乙、丙、丁等十个天干符号与子、丑、寅、卯等十二个地支符号相配而成的“干支纪年法”。而我国西北部的少数民族，因长期过着游牧生活，便创造了一种动物纪年的方法。后来，当匈奴单于呼韩邪归附汉朝，定居中原与汉族人一起生活时，中原地区与少数民族的文化相融合，由此产生了十二生肖。

趣味链接

十二属相为啥没有猫

相传，极乐世界的佛祖，有一次忽然心血来潮，指定十二种动物守卫由地上通往天空的道路，按年份轮流值班，各负其责。这十二种动物中，原来有猫，没有老鼠。

一天，有一位名叫大势至的菩萨受佛祖之命，发出请帖，邀请入选的动物欢聚一堂，听佛祖训话。大势至菩萨将这些动物的排列顺序安排妥当后，便去请佛祖。

猫的武艺高强，为百兽之师，被公推为第一把交椅：在恭候佛祖光临的时候，猫忽然感到肚子难受，便请站在旁边看热闹的老鼠帮它暂时看守一下位置，自己匆匆上厕所去了。就在这关键时刻，佛祖驾到，佛祖刚一点名，便发

现猫不在，心中不悦：老鼠趁机挑拨：“猫狂妄自大，亵渎神明，不愿当守卫，已擅自离开。”佛祖听后，非常生气，便让老鼠填补了猫的位置。

待猫从厕所返回，大势已定，无可挽回。猫一怒之下，决意与狡诈的老鼠为敌，终日寻找机会报仇。老鼠十分害怕，白日躲着，只有晚上才敢出来活动。

第五章 词语中的衣饰：点滴之中，品悟文化的沧桑

一、“衣裳”指什么

古时“衣裳”是两个独立的词，上衣为“衣”，下衣为“裳”。《诗经·邶风·绿衣》：“绿衣黄裳。”《毛传》：“上曰衣，下曰裳。”古人最早下身穿的是一种类似于裙子的“裳”。“裳”字也写作“常”。《说文》：“常，下帬也。”“帬”是裙的古体字。《释名》：“裳，障也，所以自障蔽也。”“障”是保护的意思，“蔽”有遮羞的意思。由于古代纺织工具简陋，布的幅面很窄，一件下裳得用几块布横拼起来。这种古老的服饰，直到周代还作为礼服的一部分保留着，在祭祀和朝会时穿着。现在，衣裳泛指衣服。

服装样式的变化

最初，衣服是树叶与兽皮连在一起的“围裙”。后来传说黄帝创造了上衣下裳，即上下连在一起的服饰。

到有文字记载的时代，服装样式早已形成，如殷商时上衣下裳连在一起的“深衣式”服装。春秋战国时，这种上衣下裳开始变化，女子的“裳”（裙）比男子的“裳”长了一些，就是说这一时期男女都穿裙子。《诗经》中多处提

及有“麻”（衣领）的新式服装，以及“袍”（一种行军者日以当衣，夜以做被的长式衣服）、“裼”、“裘”等衣服。可见，当时人们的衣着已十分丰富可观了。

二、中国的“旗袍”

旗袍，是一种内与外和谐统一的典型的民族服装，同唐装一起被誉为中华服饰文化的代表。旗袍和满族旗人的衣装有关。旗袍始于清代，清兵入关后，在原来设立的红、蓝、黄、白四正旗基础上，又增添了镶黄、镶红、镶蓝、镶白四旗，以此来区分和统驭所属军民，称为“八旗”。八旗所属臣民的妇女习惯穿长袍，当时只是筒状，是满族妇女的民族服装，“旗袍”之名由此得来。后来妇女们缀以绣花、领巾、袖口镶花边，右开大襟，两侧开衩，据说这样便于骑马和劳动。只要把下摆撩起，卷系腰间，便行动自如，平时又可把长列的扣绊扣到腿部当裙子，丝毫不减妇女的绰约风姿。

旗袍彰显中国女性之美

旗袍是中国女性的传统服装。中国年轻女性的身材较之西方年轻女性更显纤细、秀丽，线条简洁流畅、风格单纯又雍容华贵的旗袍，其最大优点正在于它能恰如其分地展现中国女性身体的曲线美。

三、“裤子”原本是胡服

裤子，原写成“绔”“袴”。从出土文物及传世文献来看，早在春秋时期，人们的下体已穿着裤子，不过那时的裤子只有两只裤管，其形状和后来的套裤相似，无腰无裆，穿时套在胫上（即膝盖以下的小腿部分），这种裤子又被称为“颈衣”。公开提倡穿裤子的人是赵武灵王。赵国地处中国北方，常要和胡人兵戎相见，赵国人穿深衣，只能坐战车。胡人穿着类似今天有裆的长裤，骑射十分方便。赵武灵王便萌生了想法：咱们也穿裤子。但遭到众人反对，认为满裆的长裤是“胡服”，穿胡人的服装并非小事，双方争执激烈。最后，还是听从了赵武灵王的主张。穿上裤子后的赵国人最终战胜了胡人。但是，真正推广并让人们都接受胡人的满裆裤，是在赵武灵王以后的六七百年。

胡服骑射

赵武灵王（约前340—前295），名雍，战国中后期赵国国君，杰出的政治家、军事家和军事改革家。他是一位奋发有为的国君，为了抵御北方胡人的侵略，赵武灵王推行“胡服骑射”的改革。改革的主要内容是穿胡人的服装，学习胡人骑马射箭的作战方法。其服上褶下绔，有貂、蝉为饰的武冠，金钩为饰的具带，足上穿靴，便是骑射。为此，他力排众议，带头穿胡服、习骑马、练射箭，亲自训练士兵，使赵国军事力量日益强大，西退胡人，北灭中山国，成为“战国七雄”之一。

四、“腰带”的发展演变

中国早期的服装多不用纽扣，只在衣襟处缝上几根小带，用以系结，这种小带的名称“衿”。为了不使衣服散开，人们又在腰部系上一根大带，这种大带就叫腰带，它与今天人们用来系束裤裙的带子名称虽同，但作用并不一样。

古人对腰带十分重视，不论穿着官服、便服，腰间都要束上腰带。天长日久，腰带便成了服装中必不可少的一种饰物，尤其在礼见时，更是不可缺少。

古代腰带名目繁多，总的来看，可分成两类，一类皮革制成，古称“鞶

革”或称“鞶带”；一类以丝帛制成，古称“大带”，或称“丝绦”，也有将这两种腰带统称为大带的。汉、隋时出现了蝴蝶结，唐代有了玉带，大画家周昉的《仕女图》上的仕女常系着一条腰带，在腰间缠绕数圈，并在前面打个结，生动地再现了当时女性的束腰之美。

趣味链接

腰带的装饰作用

腰带对整体服饰来说具有强调作用、调节作用、烘托作用、点缀作用和装饰作用，有的将腰带作为上下衣装的巧妙过渡；有的可突出女性腰部的性感；有的与其他衣饰相衬；有的与人的精神、气质相融合，达到刚柔并济、形神兼备。

五、古时候的“裙子”

远古时期，人们在冬天用兽皮取暖、保护身体，夏天则用树叶遮羞。最初，人类先用毛皮围于腹、膝部，后来才遮掩身后。骨针发明后，人类将前后两片连接起来，形成了下裳，也就是后来的裙子。

有了布帛之后，形成了上衣下裳、上黑下黄的习惯，这起源于对天地的崇拜。黄帝元妃嫘祖教民养蚕，制成丝织品，服装原料就丰富起来了。

周朝时，妇女礼服上下相连，且颜色相同，表示感情专一。东汉献帝年间，女子喜爱长裙，上衣甚短。赵飞燕时，还做出了垒出皱纹的“留仙裙”。唐朝时，裙子更长，“行即裙裾扫落梅”。唐宋时，裙色以红、紫、黄、绿、青为多，红如石榴花者尤为流行——“红裙妒杀石榴花”；杨玉环特别喜爱黄裙，此裙有郁金香味——“折腰多舞郁金香”；青裙为年龄较大或田野农妇所穿。元末，裙色一概以淡素色为主。明朝，大抵都雅淡朴素。清朝，穿旗袍，流行连衫裙。

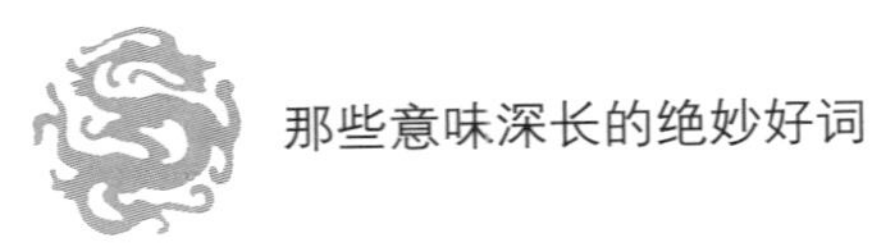

趣味链接

男人穿裙子

苏格兰方格裙起源于一种叫“基尔特”的古老服装。这是一种从腰部到膝盖的短裙，用花呢制作，布面有连续的大方格，而且方格要鲜明地展现出来。在苏格兰人看来，“基尔特”不仅是他们爱穿的民族服装，更是苏格兰民族文化的标志。1707年，苏格兰与英格兰合并后，“基尔特”作为苏格兰的民族服装被保留下来。

六、“中山装”的出现

中山装是中国现代服装中的一个大类，其上衣的左右各有两个带扣子的口袋，下身是西裤，它是在辛亥革命这一社会剧变中诞生的，因伟大的革命先行者孙中山先生做临时大总统时穿用而流行于世，故称中山装。在民国十八年制定《国民党宪法》时，曾规定一定等级的文官宣誓就职时一律穿中山装，以表示遵奉先生之法。

孙中山先生在广州任革命政府大元帅时，于1902年到越南河内筹组兴中会，偶然来到广东人黄隆生开设的洋服店，为了节省开支，又能体现中国特色而让黄隆生设计一款美观、简易又实用的中国服装。黄隆生参考了西欧和日本服装式样，并结合当时南洋华侨中流行的“企领”文装上衣和学生装而设计缝制成后来的“中山装”。

第一套中山装

中国第一套中山装是1905年在日本的知名“红帮裁缝”张方诚为孙中山先生缝制的，这套被赋予了先进思想和文化内涵，反映中国人民精神风貌的中山装，经孙大总统一穿，穿出了国格，穿出了国威，穿出了光彩，成为中国革命

的象征而风靡全国，且历久弥新。“红帮裁缝”创制的中山装，为中国服装史增添了光辉的一笔。

七、“耳环”保平安

耳环又称“耳坠”，是人们戴在耳垂上的装饰品，多用金、银、翡翠、珍珠、玛瑙等材料制成或镶嵌而成。

佩戴耳环的由来，考证较为困难。有人说耳环原是护身符，现在在俄罗斯农村仍有给即将赴前线的士兵戴耳环的习俗，为的是让他们躲过枪弹。在北欧，海盗佩戴长长的厚重的耳环是希望能借此躲避惊涛骇浪，并且每次穿越赤道都要换一副新的耳环，这个风俗至今仍在北欧国家的海员中保留着。

关于耳环的由来，我国民间流传着一个有趣的传说：

相传，有一位俊俏的姑娘，不幸得了眼病，双目失明了。一天，有位名医路过，见美貌的姑娘受着失明之苦，不禁动了恻隐之心。在征得姑娘的同意后，他拿起闪闪发光的银针在她两侧耳垂正中各刺了一针。说来也怪，这神奇的银针竟治好了姑娘的眼病，使她重见了光明。姑娘非常感激，便请银匠精制一对耳环戴在耳上，以示永不忘记名医之恩。当姑娘戴上银耳环后，更显得妩媚动人。她逢人便称颂这位名医，穿耳戴环能明目的说法相继传开以后，许多富裕人家的姑娘和妇女都纷纷穿耳戴环，一直流传至今。

其实，这位名医用的是我国古代医学中的一种“耳针治疗”法，即用小毫针、皮内针刺耳穴治病。现代医学证实：耳垂正中有穴位，刺激它对保护视力和防治麦粒肿、急性结膜炎、老年白内障、中心性视网膜炎等各种眼病，特别是对近视眼有很好的疗效。这些医学上的益处，是今天喜欢佩戴耳环的女孩子们所不知道的吧！

趣味链接

根据脸型选耳环

1.圆形脸：宜选戴长方形、“之”字形、叶片、泪珠形等吊坠耳环，以造成一种修长感，要避免佩戴圆形耳环。

2.三角形脸：宜戴上窄下宽的悬吊式耳环，这样可以使上额显得更丰满一些，圆形耳环也很适合。

3.心形脸：宜选择三角形、圆形等夸张款式的耳环。

4.方形脸：宜佩戴卷曲线条或任何圆形的耳环，以柔化脸形的棱角，佩戴垂挂式耳环也很适合。

八、“项链”与抢婚

项链作为一种饰物深受人们的喜爱。佩戴项链没有性别、年龄的限制，随处可见，它与衣服相互辉映，起到了很好的装饰作用。

最早的项链并不是只用于装饰。远古时期的人将自己猎捕的猛兽牙齿或骨头用皮绳穿起来挂在脖子上，用来显示自己的力量和勇气。

项链作为配饰源于远古的“抢婚”习俗。随着原始母系氏族社会向父系氏族社会转变，人类生存逐渐以狩猎和种植为主，男子在经济上逐渐处于支配地位，女子从氏族核心地位退下来，成为男子的附庸。在氏族或部落战争中，男子往往把对方部落的女子当成战利品掳来，作为自己的妻子，为防止她们逃走，男子就用一根链子或绳子捆住她们的脖子和手。后来，便逐渐演变成一些地方的习俗，即在男女正式成婚时，以“抢”的方式把女方接到男方处，同时以金属饰物套在女子脖子上或手上。

如今“抢婚”早已不复存在，为了防止女人逃跑的链子早已变成了用金、银、珠宝制成的装饰品，成为今天的项链（项圈）和手镯（手链）。如

今，男子向他的未婚妻赠送项链和手链时，是为了拴住她的心，使之对自己永远忠诚。

佩戴项链方法

项链大致可分为金属项链和珠宝项链两大系列。佩戴项链应和自己的年龄及体型协调，如脖子细长的女士佩戴仿丝链，更显玲珑娇美；马鞭链粗实成熟，适合年龄较大的妇女佩戴。佩戴项链也应和服装相呼应，身着柔软、飘逸的丝绸衣衫裙时，宜佩戴精致、小巧的项链，显得妩媚动人；穿单色或素色的服装时，宜佩戴色彩鲜艳的项链。

九、“戒指”的由来

人们自古以来就有戴戒指的习惯，戒指在古代也叫作指环。最早的指环是在古埃及的坟墓中发现的，上面用象形文字刻着指环主人的姓名与头衔。古希腊人喜欢把指环作为装饰品，而在罗马，指环是社会地位的重要象征。在罗马共和国初期，只有身居高位的人才可佩戴金指环；公元前3世纪逐渐扩大到骑士阶层。罗马帝国时期，除奴隶外人们都可以戴金指环。罗马天主教会授予教皇的指环通常较大，可做文件印章。

在我国，戒指即为指环，汉代时已有记载：宫中后妃御幸，则赐银指环，使其数环以计月，故指环又有计月之称。据《五经要义》记载：“古者后君妾进御于君，所当御者以银环进之，娠则以金环退之。”不仅如此，还规定进者右手戴戒指，已孕而退者戴于左手。可见，戴戒指是古代宫中的特殊礼仪，有人认为戒指本为“戒止”，是后宫男女之事的某种标记。

在古代少数民族地区，戒指的用处与今天的民间习俗较为一致。《晋书·西戎传》指出，大宛（古国名）的风俗，凡娶妇先以金的同心指环为聘。

这与今天男女订婚时，男方给女方戴订婚戒指的风俗类似。

到了清代，王应奎《柳南随笔》云："相传古者妇人，月经与娠则戴（戒指），否则去之。"他认为戒指原本是"戒止"之意。还有一则民间传说：有个皇帝，把一个平民女子选进了宫，当晚就要她伴驾。这女子不愿为妃，又不敢抗拒，只得暗自流泪。有个宫女献计，给这女子左手指上戴了一只白玉指环。皇帝一看忙问，"戴这何用？"这女子边揩泪边奏道，"这是戒止。因为奴家今日身体不适，用它作为标记。请皇上戒止！"皇帝听说，只好扫兴地走了。后来，为逃避皇帝挑选美女进宫为妃，家家户户在姑娘出嫁时都给戴上戒指。这样，戴戒指的风俗就流传了下来。

戒指戴在不同手指的含义

戒指戴在不同的手指上，能体现与性格有关的心理含义。喜戴在食指者，性格较偏激、倔强。喜戴在右中指者，崇尚中庸的人生观念。喜戴在左中指者，有责任感、重视家庭。喜戴在小手指者，有自卑感。喜戴在无名指者，无野心、随和、不计较得失。

十、西部片与"牛仔裤"的流行

随着20世纪50年代西部牛仔电影的盛行，从工人、学生到商人、好莱坞明星，甚至是皇室成员、第一夫人和总统，都逐渐开始穿这种轻松又随意的牛仔装。在人类历史上，从来没有一种时尚产物能够像牛仔装一样，跨越年龄、性别、阶层、宗教、国籍等差别，受到全世界人们的钟爱，且经久不衰。

牛仔裤，英文名为"Jeans"，文字最早见于1567年，是对来自意大利港口城市热那亚（Genoa）的商船水手所穿的裤子的叫法，即"Genoese"。从19世纪60年代开始，"Jeans"这个名字才被利维公司正式采用，在这之前，人们把

它称为“齐腰工装裤”（Waist High Over all）、“裤子”（Pantaloons）。

1850年，美国西部出现了淘金热。25岁的德国人李威斯·达斯也到旧金山淘金，当他看到那千千万万寻找金矿的人们以后，却改变了主意，开起商店来，专门销售日常用品，包括露营用的帐篷和做马车篷的帆布。有一次，一个淘金人对他说：“我看用你的帆布做短裤挺好。我们现在穿的短裤都是用棉布做的，很快就磨破了。”李威斯·达斯觉得这个主意不错，便用帆布试缝了一批短裤出售，果然畅销。接着，李威斯·达斯在旧金山开设了一家服装工厂。他根据工人们劳动的特点，不断改进裤子的式样，从而形成了牛仔裤独特的样式。

牛仔裤的流行

“二战”期间，美国曾把牛仔裤定为美军的制服，大批的牛仔裤随盟军流入欧洲腹地。战后大量积存的牛仔裤在当地销售，由于这种裤子美观、实用、耐穿，价格又便宜，在欧洲广受欢迎。于是欧洲本地的服装制造商纷纷争相仿制美国的原装货，牛仔裤逐渐在欧洲各地普及、流行开来。

十一、“燕尾服”的流行

燕尾服是一种用呢料制成的前襟齐腹、后襟至膝关节的礼服，因后身下端开衩像燕尾而得名。燕尾服起源于英国。18世纪初，英国骑兵骑马时，因衣长不便，于是把衣服下摆向后卷起，并把它系住，露出里面的彩色衬里，没想到这种样式却显得美观大方。这样，许多其他兵种相继仿效。到18世纪中叶时，官吏和平民纷纷穿起这种剪短前摆的服装，并成为一种时尚，燕尾服由此产生了，并且很快在全英国流行开来。到了18世纪末，燕尾服已经在欧美大部分国家风靡起来了。

燕尾服最初是硬翻领，领下是披肩，随着不断的改良，逐渐发展为两种样式。一种为英国式，主要为宽折高翻领，且是对称的三角形，扣上领扣时为对襟形状，一般与白色的短外裤配套穿，如果穿紧身裤，就应以黑皮靴相配。另一种是法国式，主要特点是带有较长的前摆，若与黑天鹅绒短裤相配，会显得特别英俊潇洒。

后来，燕尾服成为高雅的象征。19世纪30年代，燕尾服独占欧洲男士时装市场鳌头，它不再是原来的对襟了，而是单排扣和不剪下摆的样式，也可不必再与靴子配套。在当时，许多典礼或欢庆场合都可见到燕尾服的踪影，尤其黑色燕尾服成为众多欧洲男士的宠儿。从20世纪50年代起，燕尾服才慢慢淡出人们的视线，为西服所代替，燕尾服仅在隆重的场合穿着。后来，随着制式燕尾服的兴起，燕尾服再次流行开来。

趣味链接

奇特的燕尾服

鄂温克人的传统“巴尔卡”是用整块鹿皮剪裁出来，缝制得非常贴身，下摆不对称，腰部束着驼鹿皮带。这种漂亮的紧身衣从后面看很像燕尾服，所以俄罗斯旅游者称其为“通古斯人的燕尾服”。

十二、“西装”进中国

西装最早源于欧洲，是欧洲人穿的传统服装。西装的上衣原是渔民的服饰，由于他们终年在海上谋生，穿敞领少扣的衣服在海上捕鱼更加方便。燕尾服也是西装的一款，原是中世纪欧洲骑兵的装束，为了骑马方便，就在上装的后面开了一条衩。西装的硬领是由古代军人防护咽喉中箭的甲胄演变而来的，衣袖沿上的三颗纽扣，传说与拿破仑有关。西装裤原是西欧水手服的样式，它便于水手将裤腿卷起来干活。随着社会的发展，这些原始的服饰，逐渐演变成现在的西装。

西服传入中国，大约在清代晚期。据说第一个穿西服的是清末大思想家严复的大公子，他曾当过法国外交官的翻译。光绪以后，出洋留学者越来越多，西服首先在这些人中间盛行。1919年后，西服作为新文化的象征冲击着传统的长袍马褂，渐渐得以流行。到20世纪二三十年代，以上海、广州、天津等沿海发达城市为中心，在上流社会和学生、教师、公司洋行及各机关的人员中掀起了穿西服的热潮。

趣味链接

第一套国产西装

中国第一套国产西装诞生于清末，是“红帮裁缝”为民主革命家徐锡麟缝制的。徐锡麟于1903年在日本大阪结识了在日本学习西装工艺的宁波裁缝王睿谟。第二年，徐锡麟回到上海，在王睿谟开设的王荣泰西服店定做西服，王睿谟花了三天三夜的时间，用手工缝制出了中国第一套国产西装。虽然在当时，其工艺比不上西方国家的缝制水平，但已充分显示出“红帮裁缝”的高超技艺，令“红帮裁缝”成为中国西装跻身于世界之林的先行者。

十三、“领带”原本是披肩

据记载，公元1660年，为法国国王路易十四服役的克罗特亚雇佣军普遍使用一种红布披肩。这种披肩是今天领带的雏形，肩幅很宽，有纱织的花边，系戴时在胸前打结。最初人们称它为“克罗瓦达”（crovata），后来又叫它“克尔巴达”（corbata）。

当时法国军官争相仿效。巴黎街头追求时髦的贵族和公子们也纷纷系起这种披肩来。一次，一位大臣上朝时，按潮流在颈上围了一条白“克罗瓦达”，并在前面打了一个漂亮的结。国王路易十四见了这种饰物，大为赏识，于是宣布以领巾作为高贵的标记，下令凡尔赛的上流人士都要这样打扮。领带的前身——领巾就这样诞生了。

1692年，在比利时的斯腾哥尔克城郊，英军偷袭了法国兵营。慌乱之中，法军军官无暇按照礼节系扎领巾，只是顺手往脖子上一绕。结果，法军击溃了英军。于是，贵族时装中又增加了斯腾哥尔克式领带。

18世纪50年代，这时“浪漫”式领带出现了：这是一种方形白洋纱，它先对角折，然后再折几下在胸前打结。领带的系法十分讲究，被誉为真正的艺术。1795~1799年在法国又兴起了新的领带浪潮，人们系起白色和黑色的领带，甚至在盥洗时也系着，而且领结比以前系得更紧了。

19世纪的领带高高地遮住了脖子。后来出现了“硬胸”式领带，是用大头针别着的，由各种料子制成，如绸缎、天鹅绒等。到19世纪70年代，首次推出了自结花结领带。第二帝国时期（1852～1870年）素有领带的发明时代之称。20世纪20年代出现了领带夹子，30年代出现了编结领带，但最主要的变化是领带的大众化，它已成为各年龄段、各行各业的男士服装不可或缺的部分。

趣味链接

领带图案有含义

1. 斜纹代表勇敢。
2. 方格代表热情。
3. 碎花代表体贴。
4. 垂直线代表安逸。
5. 横线显得平稳。
6. 波纹线代表活泼。
7. 圆形代表成熟。

十四、“拉链”的发明

1893年，一个叫贾德森的美国工程师，研制了一个“滑动锁紧装置”，并获得了专利，这是拉链最初的雏形。这个装置的出现，曾对在高筒靴上使用的纽扣造成了影响。但这一发明并没有很快流行开来，主要原因是这种早期的锁紧装置质量不过关，容易在不恰当的时间和地点松开，令人难堪。

1913年，瑞典人桑德巴克改进了这种粗糙的锁紧装置，使其变成一种可靠的商品。他采用的方法是把金属锁齿附在一个灵活的轴上。这种拉链的工作原理是：每一个齿都是一个小型的钩，能与相对的另一条带子上的一个小齿下面的孔眼匹配。这种拉链很牢固，只有滑动器滑动时使齿张开才能拉开。

拉链最早用于军装。第一次世界大战时，美国军队首次订购了大批的拉链给士兵做服装。但拉链在民间的推广则比较晚，直到1930年才被人们接受，用来代替服装的纽扣。

1926年，一位叫弗朗科的小说家，在一次推广拉链样品的工商界的午餐会上说：“一拉，它就开了！再一拉，它就关了！”“拉链”由此得名。

如今，拉链的应用不仅局限于日用品，已进入科研、医疗、军事等诸多领域，被人们誉为20世纪科技界的十大发明之一。

拉链的推广

一家公司把拉链用在胶鞋上，使拉链获得迅速的发展。在此之后，拉链进行了新的商业攻势：加拿大商人哈瑞·霍顿出资，让女裁缝埃尔萨·复帕克利在她做的衣服上使用拉链，当时男子在裤子的开裆处仍用纽扣，顽固地不用拉链。恰巧有一天，霍顿看到一张威尔斯亲王的照片，突然有了好主意，在报纸上散布一条绝妙的消息：“亲王选择拉链了！”于是拉链迅速流行起来。

词语中的艺术：精神也需要营养

一、“梨园”指戏曲界

梨园是对中国戏曲界的称呼，旧时常将戏曲行当称作“梨园行”，将戏曲艺人称为“梨园子弟”，将几代人从事戏曲艺术的家庭称为“梨园世家”，至今沿用。

梨园，原是唐代都城长安的一个地名，因唐玄宗李隆基在此地教演艺术，便与戏曲艺术联系在一起，成为艺术的代名词。据说，早年唐玄宗李隆基是个戏曲、音乐爱好者，他自己不仅爱听、懂欣赏，还能唱上几句，玩玩乐器，指挥排练。他喜爱大型歌舞，于是，这位皇帝主持选拔了三千名乐师，常常亲自光临指导，将艺人集中于皇宫中的梨园演练。后来，人们将皇上提供的演练场地“梨园”指代戏曲行当。

戏曲界别称

除了“梨园”之外，还有人将戏曲界称为“菊部”，这个别称来自另一位皇帝的故事。北宋的徽宗、钦宗被金人俘虏之后，北宋灭亡。徽宗第九子高宗赵构称帝，重建宋朝，即史称南宋的首位皇帝。国难深重，宋高宗赵构的压力

颇大，内宫有位菊夫人能歌善舞、精通音律，常为高宗表演歌舞消遣，宫中称此女子为“菊部头”。所以，戏曲行当也有“菊部”的称谓。

梨园界对戏曲还有“雅部”和“花部”的别称，这是始于乾隆年间的叫法。“雅部”指当时被认为是雅乐的昆腔，“花部”指昆腔之外的地方戏曲，后来这两个别称都用来通指戏曲了。

二、“黄梅戏”的发展

黄梅戏是安徽省的主要地方戏曲戏种，它原称“黄梅调”，是18世纪后期在皖、鄂、赣三省毗邻地区形成的一种民间小戏。在剧目方面，黄梅戏号称“大戏三十六本，小戏七十二折”。

目前，关于黄梅戏起源何处尚有争议，陆洪非先生在《黄梅戏源流》一书中，对黄梅戏的源头列举了几种说法：

说法之一：安徽桐城是黄梅戏的源头。

说法之二：“黄梅戏是在‘怀宁腔’的基础上发展起来的……每当春种秋收之时，农民们惯唱‘怀调山歌’来歌颂自己劳动的丰收。这种民间优美抒情的山歌小调，统称为‘怀宁调’。”

说法之三：“黄梅戏起源于安徽安庆地区。从前每逢黄梅季节，常常洪水成灾，四乡农民为了祈求丰年，就在这个时候举办迎神赛会。会上出现各种歌舞演唱，在这种歌舞演唱形式的基础上产生的一种戏曲形式，因与黄梅季节有关，故名曰‘黄梅调’。”

说法之四：黄梅戏源于湖北黄梅县的民歌小调，即黄梅采茶调。

趣味
链接

当代黄梅戏的发展

黄梅戏在新中国成立后，迅速发展，从流行安庆一隅的民间小戏，一跃而成为安徽的地方大戏。1954年成立安徽省黄梅戏剧团后，在老艺人和新文艺工作者的共同努力下，先后整理、改编了《打猪草》、《夫妻观灯》、《推车赶会》、《天仙配》、《女驸马》、《罗帕记》、《赵桂英》、《三搜国舅府》等传统剧目；编演了神话剧《牛郎织女》和现代戏《春暖花开》、《小店春早》等。这一时期，严凤英、王少舫、潘景俐等著名的演员都为黄梅戏表演艺术作出了极大贡献。现在黄梅戏专业剧团共有50个，马兰、吴琼、黄新德、杨俊、韩再芬、蒋建国、周源源等新一代黄梅戏演员逐步成长起来，为黄梅戏表演艺术注入了新鲜血液。

三、中华瑰宝——“京剧”

京剧作为中国的“国粹”已有二百年历史了，以其高超的表演艺术和深厚的文化内涵著称于世。

京剧的前身是安徽的徽剧，俗称“皮黄戏”。清乾隆五十五年（1790年）起，原在南方演出的三庆、四喜、春台、和春，四大徽班相继进京演出，他们把汉调、秦腔、昆曲的曲调及表演方式融入了徽剧，并将其演变成一种更为美妙的声腔，称为“京调”。

京剧属于板腔体，唱腔以徽调的二黄和汉调的西皮为主，称为“皮黄”。经过无数艺人的长期舞台实践，京剧在文学、表演、音乐、唱腔、锣鼓、化妆、脸谱等各方面，形成了一套规范的程式。京剧在表演上歌舞并重，融合武术技巧，多用虚拟动作，节奏感强，技艺高超，唱腔悠扬委婉，念白也带有音乐性，形成了“唱念做打”结合的表演艺术体系。

京剧中的角色

京剧的角色，根据男女老少、俊丑正邪，分为生、旦、净、丑四大行当。

北京《顺天时报》举办评选“首届京剧旦角最佳演员”活动，梅兰芳、程砚秋、尚小云、荀慧生当选，被誉为京剧“四大名旦”。

四、令人瞠目结舌的“杂技”

春秋战国时代，列国兼并激烈，群雄角逐，竞相养士。这些人士中有口把式，以出谋划策、能言善辩为特征，但更多的是身怀奇技异巧或勇力过人的大力士，这就是杂技艺术的原始形式。

汉代百戏，指流行于两汉的各类竞技、杂耍、幻术以及乐舞、俳优戏和动物戏等。当时并没有“汉代百戏”的叫法，而是沿袭秦朝的称法，称做“角抵”，如“角抵戏”“角抵奇戏”“角抵诸戏”“角抵百戏”等。“汉代百戏”是东汉以后对上述不同艺术表演形式的统称。百戏实际上是以杂技为主的多种民间技艺的综合串演，所以后人习惯把百戏当成是今天杂技的前身。

经过魏晋南北朝160多年的动荡和民族文化的融汇，至公元589年隋朝统一中国，杂技艺术已经极为成熟，至唐代成为宫廷和民间共盛的艺术。北宋的首都汴梁（今河南开封市）、南宋的首都临安（今浙江杭州市）有了各种街坊、市场的演出场所，当时称“瓦子乐棚”。杂技、舞蹈、武艺、说唱各种形体表演艺术，同场献艺、互相观摩，无疑对中国戏曲艺术的形成起了促进作用。在元代的元杂剧中因为当时的戏剧艺人和杂技艺人同场献艺，并在元代鼎盛成熟起来，研究者认为，“杂剧”所以有此名称。

明清两代杂技与舞蹈等传统表演艺术很少在宫廷演出，清代杂技艺人逐渐走向民间。清代杂技艺人生活凄苦，在艰苦的环境中，保持和发展了自己的艺术，“蹬技”和“古彩戏法”都有了新的创造，“耍坛子”、“剑、丹、丸、豆”系列幻术等等，都达到了较高水平。

如今，通过影视等媒体，我们依然可以看到各种形式的杂技。我们可以看到类似汉代百戏的倒立、顶碗、杂耍、驯兽，还可以看到类似汉代百戏中舞女们优美的舞姿和小丑诙谐的表演。

中国杂技的特色

1. 特别重视腰腿功的训练。

2. 险中求稳、动中求静，显示了冷静、巧妙、准确的技巧和千锤百炼的硬功夫。

3. 平中求奇。以出神入化的巧妙手法，从无到有，显示人类的创造力量。

4. 轻重并举，通灵入化，软硬功夫相辅相成。

5. 超人的力量和轻捷灵巧的跟斗技艺相结合。

6. 大量运用生活用具和劳动工具，富于生活气息。

7. 古朴的工艺美术和形体技巧的结合。

8. 有极强的适应性，表演形式、场所多样化。

9. 有严密的师承传统，又与其他艺术关系密切。

五、“相声”艺术的起源

相声，属于中国北方说唱曲艺。它是一种以民间的语言为主要表演手段的喜剧性曲艺艺术。含有相声艺术因素的表演形式，可以追溯到先秦时期的俳优，后来经过复杂的发展历程，吸收了其他表演艺术的积极因素，如魏晋时的笑语、唐代参军戏以及宋金杂剧里滑稽含讽的表演等。到了明代，隔壁戏与笑话艺术统称为“相声”，这两种艺术形式的普及与发展，为相声艺术的产生奠定了基础。融合了说、学、逗、唱等艺术形式的相声形成于18世纪中叶（清乾隆时期）之前，咸丰年间，北京有一位朱绍文先生（别号“穷不怕”），是最早说相声的人。

相声的表演形式

相声的表演形式有单口、对口、群口三种。单口相声由一个演员表演，讲述笑话；对口相声由两个演员一捧一逗，通常又有“一头沉”和“子母哏”两类；群口相声又叫“群活”，由三个以上演员表演。

六、“小品”原指佛经的节本

每年的春节联欢晚会中，小品节目总是惹得观众捧腹大笑。

“小品”一词最早始于晋代，本为佛教用语。《世语新说·文学》：“殷中军读小品”句下刘孝标注：“释氏《辨空经》有详者焉，有略者焉。详者为大品，略者为小品。”鸠摩罗什翻译《摩诃般若波罗蜜经》，将较详的二十七卷本称作《大品般若》，较加重的十卷本称作《小品般若》。

可见，“小品”与“大品”相对，指佛经的节本，因其篇幅短小、语言简约便于诵读和传播而受到人们的青睐。

20世纪80年代初，喜剧小品这种艺术形式被搬上荧幕，它汲取了话剧、相声、二人转、小戏等剧目的优点。

此外，还有一种专供阅读的文学小品。

小品文的艺术特色

小品文是介于散文与诗之间的一种文学体裁，以短小隽永见长，长者不过千把字，短者仅一二百字，往往寥寥几笔，意在言外。

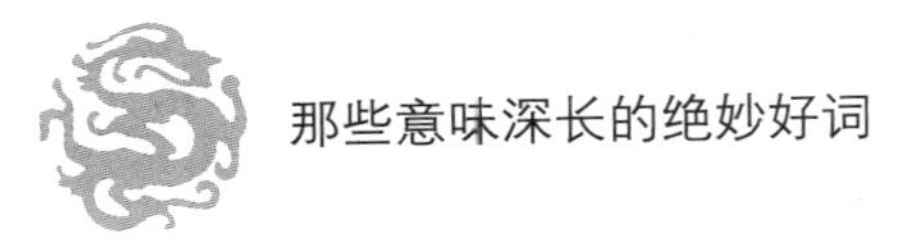

七、“舞蹈”起源的传说

《诗经·大序》中说：“情动于中，而形于言；言之不足，故嗟叹之；嗟叹之不足，故咏歌之；咏歌之不足，不如手之舞之，足之蹈之。”舞蹈的起源，可以追溯到人类发展的洪荒时期，远远超出了人类的记忆范围。

时至今日，民间仍然流传着许多有关舞蹈起源的传说。

景颇族的节日祭祀歌舞“目瑙纵歌”有一个历代相传的起源传说：当时只有天上才有歌舞。据说有一年地上的百鸟应太阳公公之邀到天上去做客，参加天上举行的“目瑙纵歌”，由此百鸟学会了唱歌跳舞。它们很愉快地回到了地上，然后推举学得最好的孔雀作“脑双”（意为领头的），聚在一起跳了起来。正好被景颇族的祖先腊贡扎夫妻看见了，便偷偷记下来，传给了世人。从此“目瑙纵歌”既作为歌舞的节日，也作为祭祀民族祖先的日子流传于世。至今“脑双”仍须带孔雀羽毛，以纪念孔雀的功劳。

侗族也有一个传说：过去没有歌舞，后来到天上讨来歌舞，但在回人间的路上，又不慎掉进了龙潭。多亏一只水獭把他们救了回来，侗族才有了歌舞，才有了“踩歌堂”这个节日。

古老的东巴舞谱《祭什罗法仪跳的规程》中，记下的第一个是《舞的起源》。经文上说：“远古的时候，在人类生活的丰饶辽阔的大地上，三百六十个东巴人还不会跳舞。这时，米利达吉海（传说是人类最早见到的海）长出一株叶细如发的树苗，叫赫依巴达树。树梢上栖息着大鹏、狮子、飞龙三个胜利神，跳舞的方法和本领首先是由它们三个从住在米利达吉海的金色神蛙那里学来的。至于金色神蛙的舞蹈本领是从住在十八层天上的盘珠萨美女神（纳西族传说中智慧美丽的歌舞女神）那里学来的。三百六十个东巴人跳的舞蹈最初就是源于这里。”类似的传说还有很多，至今依然在流传。

舞蹈的独特魅力

舞蹈是人体动作的艺术，舞蹈的艺术形象必须在空间展现，通过人的眼睛来感受，和美术中的雕塑一样，都具有空间艺术的特点。同时，舞蹈在表现过程中，必须在音乐中把人的动作一个接一个地连接起来，舞姿与舞步都是在流动中构成，具有持续性和顺序性。舞蹈不同于其他艺术，它是以人体的动作为表现工具，将空间、时间和动作力度这三个因素结合在一起，形成了舞蹈这门艺术的独特魅力。

八、“双簧”和“双黄”

电视节目里，我们经常看见一人在前面表演，另一人躲在椅子后面说话，这种形式的艺术就叫作“双簧”。“双簧戏”主要流行于北方各地，它起源于清朝末年。据说，慈禧太后当权时，常常把外面的著名戏剧、杂曲演员找到宫里为她演唱。唱单弦的艺人黄辅臣是众名角之一，慈禧太后很喜欢他的滑稽戏。有一次，慈禧太后传黄辅臣速到内廷，恰逢黄辅臣喉咙痛，本不能去，但又不能抗旨，于是他带了儿子一起进宫。上场时，黄辅臣弹弦子，其子藏在椅子后面演唱，谁知给慈禧太后看穿了，黄辅臣父子吓得不敢抬头。不料慈禧太后见他父子俩的配合天衣无缝、妙趣横生，不但没有怪罪，反而开玩笑道：“你俩这叫双黄啊！”

从此“双黄”（后写成“双簧”）就成了一门独立的曲艺形式。

双簧的化妆

表演双簧必须有场面桌和椅子，其道具除了表演相声用的醒木、手绢、折扇之外，还有一个演双簧专用的头饰：套在头上的小辫，一般都用绳圈拴一个小圆托，上连一根冲天杵独辫。

九、东北“二人转”的发展

二人转是诞生于东北劳动人民中的一种具有乡土气息的综合艺术，它作为东北独有的地方曲艺曲种，受到全国人民的关注和喜爱。二人转已有三百余年的历史，艺人师承关系可上溯到清朝嘉庆末年，史称小秧歌、双玩艺、蹦蹦，又称过口、双条边曲、风柳、春歌、半班戏、东北地方戏等。二人转属走唱类曲艺，其中拉场戏已具成型的戏曲样式，盛行于辽宁、吉林、黑龙江三省和内蒙古东部的三盟一市。

二人转这个名字最早见于伪满康德二年（1934年）4月27日《泰东日报》第七版“本城（阿城）三道街某茶馆，迩来未识由某乡邀来演二人转者，一起数人，即乡间蹦蹦，美其名曰‘莲花落’，每日装扮各种角色，表演唱曲”。

1953年4月，在北京举行的第一届全国民间音乐舞蹈大会上，东北代表团的二人转节目参加演出，“二人转”这个名字首次得到全国文艺界的承认，并且叫得越来越响。如今，二人转已深入东北农民的心里，东北民间有句话叫“宁舍一顿饭，不舍二人转”。当地人也比喻说：“二人转好比车轱辘菜。”形容它长在乡间的泥土里，踩不死，压不败，深深扎根在老百姓的心坎上。今天，二人转不仅在东北的广大农村和城镇中流传着，在河北、内蒙古的部分地区，也常有二人转的演出活动。

二人转的艺术特点

二人转是在东北大秧歌的基础上，吸取了河北的莲花落，并增加了舞蹈、身段、走场等演变而成。二人转并非只是两个人表演。它一树多枝，一类唱腔，却有多种演出形式，大体可分“单”“双”“群”“戏”四类。

“单”：指“单出头”。一个人一台戏，一人演多角，也有一戏一角一人演的，类似“独角戏”。

“双”：指“双玩艺”。这是名副其实的二人转，二人演多角，叙事兼代言，跳出跳入，能歌善舞。

“群”：过去把“拉场戏”也叫“群活儿”。现在是指群唱、坐唱或群舞。

“戏”：指“拉场戏”。这是以小旦和小丑为主的东北民间小戏，其中由两个人扮演角色的也叫“二人戏”。

以二人转为基础发展而形成的剧种，黑龙江有龙江剧、吉林有吉剧、辽宁有辽南剧，已经是成熟的戏曲形式。

二人转的唱腔，素有“九腔十八调七十二嗨嗨”之称，共三百多个。唢呐、板胡是二人转的主奏乐器。击节乐器，除了用竹板（两块大板和五块节子板）外，还可以用玉子板，也叫手玉子（四块竹板，一手打两块）。二人转的表演，有“四功一绝”：四功是指“唱、说、做（或扮）、舞”；“一绝”是指手绢、扇子、大板、玉子板等“绝技”。

十、“冬不拉”是什么乐器

冬不拉是哈萨克族的弦乐器。关于冬不拉的由来，民间流传着一个浪漫的爱情故事。

从前，草原上有一个叫康木巴尔的青年，爱上了一位美丽勤劳的姑娘。当他向这位姑娘求婚时，姑娘想考考这位青年的才智，于是指着身边的一棵古松树说：“假如你能让松树替你求婚，我就答应嫁给你。”这下可难住了这位草原青年，他绞尽脑汁直到太阳下山也没想出办法。康木巴尔决定先填饱肚子后再想办法。他杀了一只羊，把羊肠挂在这棵古松树上，架起篝火烤羊肉，吃饱后就入睡了。

睡梦中，一阵美妙悦耳的声音吵醒了小伙子，他发现这优美的音乐是从古松树上发出来的。这古松树上有一个洞，微风一吹，风干了的羊肠轻轻抖动，便发出悠扬悦耳的声音。康木巴尔如梦初醒。他锯下一块松树木，在上面也挖了一个洞，再绷上两根干羊肠，用手一拨，果然发出悦耳的声音。到了约定的日子，康木巴尔轻轻弹拨着这把自制的乐器，用美妙的琴声向美丽的姑娘表达他真挚的爱情，一对恋人终于结成幸福的伴侣。从此，这种乐器便在哈萨克人中盛行起来。

二胡的由来

二胡又名南胡，为胡琴的一种，是中国民族乐器中历史悠久并具有代表性的拉弦乐器。

早在唐朝，其前身以竹片为弓，称为嵇琴，有“竹引嵇琴人，花邀载酒过”的记载。宋朝的《乐书》称之为奚琴，有“奚琴本胡乐也”的记载。从唐代所绘的画卷里可以看出，当时的奚琴与今天的二胡在构造上基本一致了。沈括在《梦溪笔谈》中所说的“马尾胡琴随汉车，曲中犹自怨单于”，是以马尾为弓的胡琴。

明清时，随着民间音乐和地方戏曲的发展，胡琴逐渐演变出了二胡、板胡、京胡、坠胡、粤胡等拉弦乐器。五四时期杰出的作曲家、演奏家刘天华先生，设计了新规格的二胡，固定了定弦法则，首次创作出12首二胡独奏曲和47首练习曲等作品，把二胡演奏趋于规范化，并使之进入高等学府的课堂，开启了二胡演奏艺术发展的新阶段。

十一、“古筝”的诞生

早在两千多年前，秦国就已经有筝了。那么筝是怎么来的呢？这儿有一段有趣的传说：

当时，秦国有一种乐器叫瑟。有个叫宛无义的人，弹瑟的技艺非常高，他的两个女儿也非常喜欢弹瑟。有一天，姐妹俩争着到父亲那里弹瑟，姐姐跑得快，先把瑟拿到了手里，妹妹哪里肯让，赶忙跑过去，双手抱住了姐姐手中的瑟。两人你拉我扯，互不相让。忽然，“咔嚓”一声，瑟被掰成了两半。

父亲闻声急忙赶过来，不由得愣住了。只见姐姐手中的一半瑟是十三弦，妹妹手中的另一半是十二弦。他又急又气，忙把两个女儿手中的瑟拿过来，唉声叹气地左摸摸、右看看，用手指把弦一拨，让他吃惊的是，半边瑟竟发出了更好听的声音。宛无义早忘了责备女儿，他把两个半边瑟分别做了些修缮，结果这半边瑟比原来更好弹，声音也更好听了！他欣喜万分，就把这“二女相争，引破为二”的瑟，叫做“筝”。从此以后，“筝”就在秦国流传开了。

唢呐的由来

“唢呐”两个字，其实就是波斯乐器Surna的音译。唢呐又名喇叭，在台湾民间称为鼓吹，在西晋时期开凿于新疆克孜尔石窟寺第三十八窟的壁画中就已经出现了演奏唢呐的壁画，在北魏时期开凿的云冈石窟中也有唢呐的雕刻形象。据山东嘉祥史料记载，现存于武氏祠和于1907年出土的汉画像石印证，早在100多年前，山东西南一带就有了比较完整的鼓吹乐队。唢呐不仅用于独奏，也用于戏曲、歌舞的伴奏。唢呐在古时民间的婚丧喜庆是少不了的，在现在的民乐团中也是很重要的乐器。

十二、令人伤心的“马头琴”

马头琴是蒙古族常用的乐器，距今已有一千多年的历史。它产生于东胡的奚部，因此被叫做“奚琴”或“奚胡”。北宋欧阳修有“奚琴本出奚人乐”的

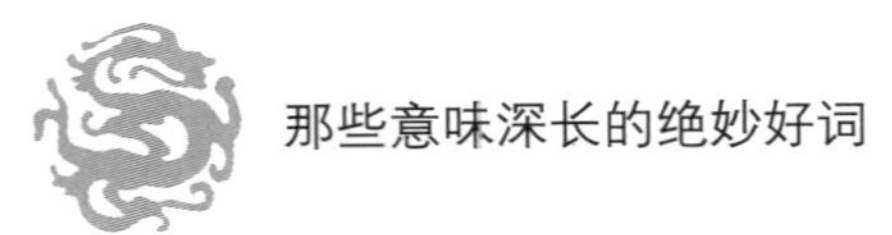

诗句，其中的“奚琴”就是马头琴。蒙古语称之为“绰尔”。

马头琴的由来有这样一段故事：赛马会上，王爷因嫉恨牧童苏和的小白马赢得了冠军，便害死了小白马。苏和十分想念心爱的小白马，于是用木头依照小白马的样子雕出了马头琴杆，用马尾作琴弦，制作了马头琴。粗犷深沉的琴声杂糅着他对小白马的哀思之情以及对王爷的愤恨。苏和的遭遇得到了牧民们的怜悯，一人唱万人和，马头琴很快在草原上盛行起来。随着历史和文化的传承，蒙古族同胞对马头琴愈加喜爱。

吉他的由来

“吉他”是英文“guitar”的译音，因为它有六根琴弦，故又称为“六弦琴”。

据说，吉他的远祖应该是公元前1400年前生活在小亚细亚和叙利亚北部的古赫梯人城门遗址上的“赫梯吉他”，这是考古学家找到的最古老的类似现代吉他的乐器。现代吉他最早出现在13世纪的西班牙。

十三、“泥塑”流传已千年

泥塑是中国民间传统的雕塑工艺品，俗称“彩塑”。它的制作方法如下：先在黏土里掺入少许棉花纤维，捣匀后，再捏成各种人物的泥坯，经阴干，涂上底粉后，最后进行彩绘。泥塑的产生可追溯到距今两千多年前的春秋战国时期，《战国策》中在记述苏秦劝孟尝君入秦这个故事中，曾有用泥土捏制土偶的记载。做泥俑殉葬，做佛像膜拜，做玩偶玩赏等民间风俗，是中国泥塑艺术得以发展的最主要原因。至唐宋时代，泥塑艺术发展到鼎盛期，著名泥塑有甘肃敦煌莫高窟的菩萨、山西太原晋朝的宫女像等。至清代，泥塑形成南北两个著名流派：北方有天津“泥人张”，南方有无锡惠山泥人。其中，“泥人张”

指天津捏泥人的张明山，他是一位民间捏塑家，作品以写实为特色，人物造型、音容笑貌、色彩装饰，无不突出一个“像”字。后经张玉亭、张景福、张景禧、张景祜、张铭第四代人的传承，“泥人张”成为中国北方泥塑艺术的代表，为中国彩塑艺术作出了突出贡献。

天津“泥人张”

天津“泥人张”彩塑是一种深得百姓喜爱的民间艺术品，它创始于清代道光年间，流传发展至今已有180年的历史。它把传统的捏泥人提高到泥塑艺术的水平，又装饰以色彩、道具，形成了独特的风格，其作品艺术精美，影响深远，在我国民间美术史上占有重要的地位。

十四、“剪纸”艺术

剪纸是中国最为流行的民间艺术之一，它起源于汉代，南北朝时期已相当精熟，然而真正盛行却是在清朝中期以后。剪纸常见于宗教仪式、装饰和造型艺术等方面。

剪纸又叫“窗花”，因劳动人民常把它作为节日装饰贴在窗户上，故而得名。它由手工制作，再配以鲜艳的色彩，独具特色，令人爱不释手。

传统的窗花所表现的内容，主要有人物、花卉、动物以及一些吉祥谐音的物象，深受人们的喜爱。

剪纸艺术，至今已有两千多年的历史。艺术家们继承和吸收了木板水印窗花、天津杨柳青木板年画和刀刻刺绣花样等民间传统艺术形式，创造出剪纸这一艺术种类，后经过不断推陈出新，逐渐形成了独特的艺术风格。

剪纸艺术，植根于劳动人民之中。它的创作者多是不知名的农民，他们农忙务农，农闲刻窗花，通过勤劳灵活的双手，把他们的朴实情感、美好愿望和

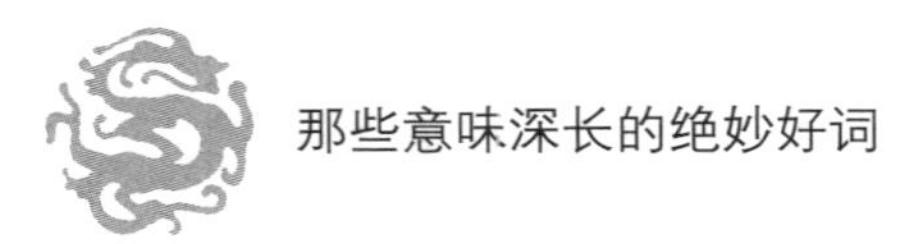

对幸福生活的追求，倾注在自己的剪纸作品上，反映了创作者与人民群众的密切联系，使剪纸艺术获得了永不衰竭的艺术生命。

在漫长的年月中，经过无数不知名的农民创作者的努力，创造出了大量日臻完美的优秀作品，培养了许多杰出的民间艺术家。剪纸艺术突出地表现在以“阴刻”为主和“色彩点染”上，它以饱满朴实的构图、生动优美的造型以及强烈的色彩对比，深受广大人民群众的喜爱。

剪纸艺术有史可查

唐朝崔道融写过这样的词句：“欲剪宜春字，春寒入剪刀。”这里所讲的“宜春字”也称“宜春帖子”，就是现在人们熟悉的“剪纸艺术作品”。唐代诗人李商隐《人日》诗：“镂金作胜传荆俗，剪彩为人起晋风”写的也是剪纸艺术。段成式《酉阳杂俎》说：“立春日，士大夫之家，剪纸为小幡，或悬于佳人之首，或缀于花下，又剪为春蝶、春钱、春胜以戏之。”南宋周密所著《志雅堂杂钞》中写有：“向旧都天街，有剪诸色花样者，极精妙，随心所欲而成。又中瓦有俞敬之者，每剪诸家书字皆专门。其后有少年能于衣袖中剪字及花朵之类，极精工。”“剪诸色花样”指的就是“剪纸”。

第七章 词语中的称谓：古往今来，名目各异

一、“先生”可以是女人

“先生”一词含义丰富，古时称老师为先生，还有风水先生、管账先生的叫法。到了近现代，一般把知识分子或有一定身份的成年男子尊称为先生。同时，女性对自己的丈夫或别人的丈夫也称为“先生”。

“先生”这个词由来已久。《论语·为政》：“有酒食，先生馔。”注解说：“先生，父兄也。”意思是有酒肴，就孝敬了父兄。《孟子》：“先生何为出此言也。”这里的“先生”是指长辈、有学问的人。《战国策》中“先生坐，何至于此？”这里的“先生”是称呼有德行的长辈。至于第一个用“先生”称呼老师的，始见于《曲礼》：“从于先生，不越礼而与人言。”

另外，先生也不一定完全指男士，德高望重的女性也可以被称为先生的，如“宋庆龄先生”。

趣味链接

先死先生

相传，古时有一位私塾先生，在给学生上课时，看到一位生了疥疮的学生用手抓挠不止，两手都沾上了血，还没有停止抓挠的意思。

私塾先生越看越烦心，但是不好直说让学生停止抓挠，于是便出了一句上联，让抓痒的学生对，说如果对不上就要到室外去罚站，上联为：

抓抓痒痒，痒痒抓抓，不痒不抓，不抓不痒，越痒越抓，越抓越痒

学生见先生用对联来取笑他，答不上还要受罚，越想越气，于是对下联：

死死生生，生生死死，好生好死，好死好生，先生先死，先死先生

二、“老公”与“老婆”

如今，很多恋人互相称“老公”“老婆”，听后不觉莞尔。细究起来，“老公”“老婆”本是对丈夫、妻子的俗称，不过人家恋人愿意这么称呼来表达对彼此的情意也是可以的。说起这两个词，还有一个饶有趣味的民间故事呢！

唐朝时，有个叫麦爱新的读书人，他考取功名后，看着妻子年老色衰，便嫌弃妻子，产生了再结新欢的念头。于是，他写了一副上联放在案头：“荷败莲残，落叶归根成老藕。”意思是说时间一长，漂亮的荷花、荷叶都衰败了，只剩下黑不溜秋的老藕藏在淤泥里。恰巧，对联被他的妻子看到了。妻子也是个聪明人，从上联中明白了丈夫的意思，便提笔续了个下联：“禾黄稻熟，吹糠见米现新粮。”直接指明麦爱新想丢弃糟糠，娶个新娘回来，语意双关地批评了丈夫喜新厌旧的想法。以“禾稻”对“荷莲”，以“新粮”对“老藕”，不仅对得十分工整贴切、新颖通俗，而且，“新粮”与“新娘”谐音，饶有风趣。麦爱新读了妻子的下联，被妻子的才思敏捷和拳拳爱心所打动，便打消了另结新欢的念头。妻子见丈夫回心转意，有所悔改，挥笔写了个上联：“老公十分公道。”麦爱新见了，也提笔续写了下联：“老婆一片婆心。”

这个故事很快流传开来，世代传为佳话，从此，汉语中就有了“老公”和“老婆”这两个词。一个“老”字，还蕴含着夫妻白头偕老的意思。

啰唆诗

明朝有个人，平时说话很啰唆。一次喝醉了酒，半夜回家，敲门半晌妻子才开门，有感而发，写下了一首诗：

半夜三更子时归，关门闭户掩柴扉。

老婆妻子内人问，你是哪个何人谁？

实际上只用“半夜归、掩柴扉、老婆问、你是谁”即可说明全部意思。这位啰唆诗人却在每一句诗中都安排了三个同一意思的词语，真可谓是叠床架屋。

三、从“糟糠”到“太太”的演变

汉语里，对妻子的称呼有很多。古时称“糟糠”“堂客”“娘子”，还有的谦称为“拙荆”“贱内”等；现在，人们习惯称“老婆”“媳妇”“爱人”等；正式的场合称“夫人”“太太”。“太太”一词既可用于自称，也可用于他称。

《辞海》对“太”有如下注解：太为尊者，含义为至高无上。如“太上皇”“太祖母”等。生活中也经常见到，如对某人、某物赞美之词无以复加、不可言状，可以用“太”字来加以强调，如“太好了”“太幸福了”等等。

据考证，汉哀帝时，“太太”用以尊称老一辈的皇室夫人。后来，“太太”的称谓，在汉代贵族妇女中逐渐推广开来。在明代，“太太”这一称谓有了限制条件：“凡士大夫妻，年来三十即呼太太”，即中丞以上的官员的妻子才配称“太太”。清朝，人们喜欢称家庭主妇为太太，不过却以奴仆称呼女主人的居多。

北洋政府和民国时期，“太太”的称呼开始泛滥，所有官员的妻子都可以称“太太”。“太太”的称谓到处都是，不过严格考究起来，这其中多少还有些限制，至少是在知识分子阶层之上。

“五四”运动后，打破了中国封建社会的男尊女卑思想，妇女地位得到了提高，丈夫为了体现出对妻子的尊重，便称自己的妻子为“太太”了。

改革开放后，随着大量华裔、侨胞的回归故里以及与港澳台地区交往频繁，“太太”的称谓同小姐、先生一样时髦起来，成为人们对已婚女子的敬称。从广泛性来说，“太太”的称谓已经没有什么官职的限制，变得平民化了。

如今，所有的已婚妇女都可以被称为“太太”。

“夫人”与“妻”

夫人，源于《礼记·曲礼》：“天子之妃曰后，诸侯曰夫人。”先秦时，诸侯的妻子、帝王的妃子均称夫人。由于夫人之称含有尊贵之意，故现今广泛用于对已婚女性的专称。

“妻”，最早见于《易·系辞》：“人于其宫，不见其妻。”但“妻”在古代不是指所有男子的配偶。那时的“妻”只是平民百姓的配偶，后来，才逐渐成为所有男士配偶的通称。

四、“月老”与“红娘”

人们习惯把给别人牵线搭桥的人称为“月老”或“红娘”。从词义上看，二者的意思类似，都是帮他人完成美满婚姻的热心人士。但是，细考究起来，二者还是有区别的：“月老”是媒人、介绍人；“红娘”则是帮助促成婚姻之人。因此，使用时应予以区分。

关于“月老”的来源，有这样一说：据唐代李复言《续幽怪录·定婚店》记载：唐朝时候，有个名叫韦固的年轻人，一次他路经宋城时，看见月光下一

个老人席地而坐，正在那里翻阅一本又大又厚的书，像在查找什么，他身边放着一个装满了东西的大布袋。韦固好奇地过去询问老人在看什么，老人答道："我在看天下男女姻缘的书。"韦固又问袋中装的是什么东西，老人说："袋内都是红绳，用来系夫妻的脚的，不管男女双方是仇人还是相距很远，我只要用这些红绳系在他们的脚上，他们就一定会结成夫妻。"韦固听了十分好奇，连忙打听自己的婚事，月下老人翻书查看后，笑着对他说："你的未婚妻，就是店北头那卖菜的老太婆的三岁女儿。"韦固听了，很不高兴，原来那个小女孩相貌很丑，而且两人年龄悬殊，于是，他便叫家奴去把那小女孩杀掉，让她将来不会成为自己的妻子。没想到没杀成，只把女孩的眉宇间刺伤了。

十几年过去了，韦固成一名武将，娶了相洲刺史王泰之女香娘为妻。新婚之夜，他揭开香娘的红盖头，见妻子貌美非凡，只是眉宇间有一个疤痕，问其缘故。听香娘说来，才知道香娘就是当年卖菜的老太婆的女儿。夫妇俩如梦初醒，更加珍惜这段婚姻，恩爱有加。

这个故事流传开后，使得人们相信：男女结合是由月下老人系红绳撮合的，所以，后人就把媒人叫做"月下老人"，简称"月老"。

红娘是元朝著名戏曲家王实甫笔下的人物形象，她聪明伶俐、机智勇敢，是《西厢记》里崔莺莺小姐的婢女。一次，张生来到普救寺游玩，偶遇崔莺莺，两人一见钟情。在贼人围困寺院要挟崔莺莺做押寨夫人时，张生挥书求旧友白马将军相救，崔老夫人被迫当众应允以张生为婿。不料，崔老夫人嫌贫爱富，撕毁婚约。红娘打抱不平，机智巧妙地从中周旋，帮助张生与崔莺莺喜结连理。红娘的形象塑造得十分成功，几百年来，一直深受人们的喜爱。从此，"红娘"也就成了促成他人美满婚姻的人的代称。

新娘做红娘

清朝末年，有个书生叫汪儒扬，长得一表人才，也很有才华，但家境贫寒。

这年，乡里徐陈两家联姻，喜庆又热闹。到了晚上，新娘传出话来，客人必须对上她所出的上联后才可闹洞房，上联是：

红烛盘龙火中龙从油里出

众宾客苦思不得出，有人便请求汪儒扬对下联。汪儒扬隔帘看见新娘的花鞋绣有凤凰图案，便对曰：

赤鞋绣凤天上凤向地下飞

新娘徐小姐一听，十分惊叹对联人的才华，隔帘偷望，见此人仪表堂堂，心中很是喜悦，便写信让汪儒扬去徐府向自己的妹妹提亲。

汪儒扬稍作修整，便径直前往徐家求亲。徐父接到大女儿的书信后，特别设宴款待汪儒扬，这特别的宴席叫做鲜席，一碗鱼肉汤，一碗羊肉汤，席间，徐父想考考汪儒扬，便出了一上联：

席上鱼羊鲜乎鲜矣

汪儒扬一听，不禁赞不绝口。因为“鱼”“羊”二字合为“鲜”，且一字两音，既有新鲜之意，也有稀少之意。正在思忖间，忽见一女子从窗边走过，随即得出一副绝妙的下联：

窗前女子好者好之

此言一出，徐父当即拍手称赞：“好一个女子。”这下联刚好符合上联的要求，“女”“子”合为“好”，且一字双音，对仗工整，语意双关。汪儒扬便成了徐府的贤婿。

五、夫妻为何称“两口子”

人们常用两口子来代指夫妻俩，这一词既口语化又显得亲切。关于“两口子”一词的来历有一个动人的传说。

相传，乾隆年间，山东省有一个名叫张继贤的才子，他与当地恶少石万仓

的人曾有过交往，这个人家里有权有势，石万仓之妻曹素箴对张继贤的才学和为人很欣赏，两人一见钟情、互相倾慕。不曾想，石万仓因病暴亡，石家怀疑是张继贤和曹素箴合谋害死的，于是告到官府，要求官府惩治这对奸夫淫妇。

不料，县令是个糊涂官，加上惧于石家的权势，也不详问细查，便断定石万仓确系张曹二人所杀，将两人判为死罪，押解京城，秋后问斩。

正巧，乾隆皇帝偶然翻阅到张继贤所写的供状，觉得张继贤的文笔不俗、颇有文采，顿生惜才之心，便亲自到狱中探望张继贤。一番交谈之后，乾隆认为此人很有学识，不忍让他就此命丧黄泉。可是该怎么处置二人才算妥当呢？乾隆思考了很久，突然想起自己下江南时，曾途经微山湖，那里风景优美、环境宜人，极适合文人墨客寄居。于是他亲自批示，将曹素箴发配到黑风口，张继贤发配到卧虎口。这两个“口”相距不远，均在山东省的微山湖地区，可见乾隆皇帝的良苦用心。

张继贤与曹素箴来到发配地之后，依然情丝难断，互相挂念，三天两头你来我往，常相探望。不久，他们的事在当地传为佳话，老百姓羡慕地称他们为“两口子”。

“两口子”的称呼就这样流传下来了。

夫妇义重　恩爱情深

有一对新婚夫妇，情投意合，相处得十分融洽。然而，婚后不久，丈夫就离家经商去了。一年过去了，两人间的思念之情日深一日。

一天，妻子接到丈夫托人带回来的一封家书，赶忙拆开一看，是四句谜诗：

二人力大顶破天，十女耕田缺一边，

我要赶羊羊骑我，千田连土土连田。

妻子捧着信细细琢磨了一番，猜到了这四句话的意思，原来丈夫说的是“夫妇义重”（“義”为“义”的繁体字）。她被丈夫的表白折服，思念之情不可抑制，提笔给丈夫回了一封信，也是一首谜诗：

只因心相连，受下交朋友，

芳心青春在，探源水漫手。

丈夫接到信一看，万分感慨：好一个“恩爱情深”啊！有妻如此，夫复何求？当即收拾行装踏上归家之路。

六、“小登科”做“新郎”

众所周知，“新郎”是对新婚男士的称呼，“新”意即新婚之喜，“郎”在古代有多种用法。首先是指青年男子，也作为一般男子的尊称。李白《横江词》：“郎今欲度缘何事，如此风波不可行。”

“郎”也是女子对丈夫或所爱男子的称呼。古乐府《子夜歌》：“天下夺人愿，故使侬见郎。”

在古代“郎”还是一种对高级官员的称呼。汉朝时，中央官署里的侍从官通称为“郎”。唐朝，六品以下的官员通称为“郎”。在官贵民贱的封建社会，百姓尊称这些“郎”为“郎官”或“郎君”。自从唐朝开科取士，凡中了进士的人就有做官的资格，他们被分到中央官署里任校书郎、秘书郎等职务。所以，人们便称呼新科进士为“新郎官”。

在封建社会，男子娶妻有“小登科”的美称，故人们都喜欢借用“新郎官”来称呼娶妻的男子。随着历史的变迁，“新郎”便从“新郎官”中逐步简化了出来，并且成为新婚男士的专用名称。

趣味链接

“新郎”的浪漫传说

关于“新郎”一词的由来，民间有这样一个传说。

从前，有个年轻的后生叫新朗，他饱读诗书，聪明过人，年过二十，尚未成家。因喜欢邻村一个叫星娘的聪慧女子，特叫媒婆去提亲。

媒婆上门后，星娘想考考新朗的真才实学，便对媒婆说："要我答应这门亲事并不难，但是要准备一间新房，这个新房要与众不同，请婆婆仔细听好——不用门来不用窗，无柱无瓦无上梁，上上下下不见土，四面八方石头墙。"媒婆一头雾水，回去后照原话转告了新朗。新朗听后哈哈大笑，称自有妙法。

第二天，新朗将媒婆带到屋后向阳的山坡上，指着一个大山洞说："那就是我准备的新房。"说罢，领着媒人走进山洞，只见里面：一张石床摆中央，罗帐锦被铺满床，无柱无梁，无门无窗，四周皆石墙。媒婆见了赞不绝口，连夸道："好房！好房！正符合星娘的要求。"后来，新朗和星娘在此成亲，夫妻恩爱，白头到老，传为佳话。

因为"郎"与"朗"，"星"与"新"系谐音，故此民间称新结婚的男女为"新郎""新娘"，沿袭至今。

七、"足下"的悲剧

以前，给朋友写信，人们常常把朋友称为"足下"，来表示尊敬和亲密。足下，是"脚"的底下，把朋友踩在脚底下还是恭敬吗？

据说，"足下"这个词产生于春秋时期。当时晋国君主晋献公昏庸无道，他的儿子重耳被迫在国外流亡19年，重耳和他的随从们在逃亡的路上历尽艰辛。

有一次，一连几天找不到住处，重耳饥渴难忍，忠于重耳的臣子介子推，把自己大腿上的肉割下来煮汤给重耳吃，使他有力气逃到齐国。后来，在齐桓公的支持下，重耳回到晋国当上了国君，史称晋文公。晋文公即位后，大加封赏随他逃亡的有功之臣，到介子推时，他坚决不肯受封。

介子推是个有名的孝子，他母亲曾对他说过："君主患难时，你应该忠心侍奉他；君主得势时，你应该远离他。"介子推牢记母亲的话，无论晋文公怎么劝他，他都不肯做官，最后干脆躲到深山里。晋文公不忘“割股而食”之恩，便带人去深山寻找介子推，请他出来做官，但介子推避而不见。重耳以为放火烧山可以逼他出来接受封禄，谁知介子推宁死也不下山，结果抱着一棵大树被大火烧死了。重耳悲痛万分，就把介子推临死前抱着的那棵大树烧剩的树桩砍下来，做了一双木底鞋穿在脚下，以怀念介子推的割股之功。

从此，每当晋文公穿着这双木底鞋就会想起介子推，便会忍不住顿足痛呼：“悲乎！足下！”从此，称好友为“足下”就流传开来。

帝足是蹄

相传，一日纪晓岚与乾隆皇帝谈及谜语，乾隆伸出一只脚，说：“人人都说爱卿聪慧过人，朕以此出一个谜，打一字，你能猜得出吗？”纪晓岚正色道：“微臣已猜到，不过要请万岁恕我无罪。”乾隆允诺。纪晓岚说：“是个蹄字。”乾隆大怒。纪晓岚赶紧解释道：“脚者，足也。万岁，皇帝也。蹄字是由足、帝二字组而成的。唯有万岁爷的脚，才可称帝足矣。”乾隆皇帝觉得有理，便不予追究。

八、“同志”的诸多含义

据报道，一些省市下发文件，要求对所有担任党内职务的人员一律称“同志”，不称职务，党内行文或报送书面材料也是如此。这里的“同志”即指同一个政党内志同道合，为共同的理想、事业而奋斗的人。这一文件说得好，用“同志”更能体现民主，称职务的话则官僚化意味明显。

在古代，“同志”是朋友之间的称呼。据春秋时期左丘明《国语·晋语四》中记载，秦穆公把晋公子重耳从楚国接去，要将女儿嫁给他，重耳想拒绝，随从胥臣劝重耳道：“同德则同心，同心则同志。”《后汉书·刘陶传》中也有语

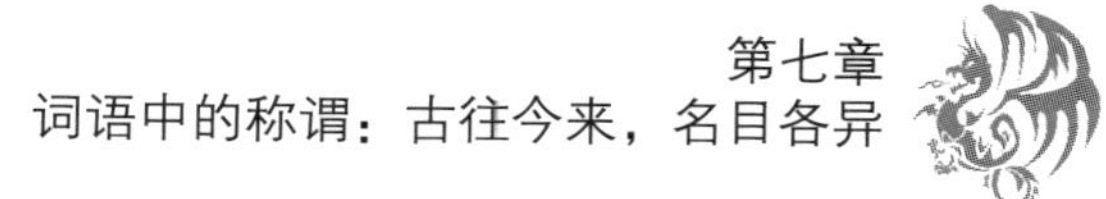

曰："所与交友，必也同志。"

现在，我们也常听到"同志"的称呼，比如："同志，请让一下。""同志，请问去火车站怎么走？"这里的"同志"是人们口语化的称呼，而非某一个特指。另外，"同志"有时也指同性恋。

改联讽"同志"

"同志"这个词，曾在民国时期被人拿来嘲讽那些革命意志不坚定的人。孙中山先生在其《总理遗嘱》中有一副著名的对联：

革命尚未成功

同志仍须努力

后来，有些"同志"背叛了孙先生的三民主义，将革命当作自己升官发财的途径。于是，有人修改了孙先生的对联，来讽刺这些人：

同志尚未成功

革命仍须努力

当革命处于困难时期，有些"同志"还是只顾打自己的小算盘，于是，有人又改了一下加以讽刺：

革命尚未努力

同志仍须成功

九、"额娘"的传说

清朝时，满族人管自己的母亲叫"额娘"，据说这是满族始祖爱新觉罗·布库里雍顺留下来的。相传，很久以前，天宫中三位美丽的仙女化为天鹅来到人间。来到布库里山下的天池时，被清澈碧蓝的湖水迷住了，三只天鹅落入水中又变回了三位仙女。

正当她们在水中嬉戏时，忽然飞来了几只神鹊，在三位仙女头上盘绕，不肯离去。只见一只神鹊将衔在口中的朱果吐在三仙女的衣裙上，便飞走了，三仙女轻轻地将朱果拾起含在口中，吃了下去。

待三位仙女穿好衣裙欲返天宫时，三仙女忽然感觉腹内鼓胀，行动不便了。她看着仍在隆起的肚腹，流着泪向大仙女说：“呀，姐姐！一定是朱果作怪，让我成了这般模样。哎呀！我驾不得云了！”两位姐姐无奈，只得将三妹留下，待生产之后再来接她重返天宫。

数月之后，三仙女诞下一男婴，此男婴一出生便能说话，乃神童也。三仙女轻抚着孩子的额头说道：“孩儿，你是我在布库里山下吞朱果而生，你的名字叫布库里雍顺，你的姓是爱新觉罗氏。你是奉天旨来到人世的，降临到人间，是让你去平定战乱，抚育百姓的。”话刚说完，三仙女就看到两位姐姐从天上来接她了，于是她就化为天鹅飞上了天宫。孩子看到妈妈变成了天鹅，急忙挥舞着小手，哭喊着：“鹅娘！鹅娘！”据说，从那以后，当地人就称自己的母亲为鹅娘，一辈传一辈，时间长了，就成了“额娘”。

贝勒小介绍

“贝勒”，本为部落之长的意思，《续资治通鉴·宋徽宗政和四年》：“女真（即后来的满族）……其部长曰贝勒。”“贝勒”后来演变成满族贵族的一种爵名。在清代，“贝勒”是封爵名。1616年，努尔哈赤建立后金，即汗位，封次子代善为大贝勒、侄子阿敏为二贝勒、五子莽古尔泰为三贝勒、八子皇太极为四贝勒，号称“四大贝勒”，同听国政。“贝勒”是当时后金满族的最高爵位，相当于后来的亲王。1636年，后金改国号为“清”，参照汉族的王封制度定封爵，贝勒位于亲王、郡王之下，降为三等。后来，清代的爵封制度更改过许多次，到光绪年间分为十二等，“贝勒”的身份仍在亲王、郡王之下。

十、什么是“连襟”

在我国民间，人们把姐妹们的丈夫俗称为“一担挑”，在西北地区民间又称“担子”，而在书面语里则雅称为“连襟”，也作“连袂”。

相传，“连襟”这个俗称与杜甫有关。杜甫晚年居于川东，结识了当地一位姓李的老头，仔细探究，两家还是远房亲戚。两人很合得来，交往甚密。后来杜甫要出峡东，写了一首《送李十五丈别》的诗，其中几句是：“孤陋忝末亲，等级敢比肩？人生意气合，相与襟袂连。”“襟袂连”形容了彼此关系密切。

把“连襟”一词用于称呼姐妹们的丈夫，是北宋末年的洪迈。当时，洪迈有个堂兄在泉州做幕宾，在官场中不甚得意。其妻的姐夫在江淮一带做节度使，知道此事后，便委托京城好友，推荐洪迈的堂兄去京城供职。事成之后，洪迈的堂兄非常感激，托洪迈替他写了一份谢启，寄给妻子的姐夫。洪迈写了这样几句：“襟袂相连，夙愧末亲之孤陋；云泥悬望，分无通贵之哀怜。”这里的“襟袂相连”，就是用来形容姐妹的丈夫之间的密切关系。后来，人们将“襟袂相连”简化为“连襟”，成为姐妹的丈夫间的专用称谓。

连襟鱼翅

传说，乾隆年间，一饭庄老板有两个女儿，分别嫁给了本饭庄两位厨艺高超的师傅。一次乾隆皇帝下江南微服私访，路过此家饭庄，便进去用餐。老板见来人气宇不凡，心想定是达官贵人临门，便嘱咐两个女婿一定要把菜做好。连襟二人左思右想，最后用鸡汤煨了一勺透亮的鱼翅盖在“玉菜”上。此菜端上桌，乾隆一见洁白晶莹的通天鱼翅，喜上眉梢，品尝后更是赞不绝口，便问厨师：“此菜何名？”大女婿赶紧答道：“白玉托银条。”乾隆说：“此名太俗！”又听说是连襟二人联手制作，便随即为此菜取名为“连襟鱼翅”。

十一、创始人为何为“鼻祖”

人们喜欢把创始人称为“鼻祖”，要解释“鼻祖”，得先从“鼻”字说起。

“鼻”字，古时原为“自”。甲骨文和金文中的“自”字，都像人的鼻子。许慎《说文解字》有语云：“自，读若鼻。”即“自”和“鼻”的读音是一样的。而“自”在古文中又是第一人称的代词，即“自己”的意思，为区别“自己”与“鼻子”，就在“自”字的下面加了一个声符“畀”。于是就出现了一个新的“鼻”字。这样“自”和“鼻”才有了不同的分工。古人通常把第一个儿子称为“鼻子”，那么“鼻”字就有了“最初”或“开始”的含义。此后，人们习惯把创始人称为“鼻祖”。

关于“鼻祖”的由来还有另外一种解释，与爱戏成癖的唐明皇李隆基有关。传说，有一年元宵佳节，唐明皇与文武百官及宫廷的梨园子弟共同宴乐，为助酒兴，梨园子弟化装成各种仙人、妖魔、鬼怪的模样，唱着唐明皇亲自编写的歌曲，翩翩起舞。一些大臣为讨好皇帝，也戴上各种假面具，踏着节拍，载歌载舞。唐明皇先是打鼓击板，后来，竟不顾及自己九五之尊的身份，也加入了歌舞行列，随着悠扬动听的音乐跳起舞来。没过多久，他发现别人化装的化装，戴面具的戴面具，只有他自己一个人没有一点妆饰，唐明皇感觉有点不协调，于是就顺手抓了点白粉抹在鼻子上，并指着自己涂了白粉的“白鼻子”笑着对众人说：“朕亲自饰其妆，与众聊同乐。”文武百官和梨园子弟自是更加曲意奉迎皇上：“吾皇乃曲伎之祖，点彩有神，臣等当敬心学之。”当夜，君臣通宵共舞、共享其乐。

后来，梨园子弟一直尊唐明皇为戏剧界的祖师爷，这个白鼻子的祖师爷就被称为“鼻祖”了。

鼻子的作用

除了闻气味，鼻子还是我们呼吸的第一道大门。当我们吸入空气后，鼻腔里面布满的血管，可以为吸入的冷空气加温。同时，鼻腔黏膜还能分泌大量的水分，使干燥的空气变得比较湿润，这些水分中含有消毒的溶菌酶，可以杀死空气中的细菌。

鼻腔里面的鼻毛像一个个小卫兵，把细菌和灰尘阻挡住，这样，外面的空气经过层层的过滤后，才安全、干净的进入我们的肺中。

另外，鼻子还可以帮助我们发音。有些歌手就利用鼻子发出共鸣，使自己的声音听起来更加浑厚、动听。

十二、何为“东道主”

2008年，中国作为东道主盛情接待来自世界各地的运动员和观众，成功举办了奥运会。所谓“东道主”，就是指邀请或接待客人的一方，也即地主之意，例如人们口头常说的“略尽地主之谊”。“东道主”一词出自这样一个历史典故：

据《左传》记载，晋文公重耳难忘以前流亡郑国时所遭受的冷淡，鲁僖公三十年（公元前630年），联合秦国攻打郑国。郑国是个小国，难以抵御两个大国的进攻，形势告急。

当时，郑国有一老臣叫烛之武，此人能说会道，在郑国享有盛名。大臣佚之狐向郑文公献策：“如果让烛之武去说服秦穆公退兵，必能解围救郑。”郑文公派遣大夫烛之武去离间秦晋联盟。

当晚，趁着夜深人静，烛之武偷偷到秦军营中拜见秦穆公。当时，晋国和秦国之间本就不和谐，常常明争暗斗。烛之武巧妙利用两国的矛盾，他首先承认郑国处在危亡境地，接着说：“如果郑国灭亡有益于秦国的话，那就无话可说了。但事实上，郑国的国土和秦国的国土并不相连接。我们在东，你们在西，晋国在中间。因此，即使我们郑国灭亡了，只能使晋国的版图扩大，秦国并得不到什么好处。晋国强大了，对你们也不利呀！”秦穆公听了，觉得有道理，于是烛之武赶紧说道：“但是，如果让郑国继续存在，让郑国作为东道上的主人，那么，贵国的使者经过郑国，如果缺吃少用，我们愿意在东方道路上提供一切方便，这对贵国有何不好？”秦穆公被说服了，他单方面跟郑国签订了和约，并留几名大将同郑国一起守卫都城。这样，晋文公也只得退兵了。

秦国在西，郑国在东，所以郑国对秦国来说自称“东道主”。后来，人们就把主人都泛称为“东道主”。现在，人们也习惯把请客称为“做东”，称房屋的主人为“房东”。

2008年北京奥运会

第29届奥林匹克运动会于2008年8月8~24日在中国首都北京举行。此次奥运设置了三大理念：绿色奥运、科技奥运、人文奥运。本届奥运会举行了28个大项，38个分项的比赛，产生302枚金牌（其中中国获得51枚）。2008年，有6万多名运动员、教练员和官员参加北京奥运会。大部分比赛在北京举行，其中，帆船比赛在青岛举行，马术比赛在香港举行，部分足球预赛在天津、上海、沈阳和秦皇岛举行。2005年7月8日，在新加坡举行的国际奥林匹克委员会第117次全会上，决定由香港承办2008年奥运马术项目。

词语中的教育：为了生命的幸福成长

一、“文学”原为官职名

“文学”是以语言为手段塑造形象来反映社会生活，表达作者思想感情的一种艺术，这一词最早原是官职名。

西汉时期，学校的负责人不叫校长或老师，而是称“文学”，即负责人称为张文学、李文学等。

汉武帝为选拔人才，特设“贤良文学”科目，由各郡国每年举荐人才上京考试，被举考者便称“贤良文学”。“贤良”是指品德端正、道德高尚之人；“文学”则指精通儒家经典的人。

魏晋后期，“文学”一词成为语言艺术的专用名词。史书上记载，曹丕“好文学，以著述为务”，即是现今文学所指的含义。

文学的产生与发展

文学起源于人类的生产劳动。最早出现的是口头文学，一般是与音乐联结为可以演唱的抒情诗歌。我国最早形成书面文学的是《诗经》。先秦时期，以文字写成的作品都统称为文学，魏晋以后才逐渐将文学作品单独列出。现代通

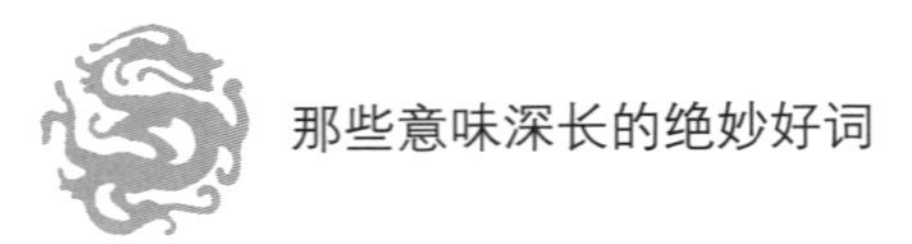

常将文学分为诗歌、小说、散文、戏剧四大类别。

二、“哲学”指什么

哲学是什么？很难回答。哲学的范畴与定义至今仍没有一个准确的答案。若一定要解释的话，从宏观上看，哲学是关于世界观的一种学说，是人们对于整个自然界的根本观点和思想体系。

“哲”字在中国很早就被提及，如“孔门十哲”“古圣先哲”等，“哲”或“哲人”，专指那些善于思辨、学问精深者，而“哲学”一词，是从古希腊语“爱智慧”翻译过来的。

古希腊有一个叫苏格拉底的人，学识渊博、才智过人，大家都称他为“智者”。但是苏格拉底很谦虚，他说：“我不是什么‘智者’，只是‘爱好智慧的人’。”从此，“爱智慧”就广为流传了。

在汉语中，“哲”是“智慧”的意思，它和“学”字合在一起，就是“使人明智的学问”。

伽利略妙喻哲学

科学家伽利略年轻时对哲学产生了浓厚的兴趣，立志学习哲学，可他父亲不同意。

一次，伽利略去找父亲，“爸爸，有件事我一直不明白，那就是你为什么要和妈妈结婚？”伽利略问。

“因为我喜欢她。”父亲答道。

“那你没喜欢过别的女人？”伽利略又问。

父亲赶紧回答：“孩子，绝对没有这种事，我敢对天发誓，我只喜欢你母亲一个人，我痴痴地追求她，要知道你母亲从前是一位非常美丽的姑娘……”

听完父亲的话，伽利略趁机说：“我相信你说的这些话。要知道，现在我也面临同样的处境。哲学是我唯一的选择，除了哲学以外，我不可能选择别的职业，我对它的爱犹如你对我母亲的爱。”

父亲被他说服了，终于同意了他学习哲学的要求。

三、“学校”的变化发展

在公元前3000年左右已有“象形文字”了，有了文字自然就会有专门传授和学习文字的机构，当时称为“成均”，这就是学校的原始萌芽。

到了夏代，出现了以教为主的学校，称为“校”。孟子说：“夏日校，教也。”还有“序”，分为“东序”“西序”。前者为大学，在国都王宫之东，是贵族及其子弟入学之地；后者为小学，在国都西郊，是平民学习之所。商代的生产力日益发展，学校又有所增加，称为“学”与“瞽宗”。“学”又有“左学”“右学”之别，“学”以明人伦为主，“瞽宗”以习乐为宗。

西周是奴隶社会鼎盛时期，当时分为国学与乡学两种。国学专为贵族子弟而设，按入学年龄与教育程度分为大学、小学两级。乡学主要按照当时地方行政区域而定，因地方区域大小不同，又有塾、庠、序、校之别。一般情况下，塾中优秀者，可升入乡学而学于庠、序、校；庠、序、校中的优秀者可升入国学而学于大学。用今天的话来讲，国学相当于中央直属学校，乡学相当于地方学校。

后来，人们专用塾称呼私人设立的学校，叫私塾。庠、序成了乡学之名。“学校”则成为教育机构的通称，一直沿用至今。

趣味链接

古代的学校——私塾

私塾，是我国古代私人所设立的教学场所，也就是古时候的学校，至今已有两千多年的悠久历史了。

在启蒙教育阶段，私塾十分注重儿童的教养教育，强调培养儿童养成良好的道德品质和生活习惯。

在教学方法上，私塾的教学完全采用注入式。学生必须将教书先生教授的篇目全部背诵下来。此外，私塾中体罚盛行，遇上粗心或调皮的学生，教书先生经常会打手心或者揪学生的耳朵等。

四、“师范”的出现

何谓“师范”？还是北京师范大学校训解释得好：“学为人师，行为世范。”师者不只是授业解惑，在行为上也是人之模范。“师范”一词的得来有一个历史的演变过程。

“师”的名称，在夏、商、周时就有了，“师”字最早出现在甲骨文中，甲骨文中有“文师”之称。以后，西汉的董仲舒用“师”一字，司马迁用“师表”一词，来强调“师”的表率作用。西汉末年，扬雄在言论集《法言》中说：“师者，人之模范也。”他第一次将“师”和“范”联系起来，明确强调了教师所负有塑造教育对象的重大责任。《后汉书·赵壹传》报皇甫规书：“君学成师范，缙绅归慕。”《文心雕龙·才略》篇云：“相如好书，师范屈宋。”“师范”已作为一个词组使用。

趣味链接

何谓“教师”

教师的称谓，最早见于我国西周时期的金文中，称为“师氏”，简称“师”，即教国学的官员。

“师”原来是商、周军队的组织单位。西周的统治者为培养善战的贵族子弟，开办了“国学”，由高级军官“师氏”任教。由于“师”是传授知识的，“教”是传授知识的一种重要手段，从而“教师”一词即为“传道授业解惑者”的美称。

五、关于学位——学士、硕士、博士

学士、硕士、博士是我国高等教育的学位，此外，还有“博士后”的称呼，不过，“博士后”并不属于学位。

学士原指以文字技艺供奉朝廷的官吏，品位也不高。唐太宗时设文学馆，学士的地位大大提高了。自宋至清，学士的官位一直很高。清朝的大学士官阶为正一品，是文官之首。

硕士的称呼最早起源于五代，是对博学多闻、德高望重者的一种尊称，但一直不是官职。

博士一词最早起源于战国时代。《史记·循吏列传》记载：“公议休者，鲁博士也，以高弟为鲁相。”博士是一种官名，指博古通今、知识渊博的人，负责保管文献档案，编撰著述，传授学问，培养人才。西汉时期，汉武帝还设立了五经博士，博士成为专门传授儒家经学的学官。汉初，《易》、《书》、《诗》、《礼》、《春秋》每经置一博士，故称五经博士。秦朝时，博士官掌管全国古今史事以及书籍典章。到了唐朝，将专门精通某一种职业的人称之为“博士”，如“医学博士”“算学博士”等。宋朝时，把服务性行业的人员也称为“博士”。据《封氏闻见记》“饮茶”条记载：“命奴子取钱三十文，酬煎茶博士。”

“点屎”对“汗淋”

典史，为一官名，宋代设置，是知县的属官，专管公文之事；翰林，也为官名，指翰林学士，为皇帝的文学侍从官。

古时候，两个同窗好友刘宁与周济先后中举。不久，刘宁做了典史，周济

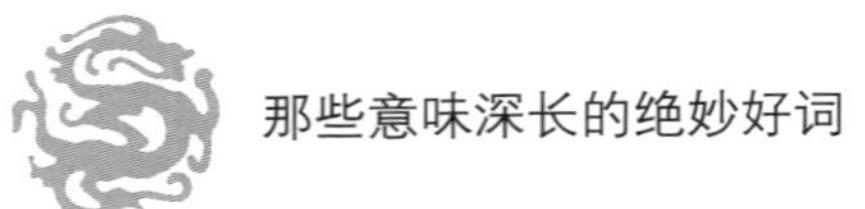

当了翰林。

有一天，两人重逢欢宴，酒酣之际，周济想与刘宁开个玩笑，便写了一上联，递给刘典史：三天不吃饭，腹中无点屎

“点屎”不就是暗指“典史”吗？刘宁颇觉难堪，立即思索报复之策，片刻间，含笑对出下联：六月穿棉袄，胯下有汗淋

周济见好友把自己比做胯下的“汗淋”，非但不生气，反而赞赏道：“对得妙，对得妙呀！”

六、“图书”——插图之书

图书，即有图之书。书中有插图，古代早已有之。清人叶德辉在《书林清话》中说：“古人以图书并称，凡有书必有图……《隋书经籍志·礼类》有《周宫礼图》十四卷。”可见，当时虽未发明印刷术，但已经开始在书籍中插入图画。在甘肃敦煌石窟发现的《金刚经》是唐代咸通九年（868年）所刊，卷首就有一幅十分精美的佛说法图。宋末以后，绘图书籍更为广泛，水平更高。如《三国演义》，附图达240幅之多，清代的《避暑山庄图咏》等书多为图文并茂。这样，世代相传，书籍就被称为图书了。

趣味链接

世界图书和版权日

世界图书和版权日始于1995年，目的是推动更多的人去阅读和写作，宣传跟阅读关系密切的版权意识。4月23日对于世界文学领域是一个特殊的日子，因为塞万提斯、莎士比亚都在1616年的这一天逝世。此外，4月23日也是一些著名作家出生或去世的日子，如莫里斯·图翁、哈尔多尔·拉克斯内斯、约瑟·普拉和曼努埃尔·巴列霍等。因此，1995年联合国教科文组织大会选择4月23日这一天，向全世界的作者表示敬意；鼓励每个人，尤其是年轻人，去发

现阅读的快乐，并对那些为促进人类社会和文化进步作出重大贡献的人表示尊敬。1995年11月，联合国教科文组织第二十八次大会通过决议，宣布每年4月23日为世界图书和版权日。

七、“书店”的发展

“书店”最早叫做“书肆”，稍晚些又改为“书局”。“书肆”之名，最早始于汉代。西汉末年，扬雄《法言》就有“书肆”的记载。到了唐代中期，因刻版印刷术的兴起，在今天的四川、安徽、江苏和浙江等地，都设有“书肆”。唐代以后，书商设书肆刻书更为普遍，还有叫“书林”“书堂”“书铺”“书棚”“书籍铺”等名的，既刻书又卖书。有的书商本人就是藏书家、出版家，同时兼事编纂刻印，有的仅刻印和售卖书籍。古时也有直接称呼字号的，如：“富文堂”“养正斋”“鸿运楼”“崇文阁”等。这些字号宋代以后统称为“书坊”。“书肆”“书坊”便是“书店”的前身，“书店”这一名称，最早见于清乾隆年间，距今已有两百多年历史了。

趣味链接

网上书店

世界上第一家网上书店是1991年在美国联机公司AOL采购网络上建立的“阅读美国书店”，目前，最负盛名的是设在美国西雅图的亚马逊图书公司的亚马逊网上书店。英国网上书店较著名的有internet书店，德国的网上书店主要有图书在线网上书店。

中国最早的面向国内顾客的网上书店是1997年在杭州新华书店诞生的，进入1998年后，作为中国书业传统经营力量的新华书店，正式宣布进军网络领域。第九届全国书市首次开通书店网站，目前，网上书店已成为人们购买图书的重要渠道之一。

第九章 词语中的官职：趣说古代官职的由来

一、“皇帝”自秦始皇来

中国古代最早所称的“皇帝”是对“三皇五帝”的统称。三皇指天皇、地皇和人皇，是传说中的三个古代帝王。“帝”原指宇宙万物至高无上的主宰者——天帝，后来许多国家混战，各自称帝，出现西帝、东帝、中帝、北帝等，使天上的“帝”来到人间，成为超越“王”的人间尊号（也有说是部落时期的黄帝、炎帝、蚩尤等）。

公元前221年，秦王嬴政统率秦军灭掉战国七雄中的最后一个国家齐国，实现统一，结束了中国历史上长期分裂割据的局面，建立了第一个统一的中央集权的封建帝国。他自认为“德兼三皇，功高五帝”，将“皇”“帝”两个称呼结合起来，作为自己的帝号，从此，帝王就称为皇帝。

趣味链接

帝王之最

历代帝王中，寿命最长的是乾隆皇帝，享年89岁。

历代帝王中，寿命最短的帝王是东汉殇帝刘隆，2岁即亡。

历代帝王中，即位时年龄最大的是武则天，时年已67岁。

历代帝王中，即位时年龄最小的是东汉孝殇帝刘隆，未满周岁。

历代帝王中，在位时间最长的是康熙帝，在位61年。

历代帝王中，在位时间最短的是金朝末帝完颜承麟，在位仅半日。

二、为何皇帝尊称为“陛下”

皇帝或国王常被尊称为陛下，这是为什么呢？陛，是指宫殿下的台阶。陛下，表示人臣奏事，必须站在台阶下请近臣转呈，不敢直接惊动皇帝，以示对皇帝的尊敬。

同样，对于居住在宫殿内的其他皇族，如太子、公主等，皆称为殿下，以示尊崇（对皇后也可称陛下）。

陛下的称呼起于秦始皇。唐代时，高级官员的官署往往称“阁”，如东阁、龙图阁等，所以又对高级官员尊称为阁下。

今天，在外事活动中，一般对外宾中的国王、王后称陛下，对王室成员称殿下，对总统、总理等称阁下。

趣味链接

戴安娜王妃

戴安娜王妃，被世人誉为“英伦不凋的玫瑰”，在1981年与查尔斯王子举行了举世瞩目的婚礼。然而，婚后两人感情不和，于1996年宣布离婚，戴安娜王妃获准保留“威尔斯王妃”的头衔。1997年，戴安娜王妃死于意外车祸。

三、“总统”源自哪国

有人曾将当美国总统与玩股票、游澳门并列为最危险的事。回顾美国历史上曾有四位总统被暗杀，分别是亚伯拉罕·林肯、詹姆斯·A. 加菲尔德、威廉·麦金莱和约翰·F. 肯尼迪，有五位总统遇刺但幸免于难，有杜鲁门、里根等。总统是共和制国家的最高行政元首；由于党派、政见的不同，因而美国历史上时有总统遇刺的消息传出。

总统制起源于美国。1787年，刚独立的美利坚合众国13个州的55名代表，在费城独立厅召开制宪会议，制定了《美国联邦宪法》。宪法规定：国家行政大权赋予总统，总统任期4年，从各州选举的总统候选人中选出；总统是最高的行政元首，又是武装部队的总司令；总统经参议院同意，有权任命部长、外交使节、最高法院法官以及政府其他官员；总统还有权批准或否决国会通过的法案。1789年1月，美国根据《宪法》举行了第一次大选，独立战争中的杰出领导者华盛顿当选为美利坚合众国第一任总统，也是世界上第一位总统。

总统纪念日

总统纪念日（有些州称华盛顿诞辰纪念日），是美国的10个法定节日之一，定在每年2月的第三个星期一。

该纪念日最初是为了纪念华盛顿总统而设立的，华盛顿的生日是2月22日。1968年，美国国会通过一项“星期一节日法案”，将华盛顿诞辰纪念日定为每年2月的第三个星期一。当时有个提案要将这个节日改为总统纪念日，纪念生日在2月12日的林肯总统，但遭到林肯总统的否决。1971年，当“星期一节日法案”生效的时候，时任总统的尼克松宣布这一天为总统日，以纪念美国历史上所有的总统。可是，美国国会并未对此予以授权。所以，这个节日的官方名称仍然是“华盛顿诞辰纪念日”。由于“星期一节日法案”是联邦法律，各州不必强制执行。所以，美国有12个州在这一天纪念美国历史上所有的总统，其他州则只纪念华盛顿总统。

四、“首相”的由来

首相是“首席宰相”的缩写，是君主制国家政府首脑的中文通称。首相的产生各国规定不一。在君主立宪制国家，首相多为国会多数党的党魁或多数派的首领；在君主独裁制国家，首相通常由君主任命，替君主执行命令的内阁最高官员；在议会制国家，首相是政府的首脑，而国家元首（国王或总统）只有仪式上的职能。

“首相”一词产生的时间并不长。

18世纪初，由于英王乔治一世对国家事务不感兴趣，也不懂英语，不能参与内阁讨论，于是，财政大臣罗伯特·沃尔波尔就负责起国家的政治事务。在罗伯特·沃尔波尔之前，英国君主自己行使首相的职责，根据自己的意愿选择与组织政府。从罗伯特·沃尔波尔之后，君主的影响力衰退，首相的职务逐渐由议会中多数党的领导人担任。

“首相”最初被用来形容专制君主的首席大臣，也用来指国王的走狗，像罗伯特·沃尔波尔、乔治·格林委拉和诺斯伯爵都强烈抗议自己被称为首相。1937年，议会通过《国王的大臣法》后，“首相”这个称谓被正式定下来，同时，首相兼任第一财政大臣的职务。但是很长一段时间内，人们习惯用第一财政大臣来称呼首相。

“铁血首相”俾斯麦

普鲁士首相俾斯麦，在其当上首相的第一周，就在邦议会上首次演说时激动地说道：“当代的重大政治问题不是用说空话和多数派决议所能决定的，而必须用铁和血来解决。德国所指望的不是普鲁士的自由主义，而是武力！”他在位期间，奉行“铁血政策”，发展经济，强化军事，为德意志的振兴与统一打下了基础，被称为“铁血首相”。

五、俄国君主为何称“沙皇”

“沙皇”是1546~1917年俄国历代君主的称呼，是权力与尊严的象征。

“沙”有什么寓意，为什么会和“皇”连在一起呢？

这要从恺撒大帝说起。恺撒（前110—前44）是古罗马政坛上叱咤风云的人物。他虽相貌丑陋，但出身贵族，才智过人。公元前60年，他与庞培、克拉苏秘密等结成“前三头”同盟，出任财务官、检察官、祭司长、大法官等要职。公元前59年，恺撒任执政官和高卢总督。他在任内征服高卢全境，远征不列颠岛，实力猛增。后来，恺撒夺取政权，对古罗马实行军事独裁统治。因其骄横、不可一世，贵族群起反抗，后被以布鲁图为首的元老派贵族谋杀。恺撒一生英勇善战，又首创大独裁者的形象，成为西方历代君主所崇拜的人物。

“沙”是恺撒的俄文音译，俄国伊凡四世皇帝将恺撒作为榜样，建立大俄帝国，推行强权政策。他于1547年正式使用“沙皇”的称号。到了1721年，彼得一世觉得“沙”的寓意“太凶相毕露”，于是改称皇帝，但臣属们仍称他为沙皇。1917年2月资产阶级革命爆发，沙皇制度被彻底推翻，“沙皇”的名称也被民众送进了历史博物馆。

俄国最后一个沙皇

“血腥的尼古拉”是指俄国最后一个沙皇（执政期为1894～1917年）尼古拉二世，因为他的双手沾满了国内外人民的鲜血，所以得此绰号。他心胸狭窄、顽固不化，并且极端残忍。1905年1月9日，他以“工人想摧毁冬宫、杀害沙皇”为由，下令向彼得堡请愿的工人群众开枪，当场惨死的有一千多人，受伤者在两千人以上，其中包括许多妇女和儿童，彼得堡街头洒满了工人们的鲜血，这就是世界著名的“流血的星期日”。这一血腥暴行成为1905年俄国革命的导火索，而这次革命也如晴天霹雳般打破了资本主义世界绅士们的酣梦，宣告了帝国主义时期革命风暴的来临。

六、神秘的“法老”

看到“法老”这个词，我们很自然就会想起古埃及，古埃及不仅给后世留下了绚丽的文化瑰宝，也给世界留下了一份神秘，如我们始终无法参透金字塔之谜，也惊异于保存完好的木乃伊，而未解的法老诅咒更是为古埃及增添了神秘色彩。

法老是对古埃及君主的尊称，是埃及语的希伯来文音译，其象形文字意为大房屋，在古王国时（约前2686—前2181）仅指王宫，并不包含国王本身。新王国第十八王朝图特摩斯三世起，开始用于国王自身，并逐渐演变成对国王的一种尊称。第二十二王朝（公元前945—前730）以后，“法老”成为国王的正式头衔。法老作为奴隶制专制君主，掌握全国的军政、司法、宗教大权，其意志就是法律，是古埃及的最高统治者。法老自称是太阳神之子，是神在地上的代理人和化身，令臣民将其当作神一样来敬仰与崇拜。

法老拉美西斯二世

拉美西斯二世（Ramesses Ⅱ），是古埃及新王国第十九王朝法老，他是古埃及历史上统治时间最长、影响最大的法老，标志着埃及帝国达到顶峰。他一生征战南北，立下了赫赫战功。

在他统治埃及的年间总计生了100个孩子。拉美西斯二世总共有8个正式的妻子，还有100个妾。他死于公元前1213年，享年90岁。拉美西斯二世的孩子中有多个比他短命，当他把王位传给他第13个儿子时，这个儿子已经到了风烛残年了。

七、“太上皇”始自秦庄向襄王

“太上皇”这个称谓在我国有着千余年的历史，是皇帝对未去世的已经退位的前任皇帝的尊称。

早在秦王嬴政统一中国、自封为始皇帝后，便追封自己的父亲秦庄襄王为“太上皇”，以表示他对死去的先王的尊崇。这是太上皇称呼的最早使用。

汉高祖刘邦打下江山，做了皇帝，衣锦还乡。当他去拜见自己的父亲刘太公时，刘太公挟着扫帚站在门口，倒退着将刘邦迎入家门。刘邦见此，觉得自己很不孝，急问因何事竟至如此。太公说：“平头百姓不敬皇帝，可是要杀头的啊！”于是，刘邦发布诏书，把自己平定天下都归功于父亲的教训，并认为自己如今当了皇帝，而父亲却没有尊号，是不合适的，应该尊称父亲为“太上皇”。

此后，“太上皇”这一称呼就成了一种制度，后代的皇帝也沿用此法。

趣味链接

什么情况下可以做“太上皇”

大致说来，皇帝禅位而为太上皇，大致有以下几种情形：

其一、国事艰难，皇冠变为“愁帽”，或者宝座摇摇欲坠，朝不保夕，于是主动摘愁帽、离危座。

其二、受到胁迫，不得不让出皇位。

其三、因身体抱恙，确实不能临朝理政。

其四、厌倦政务，欲求清闲。

其五、为了纵欲享乐。

八、为何公主的丈夫称“驸马”

提到“驸马”，我们很容易想到家喻户晓的黄梅戏《女驸马》。众所周知，“驸马”是指古代帝王的女婿、公主的丈夫。为什么要这样称呼呢？

“驸”本意指马，即三匹马拉一辆车，左右两边的马则称为“驸”。

“驸马”一词本是汉代官职，是皇帝的近卫侍从官之一，它是“驸马都尉”的简称。汉代时，皇帝出巡，为防刺客，除乘坐的正车以外，还有若干辆副车相随，掌管正车的侍从官叫“奉车都尉”，掌管副车的侍从官就叫“驸马都尉”。三国时期，魏国的何晏，以帝婿的身份授官驸马都尉，以后又有晋代杜预娶晋宣帝之女安陆公主，王济娶司马昭（文帝）之女常山公主，均授驸马都尉。魏晋之后，皇帝的女婿照例加驸马都尉称号，简称“驸马”。之后“驸马”成为皇帝女婿的专称，只不过，此时的驸马已不是官职，仅是称号而已，一直沿用至清朝。清朝将“驸马”改称“额驸”，但其意义基本与“驸马”相同。

西汉公主及丈夫官职部分列举

鲁元公主，其夫张敖，赵王世子；馆陶公主，其夫陈午，党邑侯陈婴孙；昌平公主，其夫周胜之，绛侯周勃子；平阳公主，先嫁曹寿（官平阳侯），后嫁卫青（官大将军）；卫长公主，其夫栾大，封五利将军；阳石公主、诸邑公主均早夭，无夫；夷安公主其夫姓名不可考，封昭平君；敬武公主先嫁张临，后嫁薛宣，张临封富平侯，薛宣封高阳侯；阳邑公主，其夫张建，封博成侯。

九、“宰相”的由来

宰相是中国古代最高行政长官的通称。“宰相”一称始见于《韩非子·显学》：“明主之吏，宰相必起于州部，猛将必发于卒伍。”宰是主宰之意，相是辅助之意。宰相的主要职责是辅佐皇帝，总揽政务。

宰相的正式官名随着朝代的更替而不断变化，先后出现过丞相、相国、大司徒、中书令、尚书令、参知政事、内阁大学士、军机大臣等。

据史料记载，早在商周时代就已经有太宰、尹、太师等官职，这些官职都有着辅佐皇帝管理国家的职能，但并不具备宰相的权势。到了春秋战国时代，相的名称开始出现。秦国设置了丞相之职，由于秦国变法彻底，发展迅速，是战国时代的第一个设立郡县制的国家，并于秦武王二年（公元前309年）任命樗里疾、甘茂为左右丞相，由此产生了丞相之名。秦始皇统一六国后，宰相作为官制首次被确定下来。

在宋、元、明、清几个朝代，宰相的名称变化不一，但宰相的职责始终没有变化。

公元1380年，明太祖朱元璋宣布废除宰相，但当时的内阁大学士实际上就是宰相。

清朝时期，权力集中于军机处，军机大臣实际上也就是宰相。

名相狄仁杰

狄仁杰是武则天时期的著名宰相。他生于官宦之家，其祖父狄孝绪任贞观朝尚书左丞，其父狄知逊任夔州长史。狄仁杰执法刚正廉明，甚至敢于犯颜直谏，力劝武则天立唐嗣。他很有知人之明，也常以举贤为意，凡举之臣，皆为唐朝中兴之臣。

十、“将军”的变革

在和平年代，将军并不多见。不过，古时候作为军事统帅的将军却很常见，如我们熟悉的诗句“但使龙城飞将在，不教胡马度阴山”，描写的就是汉代飞将军李广。“将军”一词源于春秋时代。

在春秋之前没有将军这个称谓，掌管军事的官职叫司马。那时国家军队数量并不多，天子只有六军（每军2500人），诸侯最多不超过三军。各军的统帅叫卿，卿以下叫大夫（师），大夫以下叫士。春秋时，诸侯为了扩大势力范围，不断增加兵力，大国诸侯常常拥有三军以上的兵力，而在编制上只能有三军，只能设三卿。

于是，就把扩充军的统帅称为“将军”，意为率领一军的意思。作战时军队由一人统一指挥，因此，在将军中选拔出大将军或上将军来指挥全军。到了汉代，军队数量更多，单设一位大将军管不过来，随之又出现了骠骑将军、车骑将军、卫将军等级别。

象棋中的“将军”

将军，象棋术语。也称“照将”，简称“将”。比赛时，一方下一步棋要吃对方将（帅）时的称谓。如走动一步棋可使两个棋子去吃对方的将（帅），则称“双照将”；被“将军”的一方采取保卫着法，称为应将；无法应将者称为“被将死”。

第十章 词语中的俗语：喜闻乐见的语言形式

一、"二百五"的由来

通常被称为"二百五"的人，是指那些傻头傻脑或说话不正经，办事不认真，处事随便，好出洋相的人。

"二百五"一词源于一个传说：战国时期，身挂六国相印的苏秦被人暗杀了。齐王很恼怒，要给苏秦报仇，可一时抓不到凶手。于是，他就想了一条计策，命人把苏秦的头割下来，悬挂在石城门上，旁边贴着一道榜文说：苏秦是个内奸，杀了他是为齐国除了一大害，当赏黄金千两，望来领赏。

榜文一贴出，就有四个人前来声称是自己杀了苏秦。齐王说："这可不许冒充啊！"四个人都一口咬定说是自己干的。齐王说："真乃勇士也！一千两黄金，你们四个人各分得多少？"四人齐声回答："一人二百五。"齐王拍案大怒道："来人，把这四个二百五推出去斩了！"

后来人们就用"二百五"称呼那些傻里傻气，脑子缺根弦的人。

"二百五"一词的另一来源是：牌九（一种赌器）中有"二板"（四个点）和"幺五"（六个点）两张牌，这两张牌配在一起是十个点，在牌九当中被称为"毙十"。"毙十"在牌九里是最小的，谁都比它大，它什么牌也

“吃”不了。所以人们就用“二板五”（“二板”和“幺五”的简称）这个词来形容那些什么事也不会做的人。时间一长，就把“二板五”谐音叫成了“二百五”了。

“傻瓜”趣闻

人们为什么习惯把愚蠢的人叫“傻瓜”，而不叫“傻果”“傻豆”或“傻菜”呢？原来“傻瓜”的“瓜”，并非指“瓜果菜豆”的“瓜”。

在我国古代，秦岭地区有一个叫“瓜州”的地方，聚居在那里的姓姜的人取族名为“瓜子族”。这一类族人非常憨厚、勤恳，耕种、推磨样样苦活儿、累活儿都干，而且干起活来不声不响。这样，人们便误以为他们“愚蠢”，进而便把这类的“愚蠢”之人叫做“瓜子”。一位清代文士写的《仁恕堂笔记》中说：“甘州人谓不慧子曰‘瓜子’。”如今，甘肃至四川一带的人们还习惯称不聪明的人为“瓜子”（即是瓜州的人）。“傻瓜”便是由“瓜子”演变而来的。

二、第一个“不倒翁”

“不倒翁”是人们十分熟悉的一种玩具，形状像个老人，上轻下重，扳倒后能自动竖立起来，故又称“扳不倒儿”。清代史学家、文学家赵翼在《陔余丛考·卷三十三》中记载说：“儿童嬉戏，有不倒翁，糊纸做醉汉状，虚其中而实其底，虽按捺旋转不倒也。”“不倒翁”在古代喻指那些坚持真理、不屈不挠的人。

关于不倒翁的由来还有这样一段故事：春秋时，楚国的卞和在荆山得到一块璞玉，此物从外表看与石无异，但里面是一块美玉，他两次将宝物献与楚王，楚王却把它当作顽石，以欺君罪割掉他的双足。卞和见无人识宝，抱玉痛哭于楚山脚下。楚文王即位得知此事，将石割开，果然见玉，命制成玉璧，名曰“和氏璧”。楚文王被卞和不惜受刑坚持真理的精神感动，称赞他：“此人真是个‘扳不倒翁’也！”

谁说“不倒翁”不倒

“不倒翁”的意思在现代社会有了新的含义，指那些圆滑、见风使舵的人。前些年，池北偶先生曾为华君武先生的漫画《不倒翁倒了》题诗一首：“此翁就不倒，自在又逍遥。赔钱无所谓，补贴伸手要。厂长照样当，不愁乌纱帽。如今世道变，无法捞稻草。亏损得关门，靠山没处找。时来厄运到，不倒翁倒了。”此诗对当今社会上新的“不倒翁”进行了辛辣的讽刺，同时也道出了他们的最终结局。

三、苏东坡遭遇“势利眼”

生活中，我们习惯称那些为人处世特别势利的人为“势利眼”，因为他们的眼中只有权势，希望能够依势沾光。现代汉语词典上对“势利”的解释是：形容看财产、地位分别对待人的表现。也就是说，当面对的人有钱有地位时，是一种态度；当对方没钱没地位时，又是另一种态度。

说到“势利眼”，有这样一个故事：

在宋代，文学大家苏东坡到景色秀丽的莫干山游玩，走进一座壮观的庙宇。庙里的方丈见他衣着朴素，以为是一般游客，便淡淡地指指凳子说：“坐！”然后对小沙弥说：“茶！”经过一番交谈后，方丈发觉来客谈吐不凡，非同一般，便把他引到大殿，客气地说：“请坐！”又对小沙弥说：“敬茶！”两人又接着谈了起来。方丈愈发感到来客才华横溢，知识渊博，就又问起他的姓名，这才知道，来客是名扬四海的大文学家苏东坡。于是，方丈赶紧把他让到文雅阔气的客厅，毕恭毕敬地说：“请上坐！”马上吩咐小沙弥：

"敬香茶！"临别时，方丈请苏轼写楹联留念。苏东坡提笔写道："坐，请坐，请上坐；茶，敬茶，敬香茶！"方丈见后羞得无地自容。

同是进庙的香客，由于身份不同，招待的态度，让座的地点，甚至敬茶的品级都不相同。因此，这一故事成为"势利眼"的经典事例而流传开来。

趣味链接

"锦上添花"不如"雪中送炭"

从前，有个穷秀才，衣不遮体，食不果腹。实在没办法了，他就会向一些有钱的亲友借钱度日，这些亲友们不但不救济，还冷言冷语嘲讽他。

后来，他考中了状元，荣归故里，当地名流富豪和原先那些有钱的亲友，都备了厚礼，约定去状元府攀附巴结。

这位新状元非常痛恨这些势利眼，到了那天，他不但不备酒礼迎，还在关着的大门贴上一副对联，拒见这些势利眼之徒。对联曰：

忆当年，一贫如洗，缺柴缺米，谁肯雪中送炭

到今朝，独占鳌头，有酒有肉，都来锦上添花

那些"势利眼"看到对联后，只得悻悻而去。

四、"替罪羊"是舶来品

"替罪羊"一词是舶来品。用羊替罪来自古犹太教。在古犹太人看来，人类一出生便带来了罪，世间的每一个人，都是有罪的，因此每个人都应该赎罪，以获取上帝的宽恕。正因为这样的信仰，犹太人把每年的7月10日（即：犹太新年过后第十天）定为"赎罪日"，要在这一天举行赎罪祭。仪式是这样的：先从犹太人饲养的牲畜中挑选出一头公羊和一头公牛，用公羊和公牛的血作为赎罪祭品。再牵来一头活山羊，由大祭司将双手按在羊头上宣称，犹太人在这一年中所犯下的罪过已经转移到这头羊身上了，所有的罪过都将由这只羊

来承担。接着，犹太人便把这头替罪羊放逐到旷野上去，即将人的一切罪过都带走。最后，再把那赎罪的公羊和公牛烧死。“替罪羊”一说由此传开。

在《新约》中，耶稣为救赎世人的罪恶，被钉死在十字架上，作为“牺牲”（祭品）奉献天主，并嘱咐他的十二门徒，在他们死后也照样去做。这正是仿效古犹太人在向主求恩赎罪时，杀一只羔羊代替自己供作“牺牲”，所以教会通常又称耶稣为赎罪羔羊。

趣味链接

羊代牛过

在我国古代有以羊代牛受过的记载。《孟子·梁惠王上》中载：“王坐于堂上，有牵牛而过堂下者。王见之，曰：‘牛何之？’对曰：‘将以衅钟（注：新钟铸成，宰杀牲畜，取血涂钟的仪式）。’王曰：‘舍之！吾不忍其觳觫，若无罪而就死地。’对曰：‘然则废衅钟欤？’曰：‘何可废也，以羊易之。’”

齐宣王不忍心看见牛恐惧战栗的样子，而命令以羊替换牛来祭钟。

五、外国人“出洋相”

中国人习惯将人闹笑话或出丑称为“出洋相”。既为“洋相”，当然跟外国人有关。

“出洋相”一词据说来源于近代一个故事：有一个名叫库茨佐夫的洋人听闻中华大地富庶，就来到中国，声称要游遍中华神州，一展宏图大愿。他妄想将中国所有的财富掠为已有，将中国的田地变成自己的庄园，将中国老百姓变为自己的奴隶。

一天，他在和一位中国的财主闲聊时，按捺不住自己的狼子野心，信口问道：“谁能一口吞下一块土地？”这没头没脑的问题，把财主问得无言以对。这时，财主家的放牛娃正巧经过这里，听到这句话，觉得这个洋人不是好人，于是上前说道：“一口吞下一块地算什么，我能一口吞下四块土地！”库茨佐夫大吃一惊，忙问：“你怎样一口吞下四块土地？”放牛娃用牛鞭在地上写了个“田”字，这“田”字正是“口”中含了“四块土地”。

库茨佐夫觉得很没面子，骂道：“你一个小孩子，仗着一点小聪明，难道还想把中国的全部智慧一口吞掉吗？”放牛娃没有吭声，却用鞭杆在地上写了个“团”字。库茨佐夫惊呆了，恼羞成怒，接着在地上写了个“囚”字后，吼道：“别得意，看我一口把你们中国人也吃掉了。”放牛娃马上也写了个很大的“口”字，又在“口”中间粗粗地写了一竖，写成了一个“中”字，“中”字象征着堂堂正正、无比英勇的中国人，“任何有野心的洋人，也别妄想能吞掉我们中国人。”

库茨佐夫惊怒交集，脸色变得十分难看，被这小小的放牛娃戏弄得颜面尽失。这事不久传开了，因为他是外国人洋人，人们便说他“出了洋相”。“出洋相”一词也就这样流传开了。

李鸿章“出洋相”

清朝末年，对外开放门户后，一些朝廷官员争相出国，这些人看似满腹经纶，实则见识短浅，一踏入灯红酒绿的西洋世界，便洋相百出。

北洋大臣李鸿章出访英国伦敦时，曾到英国已故将军戈登的纪念碑下祭奠，以示敬意。戈登的后人颇为感激，特将曾在各地竞犬会上获得头等奖的名贵爱犬赠送给他。谁知数日后，戈登家族收到了李鸿章的谢柬，内容为：

“厚意投下，感激之至，唯是老夫耄矣，于饮食不能多进，所赏珍味，感欣得沾奇珍，朵颐有幸。”耄，七十岁，泛称年岁大。朵颐，鼓动腮颊，嚼食的样子，谓进食很费劲。

由谢柬得知，洋人所赠送的那只名贵的小狗已成了李鸿章的腹中之物。当地报纸喧闹一时，传为笑谈。

六、费劲的“吹牛皮”

“吹牛皮”一词是人们生活中常听到的口头禅，比如某人爱说大话，我们就嘲讽他在“吹牛”或“吹牛皮”，为什么这么说呢?

我国西北地区是古黄河的流经之地，此处水急浪高，难以行船。为解决这一问题，古代人想出了一个好办法：用牛皮筏代替木船作为水上的交通工具。皮筏大多用牛皮袋子联结起来制作而成，因那时没有打气筒，皮袋子只能用嘴吹胀。吹皮筏时，人们俗称为“吹牛皮”。“吹牛皮”时十分费劲，经常吹得脸腮鼓起，面红耳赤，极像争强好胜的样子。所以，人们逐渐用“吹牛皮”来形容爱说大话、夸大其词、好大喜功。

牛皮蒙大鼓的笑话

从前，有两个人素爱吹牛皮，还互不服气。一次两个人在桥头撞见了，甲说：“我家里有一面大鼓，每次击鼓时，方圆百里都能听到鼓声。”乙说：“我家有头牛，站在江南岸喝水，头能一直伸到江北。”甲连连摇头说：“哪里会有这么大的牛？”乙说：“没有这头牛，哪有大张牛皮去蒙你的那面大鼓？”

七、“破天荒”是怎么回事

天荒，本是指亘古混沌未开化的原始状态。人们形容从来没有过的事情，或者第一次出现的事物时，总会用到一个词：破天荒。

据宋朝孙光宪《北梦琐言》记载：唐朝年间，湖北的荆州南部地区，虽然读书人很多，但是约有四五十年的时间，每次进京应考的举人不少，却从没有一个人中过进士。因此，人们称荆南地区为“天荒”，把那里选送的考生称作“天荒解”，用以讥笑那里几十年没人能考中进士。

唐宣宗大中四年，荆南送考的举人中，有一个叫刘蜕的考中了进士，这才终于破了“天荒”。当时魏国公崔铉镇守荆南一带，得知刘蜕考中进士，便写信表示祝贺，并赠给他70万“破天荒”钱。刘蜕不肯接受所赐之钱，回书谢道：“五十年来，自是人废；一千里外，岂曰天荒。”此事流传开后，“破天荒”一语逐渐成为民间流行的口头语，现在要形容头一次出现的新鲜事或创举，我们常说作“破天荒”。

历史上的“破天荒”

宋代曾敏行在《独醒杂志》有一段类似的记载：宋初，江西士人没有考中过状元。直到宋哲宗圣绍年间，江西何昌言赴京应考，得了第一。有个名叫谢民师的，写了一首诗寄给何昌言，向他祝贺，其中有两句道：“万里一时开骥足，百年今始破天荒。”

宋代大文豪苏轼有诗道：“沧海何曾断地狱，宋崖从此破天荒。”元人柳贯诗：“会见天荒破，端令士气粗。”都含有初次得志而扬名的意思。

八、何为“眼中钉”

人们用“眼中钉”来比喻心目中极为痛恨仇视的人。

据《新五代史·赵在礼传》记载，五代后唐有一个官吏，名叫赵在礼，在宋州（今河南商丘南）任节度使。他在任期间，依仗自己的权势搜刮民财、鱼肉百姓，当地百姓吃尽了苦头。人们怨声载道，民愤滔天，对赵在礼极其痛恨，视他为眼中之钉、肉中之刺。俗语说“恶有恶报”，赵在礼最终被朝廷罢了官。消息传来，人们奔走相告，拍手称快：“眼中拔钉，岂不乐哉！”（意思是“拔掉我们眼中的钉子，多么令人高兴呀！”）从此，“眼中钉”的说法就一直流传下来。

关于“眼中钉”的由来，还有一个说法。据传，北宋真宗时，宰相丁谓把持朝政，朝纲不正、吏治腐败，受到百姓的痛恨，当时老宰相寇准尚在朝中，丁谓深知寇准刚正不阿，处事公正，生怕自己所做的坏事被他抓住把柄，便千方百计在皇上面前说寇准的坏话，慢慢把寇准排挤出了京城。

丁谓的无耻行径遭到百姓的唾骂，不久，一首民谣慢慢流传开来，歌中唱道：“欲得天下宁，须拔眼中丁；欲得天下好，莫如召寇老。”歌中的“丁”，即指丁谓，“眼中丁”的说法逐渐流传开来，后来，“丁”字又慢慢演变成了“钉”字。

巧妙的逐客令

相传，北宋大臣、史学家薛居正，早年清苦、穷困潦倒。他有位姓娄的同窗，花巨资在江南买了一个七品县令。薛居正听说后，便来到这位同窗那里，希望他能念在昔日同窗的面子上予以一定的资助。可姓娄的同窗一听说薛居正前来求助自己，怕有损自己的面子和身份，避而不见，只写了一句话，让人转交给薛居正。薛居正打开一看，心中十分气恼，便沿路乞讨而回。原来，那句话是：

江南春暖难存雪（薛）

意思是这位同窗不愿相见，别再来找他。

薛居正从此更加努力读书，后来赴考，连续三次考得第一，中了进士及第，在北方做了大官。而那位姓娄的同窗因为贪赃枉法，欺压百姓，被当地百姓视为“眼中钉”，最后被革职抄家，变成了乞丐。听说薛居正当了大官，便来投奔。薛居正早听说了姓娄的事，又想起当年的事来，心中很是气恼，但又不好不见，只得好酒好菜来招待这位姓娄的同窗，准备给点路资，让他离开。可是这姓娄的贪心不足，居然向薛居正求官。面对如此贪心的人，薛居正笑而不语，在一张纸上写了七个字：

塞北风高不住楼（娄）

这位姓娄的同窗一看，便想起当年之事。看着这似曾相识的“逐客令”，羞愧难当，只得离开了薛府。

九、“翘辫子”意思是“死翘翘”

人们对于“死”这个词通常比较讳饰，稍稍尊敬些、礼貌些便不会直接说“死”，人们常说逝世、去世、与世长辞、永别等等，在一些方言里还有说“老”“翘辫子”等。“老”好理解，在鲁迅的小说中我们也见到过，但为什么有“翘辫子”一说呢？清朝留辫子时代，人活着的时候辫子是下垂的，而人死后在入殓时则要辫子编结起来，置于头部上方，末端竖起，因此，“翘辫子”就成了死亡的代称。

“翘辫子”这个词的来历，还有一种说法是跟旧上海的电车有关。当时，上海有一种交通工具叫有轨电车，当它行驶时，下面有铁轨，上面有电线，行车的动力全靠电车头上的接着电缆的导电杆，这个导电杆被人形象地称为“辫子”。电车出轨的事不常见，但是电车头上的小辫子脱落却是常见之事。车行途中，小辫子突然脱落，电车戛然而止，电车因为失去动力而瘫痪在马路中央，不能运行了。于是，上海人就用“翘辫子”来隐喻人的死亡。

趣味链接

清朝“辫子”诗

清朝时候，朝廷严格规定人人都要留辫子，辫子被视为“忠”与“孝”的象征。清末有人作过一首辫子诗：

当其未生时，本来无辫子，

及其呱呱时，有发无辫子。

迨夫免襁褓，忽然有辫子，

并诸小辫子，为一大辫子。
偶然到日本，忽然无辫子，
一朝想作官，忽然有辫子。
不论真与假，但呼为辫子，
忠君与爱国，全视此辫子。
国粹宜保存，保存此辫子，
但愿遍地球，人人有辫子。
若问尔祖父，也曾有辫子，
只怕尔利子，渐渐无辫子。
辫子复辫子，终归翘辫子，
作诗以告哀，我亦有辫子。

十、“安乐窝”本不是贬义词

“安乐窝”是安乐的生活环境之意。提及此词，很容易让人联想到“乐不思蜀”的刘禅，说的是蜀后主刘禅投降被送到洛阳后，司马昭问曰：“颇思蜀否？”刘禅答道：“此间乐，不思蜀也。”

“安乐窝”一词源于北宋时期，河南有个叫邵雍的文人，自幼勤奋，苦读经史，年轻时便享有盛名。因不愿做官，离家出走、云游四方。他参观了齐、鲁、宋、郑等古国遗迹，凭古吊今，悟出了许多人生哲理，思想日益深邃。邵雍回到家乡后，便闭门不出，潜心研究“理学”，钻研阴阳八卦，写出了一本十多万字的书，他的品行、思想为世人所敬仰。后来，邵雍迁居洛阳，与司马光、富弼、吕公著等意气相投，来往密切。在司马光等人的资助下，邵雍在洛阳置买了一处田园，修建了住宅，插花种柳、怡然自得。闲暇之余，邵雍便饮酒吟诗，自得其乐，并自称“安乐先生”，他的住宅取名“安乐窝”。

邵雍平时安居家中，每当春秋时节，天气晴好时，他便漫游城中，自在逍遥。一些士大夫急相迎候他，把他奉为上宾，并把他临时下塌的地方称作“行窝”。

从此以后，人们就把舒适的生活环境，优裕的生活条件称为“安乐窝”。如今“安乐窝”却含有贪图享受、不求上进的讽刺意味了。

趣味链接

邵雍劝官留任

宋神宗熙宁年间，王安石推行新法，州县之间都骚动起来。邵雍隐居山林间，一些做官的门生旧友，都想辞官回乡，便写信问邵雍的看法。邵雍写信回答他们说：“现在正是你们为国尽力的时候，新法固然严厉，能宽松一分，百姓就能得到一分实惠，自举罪状辞官有什么好处呢？”

他的这些门生旧友听后，又都欣然留任。

十一、“丁是丁，卯是卯”不可混淆

“丁是丁，卯是卯”是说钉子一定要钉在相应的铆处，不能有差错。它来源于一个民间故事。

隋朝末年，隋炀帝为招募天下英雄，举行了一场比武大赛，各路英雄云集京城，经过层层较量，少年英雄罗成拔得头筹。监考官杨林见罗成相貌堂堂，武艺出众，想收他做干儿子。罗成不愿认奸臣杨林为父，杨林一气之下，便诬陷罗成想要谋反，将他关进大牢。罗成的结拜兄弟程咬金闻讯赶来营救，也中了杨林的埋伏，被捉了起来。

那天，观看比武的有一位沙陀国公主，她倾慕罗成的为人，见罗成入狱，就想营救他出来。一天夜里，沙陀公主从杨林的密室里偷出一支令箭，赶到狱中去救罗成，罗成拿到令箭一看说：“公主，这是银卯时令箭，我们只能出牢房，却不能出城。你要盗得一支金丁时的令箭才行，丁是丁，卯是卯，不能混淆的。”公主一听，又返回杨林处，想尽各种办法盗来一支金丁时令箭，使得罗成等人安全地出城。

“丁是丁，卯是卯”便由这个故事流传开来。现在，“丁是丁，卯是卯”通常用来形容办事认真，一点不含糊、不通融。

趣味链接

丁卯年

农历纪年，采用“天干”“地支”相配：“天干”为甲、乙、丙、丁、戊、己、庚、辛、壬、癸；“地支”为子、丑、寅、卯、辰、巳、午、未、申、酉、戌、亥。用十天干中的甲、丙、戊、庚、壬和十二地支中的子、寅、辰、午、申、戌循环相配，再用十天干中的乙、丁、己、辛、癸和十二地支中的丑、卯、巳、未、酉、亥循环相配，便得六十种组合，称为六十甲子。而十二地支又分别和十二种动物组合起来：子鼠、丑牛、寅虎、卯兔、辰龙、巳蛇、午马、未羊、申猴、酉鸡、戌狗、亥猪；每年以一种组合为该年的“生肖”，该年出生的人均以此“生肖”作为自己的“属相”；每十二年循环一次。丁卯年是农历兔年，这年出生的人属兔。

十二、“有钱能使鬼推磨”的由来

在拜金者的眼中，金钱是万能的。有句话说得好，“有钱能使鬼推磨”，有了钱，能让鬼给你推磨，还有什么事做不成呢?

据考证，早在晋朝时期的《钱神论》中就有“有钱能使鬼，而况于人乎”的记载。明朝《义侠记·萌奸》中也有：“有钱能使鬼推磨，一分钱钞一分货。”《喻世明言》中云：“正是官无三日紧，又道是有钱能使鬼推磨。”

张固在《幽闲鼓吹》里写了这样一段故事：有一新鬼，很瘦弱；忽见一

肥鬼，就问他为何能如此肥健。肥鬼就说，你只要到人间作祟，人们害怕，就会给你东西吃。于是瘦鬼来到人间，见一家人的厢房中有一石磨，就去推起磨来。磨了半天，不仅没捞到半点吃的，还累得半死。

这个故事，是说瘦鬼上了当，肥鬼的原意是说“作怪觅食”。只要给予一定的利益，就能够让鬼为人推磨的。后来就成为“有钱能使鬼推磨”了。

“有钱能使鬼推磨”的故事

东汉时期，蔡伦发明造纸术后，造纸生意日渐兴隆。蔡伦的嫂子慧娘眼红蔡伦，便叫自己的丈夫蔡莫去跟蔡伦学造纸。蔡莫急于求成，不等学完就匆忙回家办纸坊，但他造的纸质量太差，一张也没卖出去。夫妻俩望着满屋子的草纸，一筹莫展。这时，慧娘想到一个办法，她假装生病死了，让丈夫用棺材把她收殓起来，给她烧草纸。等到街坊邻居赶来看时，假装又活了过来，说道：“我到了阴间，阎王叫我推磨受苦。丈夫给我送了些钱，小鬼们为得几个钱，都挣着替我推磨，这真是有钱能使鬼推磨呀！我把丈夫给我的钱都交给了阎王，阎王就放我回来了。”乡亲们听了慧娘话，信以为真，纷纷拿钱向蔡莫买纸，用火烧了，为死去的亲人赎罪。这样，蔡莫造的纸很快就卖光了。

从此，“有钱能使鬼推磨”之说就流传开了。

十三、不祥的“三七二十一”

汉语中有很多与数字相关的成语或俗语，如七上八下、乱七八糟、八九不离十、不管三七二十一，等等。“三七二十一”本是乘法口诀，在其前面加上“不管”，即“不管三七二十一”就有不管好歹、吉凶，偏要试一试的意思了。

关于这一口头禅的来源，民间流传这样一种说法：相传早期的谶纬家、阴阳家们都认为三七相乘的积数是不祥的数。三国时期的陈琳在《神女赋》中写到“汉三七之建安，荆野蠢而作仇”，意思是说，东汉建立210年，到建安时期要遭厄运了。实际上这段时间不足200年，但由此可以确知，人们普遍认为三七之积是不祥的。这一看法经过长期演变，人们逐渐总结出“不管三七二十一”这一口头禅。

趣味链接

“不管三七二十一”碗稀饭

从前有一大户人家，户主名叫李元。有一年，李元雇了一个五大三粗的长工给他家干活。那长工初到时，李元对老婆说：“每天管他三顿干饭的吧，免得他借撒尿的机会偷懒。”他老婆照办了。那长工每顿三碗干饭，干起活来一个能顶两个用。

十天以后，李元又对老婆说：“这个长工长了一副憨厚相，干活虽然卖力气，但他的饭量太大了！一年要吃掉几百斤粮食！从今天起，你一天管他三顿稀饭吧。”他老婆又照办了。那长工每顿吃七碗稀饭，一天吃二十一碗稀饭，干起活来有气无力，还不如一个弱女子。眼看稻田中杂草猛长，不抓紧时间除草就要影响收成。李元急得如热锅上的蚂蚁，想再雇一个短工，又舍不得花钱，因此他十分恼火。一天吃饭时，李元责问长工：“你一天吃我三七二十一碗饭，为啥干活不像个男子汉？”只见那长工边用筷子敲着碗边唱道：“干干干，一天吃九碗，周身汗毛都有劲，打个喷嚏响过山！稀稀稀，三七二十一，尿像屙下竹竿雨，脚酥手软如烂泥。我着急，没有力；你着急，有啥益？”

李元听了，想了半天回过神来，当着长工的面对老婆说：“从今天起，每天管他九碗干饭，不管他三七二十一。”那长工干活又一人能顶两人用了。

十四、烦人的“一问三不知”

人们办事最怕碰到“一问三不知”的人，询问半天还是让人如入五里雾而无所适从。这句十分通俗的惯用语，源自《左传》。

春秋战国时期，晋国将军荀瑶准备率兵进攻郑国，但晋国国君晋文公觉得还不是时机，他认为对敌方了解得太少，不应鲁莽进攻，他对荀瑶说：“君子之谋也，始、中、终皆举之，而后入焉。今我三不知而入之，不亦难乎？”大意是说：正确的作战策略，应该考虑到事情的开始、发展和结局，然后才能展开进攻。现在我们对这三点全无所知就贸然进攻，难道不怕遭遇困难吗？

《红楼梦》第五十五回也有一段话用到“三不知”一词：王熙凤跟平儿评论一些住在贾府里的人，谈到林黛玉和薛宝钗时说：“一个是美人儿灯，风一吹就坏了；一个是拿定了主意，‘不干己事不张口，一问摇头三不知’。”其实，薛宝钗并不是什么都不知道，而是比较世故和谨慎，不随便说话而已。

“三不知”还有一种不常见的用法，当作“突然”解。这种用法只在一些古代小说、古代戏曲中见到，例如《醒世姻缘》中就有这样的话：“正好好的，三不知就变坏了。”

趣味链接

母狗与“毋苟”

很久以前，一次科举考试的题目是：“临财毋苟得，临难毋苟免”。有一位学子倦意朦胧，将题内的“苟”写成了“狗”。监考官看到后大发雷霆，欲驱赶他出考场，责备道：“若能属对，姑且免除！”于是在桌上写道：

《曲礼》一篇无母狗

学子随口应对道：

《春秋》三传有公羊

此对一出，考官大加赞赏。后来，这位学子名列第一。

还有另一个故事：一个塾师死后，见到了阎王，经查，这个塾师爱读错别字。不久，阎王予以发落，罚转世为狗。塾师要求道："请为母狗。"阎王诧异地问："为什么？"塾师解释说："《礼记》上说过：'临财母狗（毋苟）得，临难母狗（毋苟）免'，所以愿为母狗。"阎王听后哭笑不得。

十五、"红得发紫"有多红

人们常用走红、很红、红极一时来称颂一个人事业一帆风顺，成功之极。汉语里，还有"红得发紫"这一说法，意即红到不能再红，登上了巅峰。为什么说"红得发紫"呢？这跟中国古代服色文化及其演变密切相关。

紫色的地位开始并不高。在上古时代，紫色一直被视为一种惑人的邪色。紫色的地位上升与君主的喜好有关。《韩非子·外储说左上》上载："齐桓公好服紫，一国尽服紫。桓公患之，谓管仲曰：'寡人好服紫，紫贵甚，一国百姓好服紫不已，寡人奈何？'管仲曰：'君可止之。'于是三日境内莫衣紫者。"

至隋唐"品色衣"制度形成后，紫色，象征着高贵和权势。就唐代而言，官分九品，三品以上穿紫色，四品穿深红，五品浅红，六品深绿，七品浅绿，八品深青，九品浅青。着紫穿红者便是身居高位者，而穿青色衣服者，往往官卑职微。唐代诗人白居易有"江州司马青衫湿"的诗句，其中就含有遭贬后的官职低微之意。那些穿红着紫的达官贵人经常出入朝廷，于是，人们便以红色作为发达的标志，而达到紫色则是位居皇帝之下的高官了。故而，人们常说那些官运亨通、仕途畅达的人"红得发紫"。

王牌美女间谍

"一战"期间，玛塔·哈丽是法国巴黎红得发紫的脱衣舞女，同样也是一位周旋在法、德两国之间的"双料美女间谍"，跻身历史上"最著名的十大超

级间谍”之列。她是荷兰人，却具有一股东方女性的风韵，因而自称是印度公主的后裔，以其绝世的姿色和神秘的东方舞蹈出现在巴黎舞台上，很快在巴黎红得发紫，甚至在整个欧洲都享受到女王般的待遇。然而，这位充满传奇色彩的王牌间谍于1917年10月15日，以“叛国罪”的名义被处死在巴黎郊外。

十六、王安石“宰相肚里能撑船”

中国有句俗话叫做“宰相肚里能撑船”，是说人和人相处总免不了有矛盾，因此为人处世要豁达大度，待人处世要宽厚仁慈。这句话与王安石有关。

宋朝宰相王安石中年丧妻，又娶了个名叫姣娘的小妾。婚后，王安石终日忙于国事，冷落了娇妾。而姣娘正值妙龄，难耐寂寞，便与家中一个仆从勾搭上了，不久这事便传到了王安石耳中。

这一日，王安石假称出门办事，中途悄悄折返园中，果然听到了姣娘与仆人的声音。这下，王安石气不打一处来，举掌便想砸门，可转念一想：“我堂堂一国之相，这一砸门，家丑就传出去了，岂不惹人耻笑？”王安石仰天长叹，看见了树上的乌鸦窝。他拿起一根竹竿朝乌鸦窝捅了几下，惊飞了乌鸦，也惊动了屋内偷情的两个人，屋里的仆人闻声忙跳窗逃走。

转眼中秋节到了，王安石想趁着家宴的机会，劝一劝姣娘。“朗月当空，有酒岂能无诗。吟首诗以助酒兴，如何？”姣娘欣然答应，王安石便吟道：“日出东来还转东，乌鸦不叫竹竿捅。鲜花搂着棉蚕睡，撇下干姜门外听。”姣娘也是个聪明人，一听便明白王安石知道了自己和仆人之间不光彩的事，“扑通”跪在丈夫面前，也和了一首诗：“日出东来转正南，你说这话够一年。大人莫见小人怪，宰相肚里能撑船。”王安石本来还想好好地教训姣娘一通，可见她诚心认错，心也就软了。再说姣娘正值青春年华，这事本也不能全怪她，倒不如成全了两人。于是，王安石给了姣娘一些银两，让她和那个仆人远走高飞了。

这事传开以后，人们都非常赞赏王安石这种宽宏大量的做法，“宰相肚里能撑船”也因此成了千古美谈。

王安石的谜语

北宋王安石是一位卓越的政治家，更是一位优秀的文学家。他十分喜好灯谜游戏，曾专著《字说》。他所作灯谜：“目字加两点，莫当贝（繁写为具）字猜；只字欠两点，莫当口字猜。打二字。”谜底是：“贺（贺）”、“咨”。时至今天仍然被人奉作字谜之典范。

一天，王安石与好友王吉甫在一起作谜语。王安石先作了一个让王吉甫猜：画时圆，写时方，冬时短，夏时长。王吉甫看了之后没有马上说出谜底，而是也作了一条谜语：东海有鱼，无头又无尾，更除脊梁骨，便是这个谜。

王安石听完点头会意地笑了。原来这条灯谜的谜底是“日”，王吉甫是以谜解谜。王安石和王吉甫两人相视哈哈大笑不已。

十七、诸葛亮“新官上任三把火”

“新官上任三把火”意思是领导干部刚上任时表现得有热情、有魄力、干劲十足，这里的“三把火”是说开头三件事，干起来像烧起来火来一样轰轰烈烈，有声有色，场面引人注目。那么，“新官上任三把火”之说是怎么得来的呢?

据《三国演义》述，三国时，诸葛亮当了刘备的军师后，在短短的时期内，连续三次用火攻战胜了曹操。第一次火烧博望坡，使夏侯惇统领的十万曹兵所剩无几。第二次在新野，火攻、水淹使曹仁、曹洪的十万人马几乎全军覆没。第三次便是著名的火烧赤壁，百万曹兵惨败，曹操也被烧得丢盔弃甲，割须弃袍。当时，人们把这三把战火称为“诸葛亮上任三把火”。后来，人们就

把新官一上任就大刀阔斧的改革称之为“新官上任三把火”了。

袁世凯小站大练兵

天津小站因种植小站稻而声名远扬，令人不可思议的是，在中国千百座小城镇中，只有它跻身在世界军事地图之内，被永久地载入史册，这其中有段不同寻常的历史。1895年，清政府颁布上谕，委派袁世凯督练新建的陆军，有道是“新官上任三把火”，袁世凯刚上任，就连烧“五把火”，他将定武军改名为新建陆军，并将兵额扩招到7000人，又将新军分为步、炮、工、骑四个兵种。同时，一改旧军队吃空额、克扣军饷的劣习。袁世凯还让人编写军歌，使军队面貌焕然一新。这“五把火”一烧竟“烧”出了中国第一支新式军队、“烧”跑了大清最后一位皇帝、同时也“烧”开了北洋军阀登上中国政治舞台的序幕。

十八、以水代酒“君子之交淡如水”

一般人对“君子之交淡如水”这一语颇为迷惑，既为“淡若水”，意即友情平平淡淡，又怎么能用来比喻纯洁而高尚的友谊呢？但知道了此中缘由就会明白其意思了。

《庄子》有云：“且君子之交淡若水，小人之交甘若醴，君子淡以亲，小人甘以绝。”意思是说，品质高尚的人和道德低下的人交往方式不同，其结果也就不同。“甘若醴”（甜酒），是说表面上亲亲热热、甜甜蜜蜜，实际上，这种友谊没有牢固的基础，一有风吹草动，触及个人的利益，便要断交以至于绝交，所以说它“甘以绝”；而君子间的交往，看上去平平淡淡如一杯清水，但是它的基础却十分扎实，牢不可破，所以说“淡以亲”。

《礼记》中解释说：“君子之接如水者，言君子相接，不用虚言，如两水相交，寻合而已。”这就生动地说明，君子之间的友谊，坦荡磊落，毫不虚伪，就像两股清清的流水相接，十分自然地融合。他们之间无利可图，却志同道合，所以经得起时间的考验。

关于“君子之交淡如水”这个俗语，民间还流传着这样一个故事。

唐贞观年间，薛仁贵尚未得志之前，与妻子住在一个破窑洞中，家境贫穷，有时连饭都吃不上，经常靠邻居王茂生夫妇接济。后来，薛仁贵参军，跟随唐太宗李世民御驾东征立下汗马功劳，被封为“平辽王”，真所谓一登龙门，身价百倍。朝中的文武大臣纷纷前来王府送礼祝贺，但都被薛仁贵婉言谢绝了。他唯一收下的是贫贱时的好友王茂生送来的“美酒两坛”。当打开酒坛时，发现原来坛中装的不是美酒竟是清水！岂料薛仁贵见了，不但不生气，反而让人取来大碗，当众饮下三大碗王茂生送来的清水。在场的文武百官怔在那里，不解其意，薛仁贵喝完后笑着说：“我过去落难时，全靠王兄弟夫妇资助，没有他们就没有我今天的荣华富贵。如今我厚礼不收，却唯独留下王兄弟送来的清水，正是因为我知道王兄弟虽然贫寒，就是送清水也是他的一番美意，这就叫君子之交淡如水。”此后，薛仁贵与王茂生一家关系更为亲密，“君子之交淡如水”的佳话也就流传了下来。

朱元璋遇秀才

明太祖朱元璋刚登基不久时，经常暗访各地，了解民情。一次，他来到重庆，顺便游玩了多宝寺。多宝寺中供奉着一尊弥勒佛。朱元璋是和尚出身，见佛自然很尊敬，不觉吟道：开口便笑笑古笑今凡事付之一笑

这时候，游客之中有位本地的秀才，叫余文，一听朱元璋的吟咏，便也附和道：大肚能容容天容地于己何所不容

朱元璋听了大为吃惊，忙扭头一看，原来是位书生接了他的下联，就主动与余文攀谈起来，二人十分投机。然后，两人来到一家村里的酒店，想饮酒阔

论。饮酒至兴头上，朱元璋举杯说：君子谊存清流内

余文恭敬地回应道：醉翁意在山水间

言谈之中，朱元璋发现余文才学广博，人品清高，对治国也有自己的看法，心中便想招纳这个贤才。可是余文不愿到官场惹红尘是非，推却了朱元璋的好意。后来，两人分别的时候，朱元璋出联再次提醒余文：酒能成事也能败事

余文坚定地说：水可载舟亦可覆舟

意思是朱元璋不要强求，要注意民心，尊重民心，使得朱元璋心中更加敬佩这位余才子了。

十九、“真金不怕火炼”和经书有关

人们常用“真金不怕火炼”这个俗语来形容品质好、意志坚强的人经得起任何考验，如：“真金不怕火炼，中国人民解放军战士经过血与火的考验，更加英勇无畏了。”这里的“真金”最早指的并不是金子，而是指经书。

此语源于一个传说。相传南北朝时，佛教兴起，统治阶级和上层贵族大多尊崇佛教，并大兴土木，建造寺院。唐朝诗人杜牧曾诗云：“南朝四百八十寺，多少楼台烟雨中。”形象地描述了当时的盛况。道教见佛教发展如此之快，恐其蔓延开来影响道教发展，就纷纷起来反对，佛道两教一时争斗不休，两家决定要真正较量一番，分个高低。出家人都不愿意动武，恐伤及性命。最后决定，把两家的经卷放在火里烧，看谁家的烧不坏，谁就算胜。

佛道两家各摆好火盆，将佛家的《金刚经》和道家的《道德经》都扔了进去，两家的经书瞬时都烧成了灰。正在这时，《金刚经》突然变成了一座青底金字的石碑，上面刻着金光闪闪的经文。大家正在惊奇，忽见《道德经》也变成了两丈多长的织锦长幅，白底黑字，十分夺目。双方难分高下，只好请魏宣武帝来裁决，魏宣武帝听了这件事说：“真经不怕火炼，两家各传自家信徒吧！”

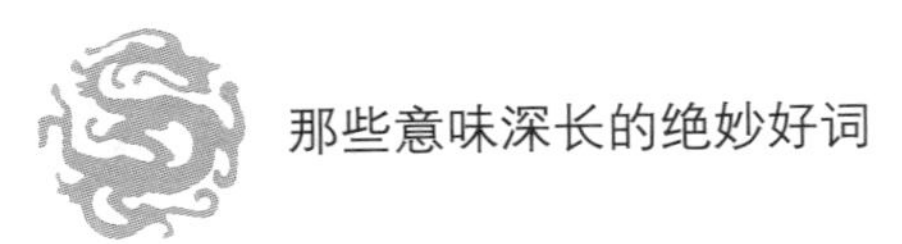

以后“真经不怕火炼”这句话就流传了下来，传来传去，“经”被传成了“金”。现在人们用这句话来形容货真价实能经得住任何考验。

趣味链接

黄　金

黄金是一种贵金属，“金碧辉煌”“真金不怕火炼”“书中自有黄金屋”等赞美之词都表达了黄金在人们心目中的崇高位置。

黄金熔点高达摄氏1064.43度，所谓“真金不怕火炼”就是指黄金不容易熔化。

二十、“人心不足蛇吞相”的由来

“人心不足蛇吞相”这句话很多人都知道，一些书上也写成“人心不足蛇吞象”，是说一个人太过贪婪，最后下场悲惨。“人心不足蛇吞相”源自一个神话传说。

从前有个书生，见路边有条快要冻死的小蛇，便带回家悉心照料。开春后，书生将蛇放回山里，正要回家，忽听蛇张口说话了：“谢谢您救了我的命，我别无报答，只保佑您今年科考高中状元。”

书生果然中了状元，衣锦还乡。他来到蛇的放生之处跪倒在地，口中念念有词：“多谢蛇仙相助。”忽然，眼前出现一条大蟒，对书生说：“救命之恩，永世难忘，相公若想当个一品大官，可将我的眼珠拿去献给皇上，定可如愿。”书生一听，心中暗喜，但口中却道：“万万不可，万万不可如此行事。”蛇仙说：“若不是相公救我，哪有我的今天，快拿去吧。”推辞再三，书生还是动手挖了蛇眼，原来是颗夜明珠。

书生把夜明珠献给皇上，皇上大喜，马上封他为一品宰相。不久太后得病，久治不愈。皇上下诏：“谁能治愈太后，官封九千岁。”宰相心里一动："若找蛇仙帮忙，定能治愈太后，到时我就是一人之下，万人之上的九千岁了。"

宰相又找到蛇仙，说明来意。蛇仙见此人如此贪婪，无可奈何地说："太后的病只有我的心上肉能治，你来取一点吧。"说完张开大嘴，等宰相进去。宰相一听狂喜，赶紧钻入蛇嘴，竟欲割下大蟒全部心肝。大蟒疼痛难忍，用力把口一闭，宰相就此葬身蛇腹。

"人心不足蛇吞相"这句俗语就由这个传说而来，告诉人们，贪心不足没有好下场。这里的"相"本来是宰相的"相"，后来被人们传成了大象的"象"，这种说法更加形象，是说人的贪心之大，就像是小蛇要吞掉大象一般。

趣味链接

贪心的蜈蚣

据说上帝在创造蜈蚣时，并没有给它造脚，但是它可以爬得和蛇一样快速。有一天，它看到羚羊、梅花鹿等有脚的动物跑得比它快，心里很嫉妒，于是它向上帝祷告说："上帝啊！我希望拥有比其他动物更多的脚。"

上帝答应了蜈蚣的请求。他把好多好多脚放在蜈蚣面前，任凭它自由取用。

蜈蚣迫不及待地拿起这些脚，一只一只地往身上贴，从头一直贴到尾，直到再也没有地方可贴了，它才依依不舍地停止。蜈蚣心中窃喜："现在我可以像箭一样地飞出去了！"

但是，等它开始跑步时，才发觉自己无法完全控制这些脚。这些脚各走各的，除非全神贯注，才能使一大堆脚互不相绊且顺利地往前走。结果，它走得比以前更慢了。这就是贪心的下场啊！

第十一章 固定语：源远流长源自于凝练

一、八仙过海，各显神通

“八仙过海，各显神通”，这是人们常说的一句话，用来比喻在共同从事某项工作中，各人有各人的本领。

“八仙”是民间广为流传的八位神仙。八仙之名，明代以前众说纷纭。至明时始定为：汉钟离、吕洞宾、韩湘子、蓝采和、张果老、铁拐李、曹国舅、何仙姑。传说他们每个人都有一件宝贝，神奇无比，法力无边。有一次，八位仙人在丹崖山蓬莱阁上聚会，酒酣心畅，游兴大发，相约过海到岛上一游。本来驾起云就可渡过，而吕洞宾建议，谁也不能驾云而过，要依靠自己的宝物过河。于是，他们各显神通。铁拐李把大葫芦放在水中，骑在上面浮水而过；韩湘子站在玉萧之上，飘然而过；吕洞宾乘剑顺水而过；张果老骑驴涉水而过；曹国舅乘黄金笏、蓝采和乘大花篮漂泊而过；汉钟离端坐芭蕉扇悠然而过；何仙姑乘荷花凌空而过。他们都靠自己的宝物和法力安然渡海。这个传说在民间广为流传，形成了“八仙过海，各显神通”之说。

小童戏铁拐李

相传，八仙之一铁拐李在游山的路上遇到一个小孩，就问道：“小朋友，你姓什么，今年几岁？”

小孩望了铁拐李一眼，调皮地说：“我的姓，正好是我的岁数；我的岁数，正好是我的姓。”后来，铁拐李将此事告知吕洞宾，吕洞宾稍加思索，捧腹大笑道：“这个小童可真聪明！你今后定当收他为徒才是。”

铁拐李急忙追问道：“你知道这顽童姓什么，现年几岁吗？”

吕洞宾很有把握地说：“这孩童姓王，今年十一岁。”

后来，铁拐李专程去找了那个小孩，再三询问，果然如吕洞宾所说。原来小孩将姓氏“王”拆为“一、十、一”三部分；这三部分组合起来又是一个“王”字，顺念则为一十一（11岁）。

二、风声鹤唳，草木皆兵

“风声鹤唳，草木皆兵”多用于形容战争，形容极度疑惧，惊恐不安。试想一下，把风声、鸟鸣声也当成了敌人追赶的声响，把一草一木都看成了敌人的军队，可见惊吓恐惧到了什么程度！

此语出自《晋书·苻坚载记》。东晋时期，已控制北方大部分地区的大秦天王苻坚，想要征服中原，统一天下。公元383年八月，苻坚引兵九十万浩浩荡荡地进攻东晋。东晋官员百姓听闻后，满朝文武尽皆大惊失色，人心惶惶，甚至有人主张投降，宰相谢安力主抗敌。晋武帝采纳了谢安、桓冲等人的主张，下令坚决抵抗。他命谢石为大将、谢玄为先锋，率领八万精兵迎战。

同年十月，秦军前锋攻占寿阳，苻坚亲自率领八千名骑兵抵达这座城池。他认为弱小的东晋不堪一击，此战定可大获全胜。于是，他派朱序去向谢石劝降。

朱序原是东晋人士，他见到谢石后，报告了秦军的布防情况，并建议晋军在大秦后援大军未到达之前袭击洛涧（今安徽淮南东洛河），败其先锋，以挫其后军锐气。谢石听从了他的建议，派部下率精兵五万趁着天黑，渡过洛涧出兵偷袭秦营，结果大胜。晋兵乘胜向寿阳进军。

苻坚得知洛涧兵败，晋兵正向寿阳而来，大惊失色，马上登上寿阳城头，亲自观察淝水对岸晋军动静。当时正是隆冬时节，又是阴天，远远望去，淝水上灰蒙蒙的一片。仔细看去，那里桅杆林立，战船密布，晋兵持刀执戟，士气高昂。他不禁暗暗赞叹晋兵布防有序，训练有素。

接着，苻坚又向北望去。那里横着八公山，山上有八座连绵起伏的峰峦，地势险要。随着一阵西北风呼啸而过，山上晃动的草木，就像无数士兵在走动。苻坚吓得面如土色，惊恐地说："晋兵是一支强敌，怎么能说它是弱兵呢？"

苻坚中了谢玄的计，下令让军队后退，让晋兵渡过淝水决战。结果，秦军士气极度低落，全线崩溃，苻坚中箭逃回洛阳，一路上"风声鹤唳，草木皆兵"。因受到惊吓，苻坚回国不久就死了。

谢安简介

谢安（320—385），字安石，号东山，陈郡阳夏（今河南太康）人。陈郡谢氏家族是永嘉之乱中随元帝东迁渡江的著名世家大族。唐朝时刘禹锡曾有诗云："旧时王谢堂前燕，飞入寻常百姓家。"描写的就是东晋时王谢两个豪门望族。谢安是晋孝武帝时的丞相，人称谢太傅，功勋卓著，曾一度辞官退隐浙江会稽东山，当时曾有"安石不出，将如苍生何"之说，足见他的威望之高。后复出主持大局，因此又有"东山再起"这一成语，表示再度掌权的意思。公元383年谢安指挥东晋军队在"淝水之战"中大破苻坚，是为军事史上以少胜多的战例之一。

三、程门立雪，尊师重道

成语“程门立雪”是用来形容学生尊敬老师，虚心求教。此语源于《宋史·杨时传》。北宋时，程颢、程颐兄弟俩是当时颇具名望的大学问家、哲学家和教育家，是我国宋明理学的重要奠基人，世称“二程”。兄弟俩为人严谨，很有学问。人们都很尊敬他们，到他们门下求学的人自然也特别多，杨时和游酢就是其中的两位。游酢是杨时的挚友，两个人志同道合，常常就一些问题秉烛夜谈。

杨时性喜读书，淡泊名利，考中进士后，却放弃做官，继续求学，一心致力于理学研究。杨时经常登门向程颢求教，得到了不少教益。

后来，程颢病逝，杨时十分悲痛，发誓要把老师的学说发扬光大。为了学习理学的精髓，杨时决定奔赴洛阳伊川书院，拜程颢的弟弟程颐为师。游酢也不辞辛苦，与杨时结伴而行。来到洛阳后，杨时与游酢稍微休息了一下，便直奔程颐家而去。二人走在路上时，突然刮起了大风，不多时，下起了鹅毛般的大雪。到程颐家时，正巧程颐在案头打盹。杨时和游酢就恭恭敬敬地站立在窗下，等候先生醒来。

这时，雪越下越大，两人冻得腿脚麻木，游酢实在受不了了，几次欲叫醒程颐，都被杨时拦住了。程颐醒来后，见到窗外雪人似的杨时和游酢，感动不已。之后，他将自己的学问倾囊相授。后来，杨时和游酢都成为饱学之士。之后，杨时回到南方传播程氏理学，形成了独家学派，世称“龟山先生”。

后人便用“程门立雪”这个典故，来赞扬那些诚恳求学、尊师重道之人。

洛　学

北宋的程颢、程颐是北宋理学奠基时期的重要人物，因二人讲学于伊河、洛水之间，故称其所创学派为“伊洛之学”，也叫“洛学”。此学派是以孔孟

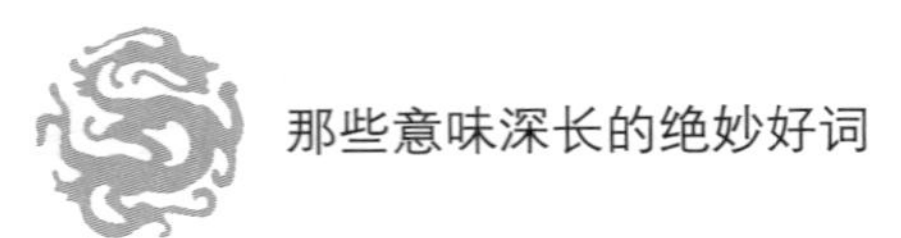

思想为基础，吸收佛、道思想而建立起来的理学体系。此学派提出理学道统说，发展了周敦颐“无极而太极”的世界本体论，以“理”或“天理”为哲学最高范畴，作为自然界和社会的最高原则。

四、出奇制胜，想别人不能想

看到这个标题，可能很多人会想起美国影片《出奇制胜》，不过，此处要说的是成语“出奇制胜”，意指出奇兵战胜敌人，用对方意料不到的方法取得胜利。其中的“奇”是指特殊的手段，是别人所意想不到的、变幻莫测的斗争谋略与方法，一语概括，即为“绝招”。

此语出自《孙子·势篇》：“凡战者，以正合，以奇胜。故善出奇者，无穷如天地，不竭如江河。”这句话的意思是：用兵作战，总是以正兵迎敌，以奇兵取胜。那些善于出奇制胜的将帅的战法就像天地变化那样无穷无际，像江河奔流那样不竭不息。军事家孙子指出：要想战必胜，攻必取，不仅要出奇制胜，而且还在于兵贵神速，要以迅雷不及掩耳之势，大军压境，直逼敌方仓皇就范。

趣味链接

火牛阵

战国时，齐湣王贪图享受，疏于朝政，齐国上下人心离散。

而邻国燕国自燕昭王即位以来，却日益富足强盛。见齐湣王昏庸残暴，就派大将乐毅联合秦、魏、赵、韩四国一同进攻齐国。齐国士气非常低落，接连打了败仗。燕军接连占领了齐国的大部分领土，并在齐国境内奸淫掳掠，无恶不作。于是齐国百姓纷纷逃往莒城和即墨誓死抵抗。

燕军攻打了几年，一直没能攻下莒城，于是只好转攻打即墨。即墨城中军民共推举田单为守城大将军。田单是位足智多谋的勇士，很善于谋略。他想出了一个计谋，叫“火牛阵”。先叫人扮成富商带上金银珠宝偷跑出城，去向燕军将领假装投降，请求燕兵在破城后不杀害、骚扰他们的亲属。燕军听后，以为即墨城里的人已经准备投降，一高兴就放松了警惕。

这时，田单将城内的一千多头牛集中起来，并且给这些牛都披上五彩龙纹衣，双角上绑着尖刀，牛尾上系满浸透油脂的麻线和芦苇，还挑选了五千名强壮的士兵，也披挂成天兵神将的模样，又连夜在城墙隐蔽处挖了几十个能通往城外的地洞。在一个月黑风高的夜晚，田单一声令下，一千多头火牛突然从城墙的地洞中冲出，熊熊火光冲向敌人的营帐，齐军战鼓四起。燕军正在熟睡，忽然听见一片惊天动地的锣鼓声，喊杀声，冲出营帐一看，只见上千头发怒的公牛头顶尖刀，尾燃烈火，像海啸般扑了过来，在火牛的后面还有许多披红挂绿的神兵神将在呐喊助威。燕军士兵见此阵势，吓得魂飞魄散，四处逃命，死伤无数。田单率兵乘胜追击，很快就将燕军赶出了国境。

五、呆若木鸡，原本是褒义词

“呆若木鸡”是指发愣的样子就像木头做的鸡一样，一般用来形容因恐惧或惊讶而发愣的样子，是一个贬义词。然而其最初含义却含有褒义，用来指一只“神奇”的斗鸡。

《庄子·达生篇》中记载了这样一个故事：古时候人们很喜欢斗鸡的游戏，有一个叫纪渻子的人是训练斗鸡的行家，于是齐王便请他来为自己训练斗鸡，准备参加搏斗。

齐王的性格急躁，刚过了十天，便去问纪渻子：“斗鸡现在训练得怎样了？”纪渻子回答说：“鸡还没有训练好，这只鸡表面看起来气势汹汹的，其实没有什么底气。”

又过了十天，齐王再次询问：“这回斗鸡该训练好了吧？”纪渻子说：

“还不到火候，因为它一看到其他鸡的影子，马上就紧张起来，说明它不够沉着，还有好斗的心理。”

转眼间又过了十天，齐王去问但还是不行，因为纪渻子认为这只鸡还目光炯炯，气势未消，不能在搏斗中百战百胜。

一直到四十天过后，纪渻子对齐王说：“这回斗鸡可以去比赛了。虽然别的鸡在叫，但这只鸡似乎什么都没有听见，一点也没有反应。不论遇到什么样的突发情况，它都会不动不惊，看上去就像木头鸡一样，说明它已经进入完美的精神境界了。别的鸡看见这样的对手，准会转身而逃，斗都不敢斗了。”果然，当齐王把这只斗鸡放进斗鸡场时，别的鸡一看到它，还没有交手就掉头逃走，这只鸡从没败过。这么一只“神鸡”后来却被人们用来形容人发愣的样子，其中的缘由大概因为人在受到惊吓或恐惧时发愣的样子，类似于鸡不动不惊达到完美境界时的状态吧！

趣味链接

书生祭鸡

从前有个书生生性豪放，不拘小节。一天，他正在房中读书，当读到唐代韩愈的《祭十二郎文》时，音调悲壮：“呜呼！言有穷而情不可终！汝其知也耶！其不知也耶！呜呼哀哉！尚飨！”

忽然，远处传来鸡鸣声，他这才想起今天还没喂鸡呢。于是他走出书房，随手抓起一把米，来到门前空地上，唤了几声，不见鸡的踪影，四处寻觅不见，最后才发现，原来鸡已死在鸡棚里。

他提起鸡端详，也弄不清它是怎么死的。转念一想，既然鸡已死，就该饱食一顿，何苦为鸡的死而发愣呢？于是他唤来妻子，让她把鸡炖了下酒。时至中午，鸡已炖好，香味扑鼻，书生欣喜地斟上一杯酒，正待举箸时，忽然想起鸡死得不明不白，理当祭奠一番，于是思考片刻，作词曰：

声也其鸣喈喈，死也岂无葬埋？

以我肚腹，作你棺材。

呜呼哀哉，酱油拿来！

六、得意忘形，原是一种高妙境界

“得意忘形”的意思是指高兴得忘记了自身形体的存在，形容人因为高兴而控制不住自己，失去了正常状态。语出《晋书·阮籍传》：“嗜酒能啸，善弹琴。当其得意，忽忘形骸。”魏晋时期，阮籍与嵇康、刘伶、向秀等被称为“竹林七贤”，阮籍本来很有抱负，希望能在政治上有所作为，但他对执政的司马氏集团非常不满，又不敢直白地表述自己的见解和主张，只得采取明哲保身的态度，或者闭门读书，或者纵情于山水，或者酣醉不醒，或者缄口不言。因此史书中描写他时说是“当其得意，忽忘形骸”。

《庄子》中也有类似的说法。《庄子·外物》中说：“荃者，所以在鱼，得鱼而忘荃；蹄者，所以在兔，得兔而忘蹄；言者，所以在意，得意而忘言。吾安得夫忘言之人而与之言哉？”荃亦作筌，捕鱼的工具，蹄是捕兔的工具。使用荃和蹄，目的在于鱼和兔，得到了，就没必要再放在心上。同样，语言也只是表达意识、传播思想的工具。所以庄子说“得意而忘言”，领会了意思不必在乎言语的形式。

晋朝时，陶渊明在《饮酒》一诗中写道：“采菊东篱下，悠然见南山。此中有真意，欲辩已忘言。”因得到真意，不仅“得意忘形”，甚至连“意”本身也一并超脱，物我两忘，不辩不言，以沉默表达。

所以说“得意忘形”其中大有深意和智慧。其实质在于：得其本意，便忘其外形。无论是治学、生活，还是为人处世，都算是难得的高妙境界。

妙联讽贪官

一年除夕，一个贪赃枉法、厚颜无耻的县官，在县衙门上贴了一副对联：

一心为民两袖清风三思而行四方太平五谷丰登

六欲有节七情量度八面兼顾久居德苑十分廉明

横额：福荫百姓

初一早晨，衙门口很多人围观，还不时有逢迎拍马之人喝彩：“好联呀！写得真是妙极了！”

县官在院中踱步品茗慢饮，听得外面的叫好声，得意忘形。突然，一名衙役匆匆跑来说：“老爷不好啦！不知是谁在您的对联旁边又贴了一副新对联。”他急忙跑出去看，只见对联写的是：

十年寒窗九载熬油八进科场七品到手六亲不认

五官不正四蹄羁縻三餐饱食二话不说一心捞钱

横额是：苦煞万民

县官看罢，气得脸煞白，说不出一句话来，围观的百姓笑着离开了。

七、画龙点睛，方能生动传神

“画龙点睛”是形容写文章或讲话时，在关键之处简明扼要地点明要旨，使内容生动传神，语出唐代张远彦《历代名画记·张僧繇》：“金陵安乐寺四白龙不点眼睛，每云：‘点睛即飞去。’人以为妄诞，固请点之。须臾，雷电破壁，两龙乘云腾去上天，二龙未点眼者见在。”张僧繇是南北朝时期的著名画家，画技非常高超。

传说，梁武帝要张僧繇为金陵的安东寺作画，在寺庙的墙壁上画四条金龙。张僧繇仅用三天时间就画好了，画得栩栩如生，惟妙惟肖，简直就像真龙一样。

奇怪的是这四条龙都没有点上眼珠，令人总觉得有点美中不足。大家纷纷请求他，把龙的眼睛点上，张僧繇说："给龙点上眼睛并不难，但是点上了眼珠这些龙会破壁飞走的。"人们听了谁都不相信，认为他的话很荒唐，请求他试一试。张僧繇只好答应大家的请求，给其中的两条龙点上了眼睛，谁知刚一点上，顿时乌云翻滚，狂风四起，雷鸣电闪，两条龙震破墙壁，凌空而起，飞向了天空。

过了一会儿，云散天晴，人们被惊得目瞪口呆。再看看墙上，只剩下了两条没有被点上眼睛的龙，被点上眼睛的两条龙已不知去向。

此后人们便从这个故事中引申出"画龙点睛"这个成语，用来比喻人讲话或者作画写文章时，在关键处用上精辟的一两句话，点明要旨，使他说的话或写的文章格外生动和深刻。

趣味链接

画蛇添足

"画蛇添足"意为画蛇时给蛇添上脚。比喻做了多余的事，反而有害无益，徒劳无功。语出自西汉·刘向《战国策·齐策二》："蛇固无足，子安能为之足？"

从前，楚国有一户人家祭祀祖宗。仪式完毕后，主人把剩下的一壶酒，赏给手下人喝。人多酒少，很难分配。他们就商量：由画蛇比赛来决定，要求每个人在地上画一条蛇，谁先画完，谁就喝这壶酒。其中，有一个人画得最快，转眼之间就把蛇画好了。他看到别人还没画完，就得意扬扬地准备给蛇画上几只脚，正当他画第二只脚的时候，另一个人把蛇画完了，一把夺过酒壶喝了起来。画蛇添足的人无可奈何，眼睁睁地看着别人喝光了酒。

八、一人得道，鸡犬升天

"鸡犬升天"是用来比喻一个人做了官，和他有关系的人也跟着得势，源

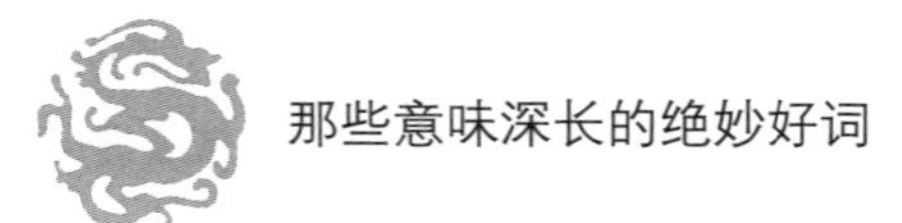

自晋朝时期葛洪的《神仙传·卷六·刘安》里面记载的一个传说故事。

淮南王刘安，汉高祖刘邦之孙，天资聪颖，喜欢读书，善于鼓琴，尤喜道家之说，笃信道教，曾召集有道之士千余多人为门客，其中有八个人最得力，世称“八公”。刘安拜他们为师，研习炼丹和修道。一段时间以后，他们炼出了一葫芦的金丹。后来，刘安联合诸侯国，企图谋反夺取帝位，结果事情败露，朝廷派兵缉拿他归案。在前来缉拿他的御林军进城之前，刘安急得不知如何是好。这时，有人建议他，既已炼成金丹，何不把它吞下，也许能逃脱一死。于是，刘安拿出已炼好的金丹，喊来家人，分给每人一粒，吞服下去。分发完后，刘安随手把装金丹的药葫芦往外一扔，金丹散落一地，被一条狗和两只公鸡分吃了。服完金丹后，刘安忽然觉得心里一阵清爽，浑身软绵绵、轻飘飘的，接着他就慢慢离开座位，飘出了院子。这时，他脚下突然生出一片白云，托着他徐徐飞向天庭。刘安回过头来想看看家人怎么样了，他发现，家人也都飞离了府院，随他而来就连吃了金丹的鸡、狗也都驾着祥云飞升起来。

“一人得道，鸡犬升天”即由此而来，后人把它用作对一人做官、全家享福的讽刺。

“进士”与“进土”

有个欺压乡里的富绅，父子俩本无学识，却出钱各买了一个“进士”功名，婆媳二人也加封为“诰命夫人”。这年除夕，富绅按捺不住得意的心情，在门上贴了一副对联：

父进士，子进士，父子同进士

婆夫人，媳夫人，婆媳同夫人

第二天，家丁开门再看对联时脸都白了，慌忙将富绅请了出来。富绅一看，当场气晕。原来，有人在对联上添了几笔，那对联变成了：

父进土，子进土，父子同进土

婆失夫，媳失夫，婆媳同失夫

一两笔之别，吉凶相反，令人叫绝。

九、“鸡犬不宁”的由来

“鸡犬不宁”原是形容酷吏对百姓骚扰得厉害，连鸡狗都不得安宁。语出自唐代柳宗元《捕蛇者说》：“哗然而骇者，虽鸡狗不得宁焉。”

《捕蛇者说》是柳宗元被贬到柳州时所作。文中记述了这样一个故事：有一个姓蒋的人，一家三代都靠捕蛇为生。祖父和父亲在捕蛇的时候被蛇咬死了，但是他还是继续捕蛇。当人们劝他不要再靠捕蛇为生的时候，这个人竟大哭起来，表示宁愿被蛇咬死，也不愿意放弃捕蛇。因为他必须靠捕蛇才能上缴官府的赋税。捕蛇人还说，有的乡亲早已倾家荡产，食不果腹了。差役们进村子里收税赋的时候，横冲直撞，粗声叫骂，大打出手，乡亲们胆战心惊，苦苦哀求。不只是人被惊扰，就连鸡狗都得不到安宁！

人们便从中引申出成语“鸡犬不宁”，用以表示生活受骚扰而得不到安宁。

有财缺德

清朝时，有个大奸臣的儿子，名叫姚有财。此人不学无术，但倚仗着他父亲的势力，捞了个乌纱帽。去上任的途中，碰巧遇上著名书画家郑板桥，便也想装装斯文，就上前去求幅字画。郑板桥听说姚有财天天吃喝嫖赌、欺压搜刮百姓，搞得乡邻生活鸡犬不宁，文笔一窍不通，于是很快写了一首诗：

有钱难买竹一根，财多不得绿花盆。

缺枝少叶没多笋，德少休要充斯文。

此诗每句开头一字连起来是“有财缺德”。姚有财接过一看，差点气晕过去，但又对郑板桥毫无办法。

十、狡兔三窟，有备无患

从字面上看“狡兔三窟”是说聪明的兔子有多个藏身的窝，常用来比喻隐蔽的地方或方法很多，做好了充分的准备。现在一般用来表示做事留有余地，具有多种应变能力。语出自《战国策》的名篇《冯谖客孟尝君》。

孟尝君门下有个叫冯谖的门客。一次，孟尝君问门客中谁能替他到薛地去收债，冯谖自告奋勇接受了这个任务。冯谖到薛地后，当众把百姓的借据全都烧毁，还说这是孟尝君让把债款赏赐给大家的。于是百姓对孟尝君感激涕零。孟尝君知道后非常不高兴，但也不好为此事责备冯谖。

后来，孟尝君被齐王免了相国的职务，退居薛地生活，离薛地还有一百多里路，百姓就扶老携幼地前来迎接。孟尝君这才明白了冯谖的用心，因此非常感谢冯谖。但冯谖对他说：“聪明的兔子有三处洞穴，才使它免于被猎杀，被猛兽咬死。如今您只有一个栖身之处，还不能高枕无忧。”

于是，孟尝君给了冯谖五十辆车子、五百两黄金，去游说魏国。冯谖见到魏王后就开始称赞孟尝君是多么的有才干，多么受人们爱戴，他的一席话深深地打动了魏惠王的心。魏惠王马上派使臣携带许多财物去齐国，聘请孟尝君来魏国当相国。冯谖赶在魏国使臣之前回到薛地，告诉孟尝君一定不要接受聘请。魏国使者一共来了三次，孟尝君始终不答应接受聘请，如此一来，孟尝君顿时身价倍增。听到这个消息，齐国君臣都十分担心孟尝君为别的国家效力，于是齐王赶紧恢复了孟尝君相国的职位，并亲自向他谢罪。这样，孟尝君有了第二个栖身之所。

之后，冯谖又建议孟尝君向齐王请求赐给自己先王的祭器，在薛地建造宗庙供奉。这样齐王就会派兵来保护，薛地在齐国的地位就非同寻常了。宗庙在薛地建成后，冯谖对孟尝君说：“今后您可以高枕无忧了。”

此后便有“狡兔三窟”这一成语。

战国四公子

战国时期，一些重臣喜欢结交和豢养那些有本领的人，做他的“门客”，给他出谋划策，借此提高自己的声望，维持和巩固自己的地位。这种做法一时成为风气。如齐国的孟尝君田文、魏国的信陵君魏无忌、楚国的春申君黄歇、赵国的平原君赵胜，豢养的门客很多，人们称他们为“战国四公子”。

十一、空穴来风，事出有因

“空穴来风”从字面上看是说一个洞穴凭空来了风！因此很多人把它理解为无根据、无凭证、编造臆测的意思，台湾《每日一辞》中说道：“比喻事情凭空发生之意。”其实，“空穴来风”正是事出有因的意思。此词源于宋玉的《宋赋》：“臣闻于师：‘枳句来巢，空穴来风。’”

据记载，楚国的文人宋玉和景差跟随楚襄王在兰台宫游玩，忽然吹来一阵凉爽的风，楚王不禁感叹道：“这风吹得我好畅快呀！这是我和百姓共同享受的吗？”宋玉听了回答说：“这只是大王的风罢了，百姓哪里能够和您共同享受呢？”楚王听后非常奇怪，不由惊讶地问：“风是天地间的大气，如今你却说风是我独有的，这其中的道理是什么？”宋玉回答说：“我听老师说过，树分叉的地方，常有鸟来做窝；有空隙的洞穴，就有风吹来。由于地位不同，风自然就两样了。”

后来，人们根据它概括出“空穴来风”这个成语，用来比喻消息和传说不是完全没有根据，而是事出有因。唐时白居易诗中准确使用过此语：“朽株难免蠹，空穴易来风。”说腐朽的树木难免招来虫子蛀咬，空的洞穴容易引来风吹。按此解释，“空穴”和“来风”正是因果关系。

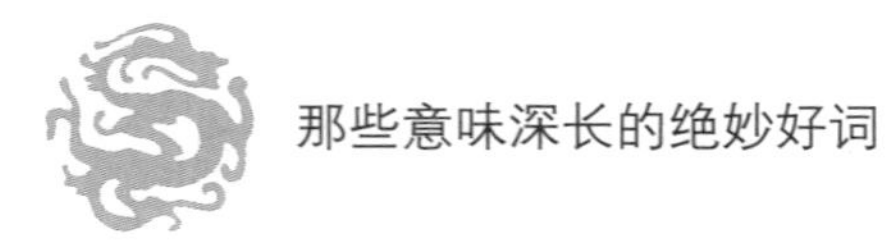

趣味链接

阳春白雪，曲高和寡

“曲高和寡”是说曲调高雅，能跟着唱的人就少。用来比喻知音难得，又被用来比喻说话、写文章不通俗，能理解的人很少。另也比喻言论或作品不通俗，难以被人接受。语出战国时期楚人宋玉《对楚王问》：“引商刻羽，杂以流征，国中属而和者不过数十人而已。是其曲弥高，其和弥寡。”

一次，楚王问宋玉：“先生最近有行为失检的地方吗？为什么有人对你有许多不好的议论呢？”

宋玉答道：“是的，有这回事。请大王听我讲个故事：最近，有位客人来到我们郢都唱歌。他开始唱的是非常通俗的《下里》和《巴人》，城里跟着他唱的有好几千人。接着，他唱起了还算通俗的《阳阿》和《薤露》，城里跟他唱的要比开始的时候少多了，但也有好几百人。后来他唱格调比较高雅的《阳春》和《白雪》，城里跟他唱的只有几十个人了。最后，他唱出格调高雅的商音、羽音，又杂以流利的徵音，城里跟着唱的人更少，只有几个人了。”说到这里，宋玉对楚王说：“由此可见，唱的曲子格调越是高雅，能跟着唱的人也就越少。圣人有奇伟的思想和表现，所以能超出常人。一般人又怎能理解我的所作所为呢？”楚王听了，若有所悟。

十二、乐极生悲，适可而止

“乐极生悲”是生活中常见的现象，人在高兴到极点之际，往往看不见身边的灾难，“乐极”物极必反即为“悲”。这是一个富有哲理的成语，从辩证的关系看，“乐极生悲”是事物发展的必然性。

“乐极生悲”原为“乐极则悲”，出自《史记·滑稽列传》。

春秋时代，齐威王即位后，在大臣淳于髡的帮助下，尽心治理国家，使齐国成为强国。

齐威王八年时，楚国兴兵攻打齐国，齐威王派淳于髡出使赵国，请求援救。在淳于髡送去大量贵重礼物和有理有据的陈词后，赵王同意派十万大军支援，楚军见状吓得不战自退了。

齐威王当然高兴异常，他摆设庆功酒宴，犒赏淳于髡。齐威王道："你喝多少酒才会醉？"意思是想与淳于髡一醉方休。淳于髡答道："我少喝能醉，多喝也可醉。"齐威王不解地问："你所言何意？"淳于髡回答："场合不同，情势不同，都可使酒量有变。喝酒喝到极点必会喝出乱子；欢乐到极点，也必会生出悲伤之事。"

齐威王明白，淳于髡是在提醒自己不可贪杯误事，于是立刻打消了要一醉方休的念头。

后来，人们就用"乐极生悲"来告诫他人，无论做什么事情都要适可而止，不要过分享乐，忘乎所以，以免走向反面，招致悲惨的后果。

趣味链接

哀乐相生

"哀乐相生"意即悲痛和喜乐互为因果，相互转化。语出西汉戴圣的《礼记·孔子闲居》："乐之所至，哀亦至焉，哀乐相生。"其意思类似于我们通常所说的乐极生悲。

十三、狼狈为奸，和野兽有关

"狼狈为奸"是比喻两个人或几个人聚集在一起，相互勾结做坏事。此语源于唐代段成式的《酉阳杂俎》。

据说，狼和狈同属一类野兽。它们的脾性也十分相似，都喜欢偷吃猪、羊等家畜，给百姓造成了很大的危害。不同的是：狼的两条前腿长，两条后腿短；而狈却是前腿短，后腿长。

有一天，一只狼和一只狈来到了一家农民的羊圈外，它们知道里面的羊又多又肥，就想偷吃。但是羊圈筑得很高，又很坚固，狼和狈既爬不过去，也撞不破，不知道该怎么办了？这时，它们想到了一个办法。先由狼骑到狈的脖子上，然后狈站起来，把狼抬高，再由狼越过羊圈把羊偷出来。商量过后，狈就蹲下身来，让狼爬到自己身上。然后，狈用前腿抓住羊圈的竹篱，慢慢地伸直身子。等狈伸直身子后，狼再将两只后腿站在狈的脖颈上，前腿抓住竹篱，一点一点地伸直身子，再把两只长长的前腿伸进羊圈，慢慢地探进头部，把羊圈中的羊叼走。

狼和狈经常利用彼此的身体特征合伙干这种偷羊的事。从此，人们用“狼狈为奸”来比喻互相勾结，共同干坏事。

趣味链接

灵谷老人妙联骂汉奸

1940年3月，大汉奸汪精卫背叛祖国，投降日本，成立了以汪精卫为首的伪国民政府。

当时伪南京警察厅长申省三，为了巴结奉承汪精卫，特地到灵谷寺，恭请著名的楹联书法家灵谷老人为其写联庆贺。灵谷老人对汉奸行径深恶痛绝，百般推辞。可是申省三说尽好话，死皮赖脸地乞求，灵谷老人十分无奈，思索良久，乃挥毫写出一联。联曰：

昔具盖世之德，今有罕见之才

在汪精卫就职典礼上，申省三得意地送上贺联。汪精卫展联观之，十分赞赏，不仅联语精彩，而且书法遒劲优美，便把它悬挂在厅堂上。座下不少人偷偷发笑，原来，此联恰是一首谐音联，上联的“盖世”，谐音为“该死”；下联的“罕见”，谐音为“汉奸”。意思是：昔具该死之德，今有汉奸之才。

十四、梁上君子，盗亦有道

现代汉语中，我们一般用“扒手”、“三只手”来代称小偷。古代曾把小偷戏称为“梁上君子”，据《后汉书·陈寔传》记载，汉桓帝时，陈寔任太丘长。他为官清廉，正直仁厚，深受百姓的爱戴。那年正赶上饥荒，年景不好，人们生活非常贫困。一天晚上，陈寔发现自己的房间里有个小偷躲在屋梁上，他并没有声张，而是把子孙们叫到跟前，严肃地教训他们说：“一个人不能不勉励自己。坏人的本质并不坏，只是坏事做多了，形成了习惯，最后才成了坏人。梁上的这位君子就是例子。”躲在梁上的小偷听后深受教育，羞愧得无地自容，跳下来向陈寔磕头认罪，发誓不再偷窃。陈寔看他不像个坏人而且确有悔改的决心，就送给他两匹绢，让他当本钱做点小生意养家糊口，那人拜谢而去。

趣味
链接

郑板桥遇小偷

清朝时期，扬州八怪之一的郑板桥中进士后，担任山东潍县县令。当时，全县正闹饥荒，郑板桥以百姓疾苦为重，立即向上请求赈济。后来因为他为人正直，得罪了上司，被革职返乡。

郑板桥为官清廉，返乡时“一肩明月，两袖清风”，仅带黄狗一条、兰花一盆，生活清贫，苦中作乐，倒也怡然自得。不熟悉他的人认为他当过县令，必定有不少财物，就有小偷来打他的主意。

在一个寒冷的深夜，郑板桥躺在床上久久难以入睡。正好进来一个小偷，郑板桥已发觉，但未声张，唯恐小偷急中行凶，自己无力对付；若佯装熟睡任小偷肆意妄为，又不甘心。他脑筋一转，便吟起诗来：

细雨蒙蒙夜沉沉，梁上君子进我门。

小偷闻声暗惊，知道自己被发现，便停步不前。郑板桥继续吟道：

腹内诗书存千卷，床头金银无分文。

小偷一听，知道无油水可捞，自认晦气，转身外出。郑板桥接口吟道：

出门休惊黄尾犬。

小偷想，既然有狗，不可惊动，只好翻墙了。郑板桥又吟道：

越墙莫损兰花盆。

小偷一看，墙边果有一盆兰花，于是小心避开，刚跳落墙外，耳边又响起了吟诵声：

天寒不及披衣送，趁着夜色赶豪门。

小偷啼笑皆非，但又不得不佩服郑板桥的义气和才气。

十五、难兄难弟，原是亲兄弟

“难兄难弟”常用来讥讽同样坏或处于同样困境中的两个人，在现代此成语多含贬义。然而，在古代，它却是褒奖称赞人品行的词语，原意是指弟兄俩都很有才德，此语出自南朝宋国人刘义庆《世说新语·德行》。

据记载，颍川有个叫陈寔的人。他廉洁奉公，办事公正，深受百姓爱戴。陈寔共有六个儿子，其中陈纪、陈谌两兄弟最有贤名。

陈纪，字元方，以德行知名于世。陈谌，字季方，与兄长陈纪一样道德品行俱佳。因陈氏父子声望极高，百姓都以他们为楷模。

陈元方11岁那年，有人问他其父陈寔在太丘做官时，都做了些什么，为什么远近的人都称赞他。元方回答说：“家父在太丘做官，对性格倔强的人用道义来开导他，对性格软弱的人用仁爱来帮助他，百姓们安居乐业，他们自然而然敬重家父了。”另有一位客人问季方，陈寔有什么功德而享盛名。季方回答说：“家父好比一株生长在泰山山坡的桂树，上受天降甘露的灌溉，下受深渊清泉的滋润。桂树哪里知道泰山有多高，渊泉有多深？我也不知道家父到底有什么功德。”

元方有个儿子叫长文，季方有个儿子叫孝先。因为元方、季方兄弟两人品德才识不相上下，有一天，两个小孩子为自己父亲的功德争论起来，都说自己的父亲功德高，争来争去没有结果，便一同来请祖父陈寔裁决。

陈寔想了一会儿，对两个孙子说："元方难（音二声）为兄，季方难为弟。他们二人的功德都很高，难分出上下啊！"两个小孙子听后满意地跑开了。

此后，"难兄难弟"一词就流传开了。有意思的是随着慢慢流传，"难"被读成了第四声，很容易让人联想到"落难"这个词，这样，"难兄难弟"的意思也逐渐发生了变化，用来比喻曾共患难的人或彼此处于同样困难境地的人。

趣味链接

兄弟撰联较高下

相传在南宋时期，杭州有一户姓江的人家。这江老爷膝下有一对双胞胎兄弟，两兄弟自幼聪明过人。哥哥叫江左，弟弟叫江右，两人形影不离，一起上私塾，一起去游玩，非常要好。两兄弟都很聪明，长大后又一司中了秀才，两人的学识难分高下。

一天，兄弟俩外出游玩，一路上谈诗论赋，指点古今，好不高兴。两人走到西湖边，刚好看到一个人骑着高头大马疾驰而过。哥哥便出了一个上联：

马足踏开岸上沙，风来复合

弟弟思索良久，抬头远望，看见西湖中央波光闪闪，湖面还有小船在划动，随即应道：

橹梢划破江心月，水定还原

此联一出，兄弟俩互相称道。

第二天，兄弟二人来到一个乡间的小镇，忽然哥哥触景生情，又出一上联

旅店萦烟，飞入白云添雨意

弟弟略一思忖，对道：

溪庭砧杵，敲碎明月杂秋声

哥哥听了，很佩服弟弟学识的渊博。

十六、眉来眼去，暗送秋波

“眉来眼去”是说用眉眼传情。汉语里，还有一个成语与它有着异曲同工之妙，那就是“暗送秋波”。“秋波”非《昨天　今天　明天》小品中“白云大妈”所说的“秋天的菠菜”，而是形容美女的眼睛像秋天明净的水波一样，“暗送秋波”一词与古代四大美女之一貂蝉有关。

《三国演义》中写王允献貂蝉于吕布之时，有这样的描写：“吕布欣喜无限，频以目视貂蝉。貂蝉亦以秋波送情。”后来，人们便从这几句描写中概括出了“暗送秋波”这个成语。

“眉来眼去”和“暗送秋波”一般比喻男女间暗自传送爱慕之情，但既然是靠眉眼来传情，多半是见不得人的，因而，多用来指男女间的不正当关系。

“眉来眼去”一词出自宋代辛弃疾《满江红·赣州席上呈太守陈季陵侍郎》：“落日苍茫，风才定，片帆无力。还记得，眉来眼去，水光去色。”此处的“眉来眼去”似是说眉眼传情，怀念旧人，实则是指山山水水。诗人以眉喻山，以眼喻水，通篇都是以风月论政局，表现了辛弃疾内心的煎熬。

李抱枕和学生“眉来眼去”

李抱枕，我国著名音乐家，曾获得美国哥伦比亚大学音乐博士学位。他终生致力于音乐教育，著述颇丰，其中《闻笛》、《离别歌》等乐曲流传甚广。

李抱枕平时教育学生十分严格，也极富于风趣。早年讲授音乐时，一些贪玩的学生连八个音阶都唱不准，有的唱成“独览梅花数腊雪”，有的闹恶作剧，竟唱成“多来米饭，少来稀粥”，引得学生捧腹大笑，课堂气氛十分活跃，师生关系非常融洽。

李抱枕善于指挥。有些合唱团的学生在演唱时，常犯只看曲谱不看指挥的毛病。李抱枕非常幽默地对大家说：“好的合唱团员要把曲谱记入脑海里面，差的合唱团员才把脑袋埋在曲谱里面。我恳求各位在唱的时候，多‘赏’我几眼，别老是‘埋头苦干’，因为在演出时，我们彼此不能交谈，只能‘眉来眼去’。”

李抱枕的一席话说得大家哈哈大笑。从此学生们牢记老师的幽默趣语，唱歌时，眼睛再也不离开指挥了。

十七、妙笔生花，源于太白之梦

“妙笔生花”是说笔头生出花来了，比喻写作技术非常高超，语出五代王仁裕《开元天宝遗事·梦笔头生花》：“李太白少时，梦所用之笔头上生花后天才赡逸，名闻天下。”

相传，有一天深夜里，李白在睡眼朦胧中，一边吟诗，一边随风飘扬，来到了一座海上仙山。山在缥缈之间，四周云海茫茫，奇峰耸峙，松石争奇，花木葱茏。李白被“眼前”的美景所迷醉，不忍离去。他登上一座山峰，欣赏着眼前瞬息万变的风光景色。忽然，一支巨大的毛笔耸出云海，有十丈多高，像一根玉柱一样。李白心想：“如果能得此巨笔，用大地当砚，蘸海水为墨，拿蓝天当纸，写尽人间美景，那该有多好。”这时，忽然听见一阵悠扬悦耳的仙乐，并有五色光芒从笔端射出，接着在笔尖绽放出一朵朵鲜艳的红花。李白看到这番如真似幻的仙景之后，不禁脱口而出：“山涌玉毫架更奇，天公巧设是何时？若能借此生花笔，写尽人间万首诗。”

李白吟罢这首诗，没想到那支生花笔竟渐渐移动，朝着他飘过来。李白眼看那支光芒四射的生花妙笔越来越近，便伸手去取，当快要摸到笔杆时，不觉一惊而醒，原来是一场梦。

李白梦醒之后，反复回想梦中情景，总是想不出那是什么地方。于是他决心遍访名山大川，寻找梦中仙境。后来，李白游到黄山，看到北海散花坞左侧有一孤立的石峰，形同笔尖朝上的毛笔，峰顶巧生奇松如花，不觉失声大叫：

“以前我梦中所见的生花巨笔，原来就在这里。”

传说，自从李白见到“妙笔生花”后，文思便源源不断地涌出，为后世留下了许多著名的诗篇。

添笔解谜退敌

汉朝，北方的匈奴突然派人送来一封书信。皇上拆开一看，纸上只有四个大字“天心取米”。皇上思索很久，不解其意，就把这封信传给朝中大臣看，朝中群臣均不解其意。

这时宫中修撰官何塘自告奋勇地说他可解其意。皇上急忙召见他，何塘说：“皇上，恕臣直言，大祸已不久矣。天者，我国也；心者，中原也；米者，圣上也。天心取米，就是要夺我江山、取君龙位的意思呀。”皇上闻言大吃一惊，问何塘道：“何爱卿，这该如何是好呢？”何塘略一沉吟，说道：“皇上不必忧虑，微臣自有退敌良策。”说罢，他提笔在信上略写了几笔，便装入信封，原信退回。

关外匈奴正严阵以待，准备出兵。信使来报大汉已有回表，匈奴统帅拿出回复信一看，大吃一惊，觉得汉朝人才济济，出兵攻打实在困难，便退兵了。

原来何塘在“天心取米”四个字上各加了一笔，变成“未必敢来”，向匈奴显示了汉朝的实力，吓退了蛮夷。

十八、抛砖引玉，用于自谦

“抛砖引玉”是说抛出砖去，引回玉来。比喻用自己粗浅的、不成熟的意见或文字，引出别人的高见或佳作，这是一种自谦的说法。

据《历代诗话》记载，唐代诗人赵嘏，其“长笛一声人倚楼”的诗句，曾得到诗人杜牧的赞赏，因此人们称他为“赵倚楼”。当时有一位名叫常建的诗人，一向仰慕赵嘏的诗才。

有一次，赵嘏到苏州去游玩。常建正好在苏州，听到这个消息非常高兴，料到赵嘏一定会去灵岩寺游览，他便先赶到灵岩寺，在寺前山墙上题诗两句，希望赵嘏看到后能添补两句，续成一首。果然赵嘏游览灵岩寺时，看到墙上的这两句诗，诗兴大发，便顺手在后面续了两句，补成一首完整的诗作。

常建用自己不是很好的诗句引出赵嘏的佳句，后人便把这种做法称作“抛砖引玉”。

抛砖引玉

明洪武十四年，朱元璋在文华殿宴请众翰林学士，共庆新年。酒至半酣，朱元璋举杯笑道：“诸位卿家，何不以‘金鸡啼晓’为题，各吟一诗，以助雅兴？”朱元璋虽读书不多，却好附庸风雅。学士们一听便知皇上要显示才华，谁也不敢抢吟。一阵安静之后，有位老学士说道：“万岁珠玑满腹，锦绣盘肠，诗词文采压倒朝士，理当陛下抛砖引玉。“抛砖引玉”本比喻用粗浅的、拙劣的诗文或意见引出别人的高超的诗文佳作，常用于本人自谦。那位老学士将“砖”“玉”换位，撇开阿谀奉承之嫌不说，倒也恰到好处。

十九、蚍蜉撼树，不自量力

蚍蜉，是一种体形较大的蚂蚁，但是它与大树相比仍十分渺小。成语“蚍蜉撼树”是指蚂蚁想摇动大树，比喻力量本来很微弱，而又妄想摇动强大的事物，不自量力。

此语出自唐代著名散文家韩愈《昌黎先生集·调张籍》：“李杜文章在，光焰万丈长。不知群儿愚，那用故谤伤。蚍蜉撼大树，可笑不自量。”诗中“李杜”是指李白和杜甫。李白，世称“诗仙”，后人盛赞其“盛唐诗酒无双士，青莲文苑第一家”；杜甫，世称“诗圣”，其诗堪称“笔落惊风雨，诗成泣鬼神”。因而，即便是韩愈这样的文学大家对于李杜也是极为推崇的，在李杜面前，他自称是蚍蜉撼树，不自量力。杜甫死后，韩愈“夜梦多见之”，“举颈遥相望”，向往之情可谓深矣。后世欧阳修也有诗云“昔时李杜争横行，麒麟凤凰世所惊”，赵翼诗有“李杜诗篇万口传”。

趣味链接

蚍蜉真的能撼树

蚍蜉真的不能撼动大树吗？也不尽然。就一般蚂蚁来说可能难以办到，可有一种大蚂蚁岂止撼动大树，甚至还能毁掉大树！在巴西南马格罗索州有一片总面积达50万公顷的桉树林，这是巴西最大的人工林。但是从20世纪70年代以来，这片郁郁葱葱的森林却遭了厄运。1980年，有65000多公顷桉树只剩下光秃秃的树杈，进而干枯死亡。到1985年底，这片桉树林被毁面积达23万公顷。科学家在进行了大规模的考察研究后发现，大片桉树林被毁的罪魁祸首竟是巴西的一种叫“萨乌瓦”的大蚂蚁。这种蚂蚁的“集体观念”极强，总是倾巢而出，向一棵桉树发起进攻，吞食树叶。数以万计的蚂蚁，轮番作战，直到把整棵桉树的叶子咬光为止。当被咬光叶子的树重新长出新叶子之后，它们又会发起第二轮攻击。据观察，桉树叶被咬光两次之后，便再也发不出新芽了，树干也会很快枯死。由此可见，蚍蜉撼树自有妙法，怎么能说它不自量力呢！

二十、秦晋之好，原指秦、晋两国联姻

成语“秦晋之好”本义是指秦国和晋国联姻，友好相处，现在用来泛指两家联姻。这个成语源于春秋时代。

春秋初期，晋国逐渐成为一个势力较大的诸侯国，为了加强与邻近的秦国之间的友好关系，晋献公将自己的大女儿许配给了秦穆公，历史上称她为秦穆夫人。后来，晋献公听信宠妃骊姬的谗言，逼死太子申生，迫使公子夷吾和重耳逃离晋国。随后，骊姬的儿子当上了国君，谁知他却被忠于夷吾的大臣杀死了。流亡在外的夷吾请秦穆公派兵护送他回国，助他当上国君，并允诺以五座城池给秦国作为报答，但他即位（史称晋惠公）后食言。过了四年，晋国发生饥荒，向秦国求援，秦穆公不计旧恨，运送了大量粮食到晋国去，帮助晋国渡过了难关。可是次年秦国发生了饥荒，晋惠公却不肯支援秦国粮食，使秦穆公对晋国彻底失望。

又过了一年，秦穆公率军攻打晋国，活捉了晋惠公，后在秦穆夫人的帮助下，秦穆公不仅宽恕了晋惠公，而且与晋国缔结了盟约。晋惠公为了表示自己的诚意，把儿子公子圉送到秦国当人质。不料，公子圉偷偷逃回晋国。次年晋惠公去世，公子圉当上了国君，即晋怀公。晋怀公生性残暴，引起了朝中百官的强烈不满。在外流亡了多年的晋公子重耳来到了秦国，他才华出众，为人忠厚，秦穆公很赏识他，并把宗女怀嬴许配给他。后来，秦穆公派军队护送重耳回到晋国，重耳派人刺杀了晋怀公，群臣都拥戴他当国君。重耳即位后，让太子也娶秦国的宗女做夫人。此后晋国几代都和秦国联姻，史称“秦晋之好”。

趣味链接

秦观巧求亲

苏东坡的妹妹苏小妹才貌双全，智慧过人，向她求亲的人络绎不绝。

九九重阳，秋高气爽。苏东坡邀秦观来到秋香亭饮酒赏菊。席间，苏东坡笑问：“贤弟风姿俊逸，才辩无双，何以迟迟不择婚配？”

秦观应曰：“吾非草木，岂能无情，小弟久慕一位窈窕淑女，只是难以启齿。”

苏东坡笑曰：“这有何难！说出来包在愚兄身上！”

秦观沉吟了片刻，笑曰：“待小弟制个字谜仁兄猜一猜。”说罢，即赋一词：“园中花，化为灰，夕阳一点已西坠。相思泪，心已碎，空听马蹄归，秋日残红萤火飞。”

苏东坡一听，恍然大悟，哈哈大笑：“我明白了，原来你的意中人是我的妹妹。”原来秦观词谜的谜底是一个繁体的“苏”字（即蘇）。后来，苏东坡从中巧妙撮合，秦观、苏小妹终结秦晋之好。

二十一、三寸之舌比喻能言善辩

人们习惯用“三寸之舌”来比喻能言善辩的口才，也常说“三寸不烂之舌”。此语最早出自《史记·平原君虞卿列传》：“毛先生以三寸不烂之舌，强于百万之师。”战国时期，在赵国公子平原君赵胜门下有个门客名叫毛遂。此人整日无大事可做，没有什么名声。

公元前257年，秦军围困了赵国的国都邯郸，企图吞并赵国。赵国君主急忙派平原君为使臣去楚国求援，要求与楚国签订“合纵”盟约联合抗秦，以救赵国之危。毛遂自愿前往，到了楚国后，他与同行的十九个人谈论起天下大事，头头是道，大家对他的学问和辩才都佩服不已。

平原君与楚王会谈那天，两人从早晨一直谈到中午，还未谈出结果。毛遂按着剑从容不迫地走上了台阶，楚王根本没有把毛遂放在眼里，非常傲慢地要他退下去。毛遂却紧握剑柄，走到楚王跟前，以武力威胁楚王。接着，毛遂根据形势义正词严地分析了楚、赵两国的关系，说明赵国派使臣来缔约联合抗秦，乃是为了帮助楚国，而不只是为了赵国自己。楚王想了一下，觉得毛遂说得有道理，就与平原君一起举行了缔约仪式。这样，联合抗秦的任务圆满完成了。

平原君带着一行人回到赵国后，谈起毛遂的功劳，感慨万分地说：“毛遂先生一到楚国，就使赵国的地位像九鼎那样的国宝一样尊贵。毛遂先生的三寸不烂之舌，胜过了百万雄师！”从那以后，毛遂得到了平原君的重用，被奉为上宾。

此故事是说毛遂以自己出众的口才完成了使命，用“三寸之舌”形容他能言善辩的口才。由这个故事还引申出另一个成语“毛遂自荐”，指自告奋勇或自我推荐去做某事。

趣味链接

舌头的“功夫”

“舌战”指语言攻坚激辩；“舌耕”是以往对教师的另一种形容方式，意即老师以舌头为耕作工具；“唇枪舌剑”比喻语言像枪一般锋利，像剑一样尖锐；“结舌”以舌头不能灵活转动比喻无语；“张口结舌”形容紧张得说不出话来。

二十二、三生有幸的传奇故事

所谓“三生”在佛教中指的是人的前生、今生和来生。“三生有幸”是用来形容非常幸运。这个词语最初见于元朝王实甫所著《西厢记》：“今能一见，是小生三生有幸矣。”

关于“三生有幸”这个成语在民间还流传着一个传说。相传，唐代有位高僧名为圆泽，他有个好友叫李源善。一天，两人一起在外散步之时，突然见到一个妇女正在河边打水，圆泽停住脚步对李源善说：“我一直想躲避这女人，现在避不开了。我见到她后，自己就要死了。”李源善看了看那个妇人，只是个怀孕的女子，没什么特别，为什么圆泽和尚看到她之后，就要圆寂呢？圆泽接着说：“这女人怀孕已经三年，专等我去投胎托生。三日之后你去这个女人家看望我，她的新生儿子如果对你一笑，那就是我圆泽了。十三年后的中秋之夜，你到杭州天竺寺去找我，我们可以再见面。”他们分别后的那天夜里，圆泽果然圆寂了。

过了三日，李源善去拜访那位妇人，他半信半疑，待真的见到她刚刚生下的孩子，又见那初生婴儿对自己一笑之后，他深信不疑。

十三年后的中秋夜，李源善如约来到杭州天竺寺，刚到庙门就看到一个十多岁的牧童坐在牛背上唱歌，道：“三生石上旧情魂，赏月吟风不要论，惭愧情人远相访，此身虽异性常存。”至此，李源善叹道：这真是三生的缘分。

现在人们比喻特别有缘分，或者在偶然的机会、特殊的环境中相识，成为知己，都以“三生有幸”来称誉。

趣味链接

三生石

三生石是一块状貌奇特的巨石，在与飞来峰相连接的莲花峰东麓，是“西湖十六遗迹”之一。该石高约10米，宽2米多，峭拔玲珑，石上刻有“三生石”的篆书及《唐·圆泽和尚三生石迹》的碑文，记述“三生石”之由来。

三生石代表了人们对前生与后世的信念，很多的情侣在三生石上写下他们的誓言，“缘定三生”由此而来。

二十三、“天下太平”的出处

“天下太平”的意思是处处平安无事，指大治之世。“太平”意即国泰民安、祥和安宁。此语出自《吕氏春秋·大乐》：“天下太平，万物安宁。”

此处的意思是，天地自然万物、国家社会家庭，都必须保持和谐的状态才能生生不息。中国文化崇尚和谐，认为和谐是人和万物生存发展的最好条件。《道德经》说：“万物负阴而抱阳，冲气以为和。”和气孕育了万物生命。《老子想尔注》有云：“和则相生。”生命的最好状态就是要和，和则生命长久。今人常说：“和气生财。”“和”是中庸儒雅的体现，现在，我们倡导的也是要建立和谐的社会。

趣味
链接

“万税”与“太贫”

民国初年，进步文人刘师亮当过塾师、讼师，经过商，是一个怀才不遇又疾恶如仇的怪才。

民国时期，苛捐杂税多如牛毛，老百姓一贫如洗，官方却又常喊“民国万岁”，宣言“天下太平”。

刘师亮写了一副短联，堪称千古绝对：

民国万税

天下太贫

刘师亮的这副对联，就地取材于官方的口号，运用谐音的手法，将“岁”字改成“税”字，将“平”字改成“贫”字，顿时化褒为贬，一语道破了“民国万岁”背后的实质，撕破了“天下太平”的画皮。

二十四、同室操戈，相煎何急

“同室操戈”是说自家人动刀枪，泛指内部斗争。此语出自《左传·昭公元年》。

春秋时期，郑国大夫徐吾犯的妹妹长得非常漂亮，人见人爱，以至于公孙楚和公孙墨堂兄弟俩在见到她后，都想娶她为妻。徐吾犯感到非常为难：若答应将妹妹嫁给公孙楚，那么公孙墨一定会记恨，但若答应将妹妹嫁给公孙墨，又会得罪公孙楚。左右为难之中，徐吾犯只好去请教子产。子产听了徐吾犯的话后说：“还是让你妹妹自己去选择吧。”徐吾犯听了子产的话，就让妹妹自己选择。妹妹最终选择了公孙楚，并与之结为夫妇。

公孙墨一气之下，闯入了公孙楚的家中，声称要杀死自己的堂兄，抢他的老婆。公孙楚听了他的话也不甘示弱，拿起武器与之打斗起来，结果公孙墨在

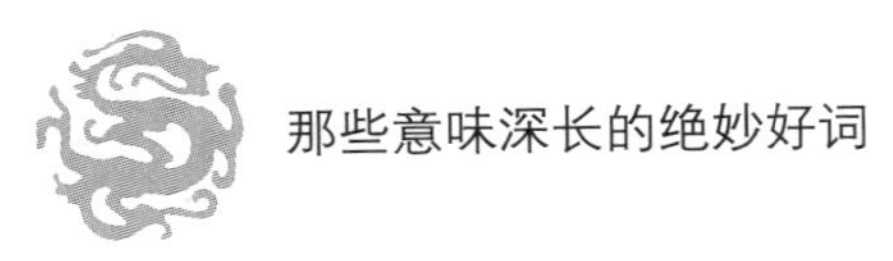

打斗中被击伤。

后人便以“同室操戈”来比喻内部相斗。

同室操戈的事例

“同室操戈”的事例在古代屡见不鲜，特别是帝王家为争夺皇位而兄弟反戈，甚至血流成河。曹植《七步诗》中云：“本是同根生，相煎何太急。”其兄曹丕和曹植都是曹操之子，且都为卞太后所生，是真正的同胞手足。因曹植才华高于其兄曹丕，曹操曾一度想立他为嗣。后曹丕登基后，仍然妒忌曹植之才，想加以迫害，这首《七步诗》就是在这种情况下写出的。

抗日战争时期，皖南事变后，周恩来在《新华日报》上发表《为江南死难者志哀》一文，借用曹植《七步诗》写下了“千古奇冤，江南一叶，同室操戈，相煎何急”的题词，愤怒声讨国民党的罪恶行径。

二十五、玩火自焚，自食恶果

“玩火自焚”是说玩火的必定会烧了自己。比喻干冒险或害人的勾当，最后受害的还是自己。此语出自《左传·隐公四年》。

春秋时代，卫国公子州吁杀了其兄卫桓公，自立为君主。因为民心不稳，国家动荡不安，州吁便想发动一场对外战争，以便对外讨好诸侯，对内又可缓和矛盾。他召见上大夫石厚商议，问应该进攻哪个国家。石厚说：“郑国以前曾攻打过我国，先君庄公认错，请求郑国赦免，这是卫国的耻辱。主公如果要用兵，当然要打郑国。”州吁说：“有道理。可是光凭我们一国的实力恐怕不够，还要联合几国才好。陈国和蔡国是小国，和我们关系很好，他们一定会出兵。宋国是大国，恐怕不会答应和我们一起出兵。”石厚说：“以前宋宣公传位给弟弟穆公，穆公死时，想报哥哥的恩，没有把王位传给自己的儿子公子冯，而是传位于哥哥的儿子舆夷。公子冯既怨恨父亲又嫉恨舆夷，逃到郑国，郑国收容了他。郑国一直打算起兵攻宋，为公子冯夺取王位。现在我们正好打着为宋国君主除掉公子冯的幌子来联络宋国。”

州吁于是派人说服了宋殇公，又说服了陈国和蔡国，这四国的兵马一起进攻郑国。

鲁国的隐公听到四国攻郑的消息后，问大夫众仲：“依你看，卫国州吁发动的这场战争能达到目的吗？”众仲说：“我只听过以德服众，才能使民众团结和睦，没有听说过用战乱来使民众团结和睦的。战争好比是火，不赶紧停下来，玩火的人自己终将被火烧死。”

州吁发动战争，联合四国围攻郑国，只坚持了五天就都撤兵回国了。州吁也没能因此解决国内矛盾，相反，国内更加动荡不安，矛盾不断激化。不到一年，卫国民众在陈国的帮助下推翻了州吁的统治，并处死了他。州吁自食恶果。

“玩火自焚”由此而来。

引火烧身

“引火烧身”多用来比喻自讨苦吃或自取灭亡，语出明代东鲁古狂生《醉醒石》第三回：“庄上人见典史亲来捉获，不知一件什么天大的事，生怕引火烧身，连忙把余琳并冯都送将出来。”

二十六、未雨绸缪，防患未然

“未雨绸缪”比喻事先做好准备工作。在现在的一些场合，我们常用到它，如：“随着市场竞争机制的逐步完善，公司未雨绸缪，已在精简机构，开源节流，争取占据有利的地位。”“未雨”意即没下雨，“绸”指丝麻织品，“缪”是绞在一起，“绸缪”引申为修补加固。

此语原指鸱鸮在下雨之前已修补窝巢。语出自《诗经·豳风·鸱鸮》：“迨天之未阴雨，彻彼桑土，绸缪牖户。今汝下民，或敢侮予？”这里描写的是一只失去了自己孩子的母鸟，仍然在辛勤筑巢，大意是说：趁着天还没有下雨的时候，赶快用桑树根的皮把鸟巢的空隙缠紧，只有把巢筑坚固了，别人才不敢来侵害。

后来，人们引申出成语“未雨绸缪”，意思是说做任何事情都应该事先做好准备，防患于未然。

趣味链接

周公旦谏成王

周武王灭商纣后，封管叔、蔡叔和霍叔于商都近郊，让他们监视殷都遗民，时人称为三监。武王死后，年幼的成王继位，由其叔父周公旦辅政，这引起了三人的不满。管叔等四处散布流言，说周公旦不利于成王，会篡夺王位。周公旦为了避嫌，远离京城，迁居到了洛邑。不久，管叔等人与殷纣王的儿子武庚勾结起来，反叛朝廷。周公旦奉成王之命，兴师讨伐他们，诛管叔、杀武庚、放蔡叔，降伏了殷朝余民。周公旦平乱后，写了一首《鸱》诗给成王，诗曰：“趁天未下雨，急剥桑皮，拌以泥灰，以缚门窗。汝居下者，敢欺我哉？”意思是说：趁着天还未下雨，先剥来桑树皮，混拌些泥浆，将门窗关严实，就不怕别人来侵犯了。周公旦的诗暗含讽谏之意，成王看了，心里不太高兴，但嘴上却也不敢说什么。

二十七、笑里藏刀，防不胜防

人们处世办事最怕碰到“笑里藏刀”的人了，这类人外表看似和气，内心却阴险毒辣，说不准什么时候就背后捅人一刀，令人防不胜防。不过，此举若用在军事上，以欺骗麻痹对方来掩盖己方的军事行动，则会收到意想不到的效果，故《三十六计》中囊括此计。此语出自《旧唐书·李义府传》：“时号义府，笑中刀。”

唐高宗时，饶阳人李义府是个位高权重的大臣。他平时待人总是温和谦恭，说话也总是面带三分笑，但内心阴险毒辣。有一次，李义府听说监狱中关押着一位长得非常漂亮的女犯人。于是他把看管监狱的长官华正义找来，好言好语地拉拢他，希望能借机把那位女犯人放走。监狱长华正义在他谦和的抬举中答应无罪释放那位女犯人。后来有人将此事告发，华正义知道后，非常害怕，就向李义府求助，谁知李义府却一口否认此事，同时又怕华正义出卖了自己，威逼华正义自杀了。而告发的官员也因为告发此事，被李义府暗中给罢了官。人们得知李义府的所作所为后都非常气愤，说李义府是笑里藏刀。

成语“笑里藏刀”由此而出，形容人表面和善友好，内心却阴险毒辣。

王熙凤笑里藏刀

在小说《红楼梦》里，“金陵十二钗”之一的王熙凤是个能力极强的美人儿，曹雪芹说她：“明是一盆火，暗是一把刀。”其实她也是一个笑里藏刀的美人儿。

二十八、先发制人，掌握主动权

“先发制人”意为先行下手，采取主动措施控制对方。语出东汉班固《汉书·项籍传》：“先发制人，后发制于人。”

秦朝末年，苛捐杂税繁重，百姓生活在水深火热之中，陈胜率先起义，各地农民起义兵纷纷响应。公元前209年，项梁和侄子项羽避难逃到吴中，会稽郡郡守殷通素来敬重项梁，便派人请来项梁，一起商讨当时的政治形势。殷通说：“先生的才能远近闻名。对于起兵反秦，您有什么看法？”项梁说道：

“现在江西一带都已起义反对秦朝的暴政，这是老天爷要灭亡秦朝了。先发动的可以制服人，后发动的就要被别人所制服啊！”殷通听了，叹口气说：“您是楚国大将的后代，是能干大事的。我想发兵响应起义军，请你和桓楚一起率领军队，只是不知道桓楚现在什么地方。”项梁听了，心想自己乃是将门之后，岂肯居于他人之下？况且殷通生性胆怯，难成大事。于是项梁回答说：“桓楚因触犯了秦朝刑律流亡在外，我侄子项羽知道他在什么地方，我去叫他进来问问。”说完，项梁走到门外，轻声嘱咐项羽准备好宝剑，伺机杀死殷通。叔侄俩走进厅堂，殷通刚想叫项羽的名字，只见门外进来一位高大魁梧的青年，手持一把寒光逼人的长剑。殷通一面打量着，一边不停地称赞：“勇士，真是将门虎子啊。”项羽走到他的身边停住，这时项梁给他使了个眼色，项羽马上挥剑杀死了殷通。后来，他们又收服了殷通的部下，项梁继任会稽太守，不断召集人马，壮大军队，组成了一支拥有八千余人的江东子弟兵，为后来渡江西进、大举反秦打下了基础。

趣味链接

先下手为强

“先发制人”的故事在《史记·项羽本纪》中也有相似的记载。在《汉书·项籍传》中项梁对殷通说的“先发制人，后发制于人”，在《史记》中为“先即制人，后则为人所制”，二者意思相同，都是指先动手可以制服对方，后发动只能被对方所制服，亦即俗语所说的“先下手为强，后下手遭殃”。《单刀会传奇》中有云：“自古道：先下手强，后下手殃。”《元曲选·谢今吾》也有言：“我今须面圣，先下手为强。”

二十九、夜郎自大——妄自尊大

汉朝的时候，在西南方有个叫夜郎的小国家，在今贵州省西北部。“夜郎自大”这个成语是指夜郎国的人骄傲自大，用来比喻学识浅薄又妄自尊大的人。典故出自《史记·西南夷列传》。

据记载，张骞出使西域回来之后，汉武帝又命他出使西南，沟通当时的大夏国。张骞一行到了昆明、滇国和夜郎等地。滇王问张骞等人：“汉朝与我们相比，哪个大？”张骞谦虚地说：“汉朝略胜一筹。”后来到了夜郎时，夜郎王也问了同样的问题：“汉朝与夜郎哪个大？”张骞心想，夜郎的国土只相当于汉朝的一个郡那么大，可夜郎国王从没有离开过夜郎国，还以为夜郎属于天下的大国家呢，于是张骞便向他们介绍了汉朝的情况，但夜郎国的人并不相信。

后来，南方边界发生战乱，唐蒙应召出征，他向汉武帝建议，要平定南方战乱必须首先镇抚夜郎国，作为取进南方之路。汉武帝采纳了唐蒙的建议，并派他率领一万多人运送大批礼物由长安到夜郎，以安抚夜郎国，再将夜郎国改为汉郡县。

唐蒙见了夜郎国王后，便向他转达了汉朝的意愿，赠送了华丽的绸缎等礼物，并提出改夜郎为郡县。夜郎国王从未离开过自己的国土，也不知外界的情形，一直狂妄自大，后来当使者告诉他说夜郎的国土只相当于汉朝一个郡那么大时，夜郎国王马上同意将夜郎改为汉朝的郡，并配合汉朝的军事行动。

以后，人们就用“夜郎自大”来形容那些见识浅薄，自负骄傲的人。

趣味链接

夜郎古国

夜郎是汉代西南夷中较大的一个部族，或称南夷。据考证，原居地为今贵州西部、北部，云南东北及四川南部部分地区。

夜郎古国的具体位置，史籍记载很简略，只说“临江”，其西是滇国。江是汉代以前的水名，今人根据其向西南可通抵南越国都邑番禺（今广州）的记载，考证为贵州的北盘江和南盘江。多数学者认为，夜郎国的地域主要在今贵州的西部，可能还包括云南东北、四川南部及广西西北部的一些地区。

三十、“朝三暮四”的传说

“朝三暮四”这一成语用来形容见异思迁、反复无常。不过，此词的原意是指用欺骗的手段蒙骗他人。语出自《庄子·齐物论》。

传说，古时候，宋国有个老头儿很喜欢猴子，就在家里养了一大群。日子一长，他对猴子的性情了如指掌，猴子也渐渐懂得了主人的心意。老头儿愈发喜欢了，宁可让家里人饿着肚子，也要先让那些猴子吃饱。不久，家里的粮食快要吃光了。他想减少猴子的饭量，又怕猴子们不肯答应，于是他先对猴子们说：“从现在开始，我给你们吃橡树果实，早上三颗，晚上四颗，够了吗？”猴子们都乱蹦乱跳，表示不满。老头儿又说：“给你们早上四颗，晚上三颗，总该可以了吧？”猴子们听了都摇头摆尾地趴在地上，十分满意。

“朝三暮四”由此而来。

趣味链接

戏说“朝三暮四”

“朝三暮四”还有人戏称是“朝山暮寺”的讹传，说它本出自古诗《寻隐者不遇》：“松下问童子，言师采药去。朝在此山中，暮回寺里去。”当然，这只是人们对古诗的一种趣解罢了。

第十二章 三字词：与众不同的魅力

一、“座右铭”由来已久

现在，很多人喜欢用一些名言警句作为自己的座右铭，以不断地激励、鞭策自己。

“座右铭”一词始于东汉崔瑗。崔瑗是东汉著名的书法家，据《文选·崔瑗〈座右铭〉》吕延济题注：“瑗兄璋为人所杀，瑗遂手刃其仇，亡命，蒙赦而出，作此铭以自戒，尝置座右，‘故曰座右铭’。”当然，“座右铭”并非一定要置之座右。

后来，就有不少人开始写“座右铭”。比如唐朝著名的诗人杜甫，为了督促自己改正嗜酒的毛病，他写了这样的诗句：“忍断杯中物，只看座右铭。”

“座右铭”有时也可以用来警戒他人。例如，南北朝时有一位高僧，他看到寺里的和尚偷懒怕苦，就写了座右铭来激励他们：“勤之勤之，至道非弥。”意思是说要勤奋些、再勤奋些，领悟真理的时间就不会远了。

清道光元年，东阳令陈海楼曾得到南宋将领岳飞的一方端砚，砚呈紫色，体方而长，背镌“坚持守白，不磷不淄”八字，字为行书。此砚后为“宋末三杰”之一的文天祥所得，文天祥又刻上铭文：“砚虽非铁磨难穿，心虽非石如铁坚，守之勿失道自全。”岳飞和文天祥就是通过铭文来彰显自己立身处世的准则。

座右铭也常被写成条幅挂在书房内和自己休息的地方，如林则徐手书“制怒”二字挂于屋内。

“早”字座右铭

鲁迅先生年少时，就读于故乡绍兴的“三味书屋”。一次，因为帮母亲做事，上学迟到了，严厉的寿镜吾先生严厉地责备了他。为了牢记教训，从严要求自己，鲁迅先生用刀在书桌的右下角，方方正正地刻了一个“早”字作为自己的座右铭。

二、令人哭笑不得的“老好人”

“老好人”是指那些随和厚道，不愿得罪人，又缺乏原则性的人。关于它的来源，传说来自这样一个故事。

东汉时期，有个名叫司马徽的人，善于识别人才，但由于当时政治斗争尖锐复杂，他就装糊涂，别人无论和他讲什么，他都回答“好”，人们送给他一个称号——“好好先生”。这天，“好好先生”正在家习字作画，家奴来报：“刘员外来见！”司马徽一听，高兴地说了句：“好！”刘员外一进门就哭丧着脸，司马徽赶紧问：“刘员外，今天可好呀？”

刘员外的儿子在外面胡作非为，杀了人，被官府抓住，押进了死牢，就等秋后问斩了。他听说司马徽为人不错，朋友也多，让他给想想办法，便对司马徽说：“我儿不孝，犯了王法。”司马徽没听完话就接口说：“好。”刘员外一听，强压怒火继续说：“现在被押在死牢，秋后问斩。”司马徽接着说：“好。”刘员外听后气得转身就走。

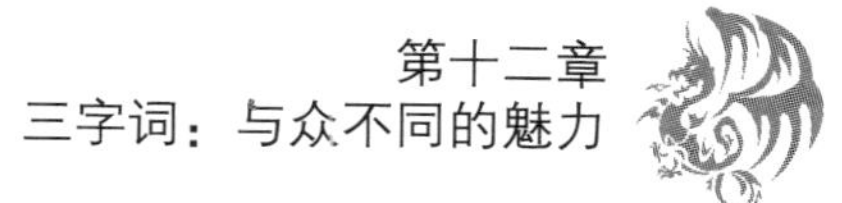

这时，司马夫人上前劝道：“别的事说好无妨，人家儿子要死了，怎么能说好呢？”

司马徽一拍大腿，大声说道：“夫人，你这话说得更好。”

两种老好人

第一种老好人，生性随和，淡泊功名，与世无争，随遇而安；只求独善其身，不求兼济天下；既不得罪权贵，也不欺凌弱小；对损害他人利益的坏人坏事无动于衷，个人利益受到了侵犯也是一味委曲求全、得过且过。

第二种老好人表面像弥勒佛，大肚能容，笑口常开，心里却常有一杆秤，时刻权衡着利弊得失。事情再大，只要与他无关，都退避三舍，作壁上观；事情再小，一旦涉及他的利益，就会小肚鸡肠、斤斤计较。

三、令人头疼的“马大哈”

“马大哈”是指马马虎虎、大大咧咧、嘻嘻哈哈，完全无所谓、草率办事之人，其实这个词是20世纪50年代由天津市的相声界艺人创造的趣语。

20世纪50年代，有一段《买猴》的相声曾风靡全国，故事说有个叫“马大哈”的人，不负责任，马虎出名。他出了个通知，本来要“到（天津市）东北角，买猴牌肥皂五十箱”，可是他却写成了“到东北买猴儿五十只”。

结果，马大哈的领导们官僚主义，也不看内容就批准了，马大哈的下属也盲从惯了，问也不问，便执行任务，闹出了一连串令人捧腹不禁的大笑话。先是跑遍了大半个中国去采购猴子，虽然觉得“采购任务很离奇”，但是仍然到处买猴子交货，最后把猴子都买回来了，群猴出笼大闹百货公司。

这段相声使“马大哈”一词由此诞生，并迅速传遍全国。

生活中的马大哈

“马大哈”式的人物在生活中很常见，他们经常对日常生活中的小事马马虎虎，经常丢三落四。这种人很少责备自己，却把“失误”当作人生最大的“乐趣”。

四、“戴高帽”的由来

高帽即为很高的帽子。古时皇帝、高官们戴的帽子是高帽，且根据身份、官职大小的不同，帽子的样式也不尽相同，因而古代人若说给他人戴高帽，是表示将其视若帝王般尊贵。现在，也有不少人喜欢高帽，他们不但乐于接受人们奉送的高帽，还不时地也给别人献上几顶。所谓“戴高帽”，即指那些吹捧、恭维别人的话语。

“戴高帽”一词源于唐代李延寿所著《北史·熊安生传》中的一个故事：北齐有一个叫宗道晖的人，平时喜欢戴一顶很高的帽子，脚穿一双很大的木屐。每当有上级官员到来，他都以这身打扮去谒见。见到官员时，他向上仰着头，举着双手，然后跪拜，一直把头叩到木屐上，极尽阿谀奉承之能事。后来，人们把这种做法称为“戴高帽”。

剩九十九顶高帽

清代俞樾《戴高帽》中讲了一个很有讽刺意味的笑话：有一个将去外地做官的人，临行前去拜别他的老师。老师嘱咐说：“外官不易当，你要小心谨慎。”那人说：“没关系，我已经准备了一百顶‘高帽’，逢人就送，自然无事。”老师听了很生气，说：“我们应忠直待人，怎能这样呢？”学生赶忙说“唉！天下像老师这样不喜欢被戴‘高帽’的，能有几人呢？”老师高兴地说：“是啊，你说的也不是没有道理。”这人拜别了老师后，对人说：“我那一百顶‘高帽’，现在只剩下九十九顶了！”

五、虚幻的“黄粱梦”

“黄粱梦”是用来比喻想得到的好事落得一场空，另外还有“黄粱一梦”、“一枕黄粱”、“邯郸梦”等说法。“黄粱梦”一词源自唐代传奇小说《枕中记》。

据记载，唐朝开元年间，有个叫卢生的书生进京赶考，路过邯郸，在旅店里结识了一个会神仙术的道士吕翁。言谈间，卢生连连叹息自己贫困境遇，流露出不甘寂寞、向往荣华富贵的心情。吕翁觉察后，便从自己的行囊中取出一个青瓷枕头送给卢生，说：“小伙子，今晚你枕着这个枕头好好睡一觉，就可以得到你所向往的东西了。”

当晚，店主人开始煮黄粱米饭，卢生枕着这个青瓷枕头捶下了，然后他做了一个美梦：他梦见自己回家后，娶了本县名门望族崔家的漂亮千金为妻。第二年，又考中了进士，后来由县尉步步高升，青云直上，从节度使、御史大夫，最后官至宰相。期间，他还统率大军，出征外族，开疆辟土，立下赫赫战功。他先后生了5个儿子，个个聪明过人，功成名就。为官几十年来，享尽人间荣华富贵，一直活到八十多岁才寿终正寝。

正当卢生沉浸于美梦之中时，突然醒来了，只见自己仍躺在旅店里，一切都是原样，就连店主人在他睡觉前所蒸的黄粱米饭都还未熟。卢生这才明白，人生的荣华富贵，只不过是短暂的黄粱梦。

以后，人们就把“黄粱梦”比喻不可能实现的虚幻欲望，只是一场空欢喜而已。

黄粱梦镇

如今，在邯郸市北有个黄粱梦镇，相传就是卢生遇吕翁做黄粱美梦之地。当地有一处景点叫卢生殿，展现了卢生一枕黄粱，“富贵声华终幻因，黄粱一梦了终身”的意境。殿前回廊中有邯郸进士王韵泉所绘梅花和题诗“梦醒黄粱方悟道，心同明月可寻梅”。

六、危险的“鬼门关”

“鬼门关”意指凶险的地方，如某人得了一场大病，好不容易医治好了，就会感叹说：“哎，真是上鬼门关走了一圈啊！”

此词有两个来源：一个是来源于神话故事中的地名，另一个是实际存在的地方。《西游记》第十一回写唐太宗游“地府”时，“忽见一座城，城门上挂着一面大牌，上写着‘幽冥地府鬼门关’七个大金字。”他就从这“鬼门关”进入了“阎罗殿”，见到了阴间诸王，并到“一十八层地狱”等处，后来又“还魂”回到世间。另在《山海经》里也有“鬼门”的记载：“沧海之中，有度朔（地名）之山，山有大桃木（树），其屈蟠（枝杈盘曲）三千里，其枝间东北曰‘鬼门’，万鬼所出入也。”在这些传说中的“鬼门关”或“鬼门”，是指通往阴曹地府的关隘。

现实存在的“鬼门关”据《旧唐书·地理志四》记载，是一个古关隘的名称，在今广西玉林北流县城西的山口上。此处两边山峰对峙，中间形成一个天然的关隘，地势险恶，是古代通往广西南部、雷州半岛和海南岛以及越南的通道，气候潮湿闷热，在茂密的山林中常有瘴气，蚊虫鼠蚁繁多。古代官员获罪贬谪蛮荒，经由此地时，死者甚多，罕有生还，所以有“鬼门关，十人去，九不还”的之说。后来，此关隘从明朝起改名为“天门关”。

趣味链接

天门关

天门关历史悠久，东汉伏波将军马援于建武十七年率兵两万余人征林邑，经过此关曾立碑，唐代诗人温庭筠有赞马援诗：“汉令班南海，蛮兵避玉林，天崖柱分界，傲外贡输金，坐失奸臣意，谁明报国心，一棺忠勇骨，漂泊章烟深。”

宋代文人苏东坡被贬岭南后得赦归朝，经过此关，曾作《次韵王玉林》一诗：“晚途流落不堪舍，海上春泥手自翻。汉使节空余皓首，故侯瓜在有颓垣。平生多难非天命，此去残年尽主恩。误辱使君多文拭，宁闻老鹤更新轩。”

明代徐霞客在《粤西游日记》中写道：“北流县西十里为鬼门关，东十里为勾漏山，二石山分支耸秀，东西对列，而鬼门颠崖遂谷，双峰夹立，路过其中，胜与勾漏实相伯仲。予自横林北望即奇之，不知为鬼门也，至县始悟已从东南越入之过，以不及经其下为恨。”

七、被拒见为何要称吃“闭门羹”

众所周知，“闭门羹”是指主人拒绝客人进门。羹本是煮成浓液状汤、粥之类食物的泛称，如：鸡蛋羹、莲子羹等，“闭门”则是关起门来拒绝客人，二者是怎样联系起来的呢？这里有一段趣闻。

据唐代冯贽《云仙杂记》记载：唐代，宣城（在今安徽境内）秦楼楚馆生意兴隆，那里有位轰动一时、令人倾倒的名妓，名叫史凤，有闭月羞花之貌，并且琴、棋、书、画无所不能。她那迷人的歌喉、动人的舞姿，使得一些纨绔子弟、风流才子神魂颠倒，许多年轻男子慕名而来，不惜花重金，以求见佳人一面。

史凤虽身陷青楼，却不放荡，不是任何人都能见到的，对寻花问柳的客人，根据其名誉地位、人品相貌和才学文采，分成三六九等，“最下者不相见，以闭门羹待之”。这就是说，她不愿意见的人来了，就闭门不见。为了顾全面子，使客人不失体面，史凤会客气地款待一碗菜羹。一些客人见菜羹摆上，就知道史凤不愿接待，也就知趣地走了。

由此可见，“闭门羹”是主人不愿意接待时所采取的一种婉转客气的拒绝方式。今天，“闭门羹”就成了拒客人于门外，不愿与之相见的口头语。当然，现在拒绝客人，只有闭门而没有吃羹的待遇了。

情诗婉拒客

新中国成立前，作家端木蕻良住在桂林，其家门口贴有一诗：

女儿心上想情郎，

日写花笺十万行。

月上枝头方得息，

梦魂又教到西厢。

此诗看似倾诉儿女私情，实则是“谢绝来访”的告示。它暗含的意思是：主人忙于写作，请勿登门打扰。这种谢客方式委婉含蓄，确实高明。

八、何谓“咏絮才”

古人常用“才高八斗，学富五车”来形容一个人有才华，另专门用“咏絮才”代指有才气的女子，此语出自《世说新语·咏雪》。

谢道韫是我国东晋时期的一位才女，她的叔父谢安是东晋著名的政治家、军事家，他也擅长诗文，经常指导晚辈们写诗著文。谢道韫在叔父的指导下，诗写得越来越好。

一个严寒的冬日，谢安把几个晚辈叫到一起，给他们评讲诗词。这时屋外下起了大雪，雪花漫天飞舞，银装素裹。谢安望着窗外的雪景，突然想考一考几个孩子的才华，就指着漫天飘飞的大雪问："白雪纷飞何所似？"谢安的侄儿谢朗说："撒盐空中差可拟。"谢安听了连连摇头说："不妥，不妥。"

这时，谢道韫望着眼前的飞雪，一下子就想到了春天的柳絮，于是脱口而出："未若柳絮因风起。""好一个绝妙的比喻。"谢安连连夸奖，脸上露出了满意的笑容。

一个富有诗意的比喻显露了谢道韫的才华。后来人们说起女子有才华，总喜欢用"咏絮才"来形容。

"咏絮才"之谈

宋代文人苏轼曾用咏絮才的典故，在其《谢人见和雪后书台壁二首》之一有诗云："渔蓑句好应须画，柳絮才高不道盐。"清朝曹雪芹的《红楼梦》第五回中有一句判词"可叹停机德，堪怜咏絮才"，"咏絮才"指黛玉，意为如此聪明有才华的女子，她的命运是值得同情的。

九、什么是"磨洋工"

人们习惯于将消极怠工、只出工不出力的现象称为"磨洋工"。所谓"磨工"，是指建筑工程的一道工序，就是对砖墙的表面进行打磨，使之平整、光滑，相当于现在的勾缝和打磨石类等工序。

此道工序看似简单，不费太多体力，实则要求手工精细，且不烦不躁，颇耗费时间。至于"磨工"和"洋"字联系起来，说起来还有一个有趣故事。

1917年至1921年，美国用清政府的"庚子赔款"在北京建造协和医院。由于这项工程是由外国人出资、设计，中国工人就称它为"洋工"。协和医院共有主楼14座，又是高层建筑，"磨工"的工序十分烦琐。所以，参加建筑工程的许多工人就把这一工序称为“磨洋工”，后来有人认为，“磨洋工”一词表达了国人对西方帝国主义者侵略中国的罪恶行径的不满。流传至今，“磨洋工”一词就有了干活不积极的贬义了。

趣味链接

一不做二不休

有这样一个灯谜——“一不做二不休”，思虑半晌，方明白，原来谜底正是“磨洋工”。

十、春秋便有“孺子牛”

鲁迅先生曾说：“横眉冷对千夫指，俯首甘为孺子牛。”如今，“孺子牛”是人们耳熟能详的一个词语，指那些为人民大众谋福利、甘作奉献的人。不过，“孺子牛”在古代原意并非如此，指的是父亲溺爱儿子，甘愿给儿子当牛骑。

此语出自《左传·哀公六年》。“孺子”指的是春秋时期齐景公的小儿子荼景公对荼非常宠爱，不论荼想玩什么，景公都会想方设法地要满足他的要求。一天，荼要扮牧童牵牛玩。景公想：如果让儿子牵真牛玩，太危险了，不放心。于是景公便蹲下身子自己装作牛，口里衔着“牛绳”的一端，在地上爬着；荼握着“牛绳”的另一端，在前面牵着。荼牵着“牛”，一会儿向东，一会儿向西。玩得正开心的时候，荼不小心摔了一跤，手中的“牛绳”又忘了放手，这样，景公的门牙一下子就被“牛绳”给拉掉了。

齐景公给儿子当牛玩的事，很快就传开了，人们就把甘心为儿子作“牛”的父亲称为“孺子牛”。后来，人们将此词语引申来比喻心甘情愿为他人服务的人。

趣味
链接

鲁迅——宴之敖者

鲁迅在1924年曾署过“宴之敖”的笔名，这是利用汉字的结构特点和家事造词寓意的。先生曾说：“宴从宀（深屋）、从日、从女；敖从出、从放（《说文》：敖，游也，从出，从放）。我是被家里的日本女人逐出来的。”

据鲁迅先生的夫人许广平说，1919年，鲁迅购置了北京八道湾的房子，与其弟周作人一起迁入。1923年，由于周作人妻子羽太信子（日本人）的原因而搬走了。

根据比较可靠的资料记载，周作人的这位日本太太挥霍无度，鲁迅几乎将全部薪水交给家里，然而这位弟媳还不满意，常常恶语相加，甚至诋毁鲁迅，一会儿说鲁迅偷听他们谈话，一会儿又说鲁迅调戏她，惹得周作人勃然大怒。于是，在一个下午，当鲁迅回家拿东西时，周作人与妻子突然跳出来对其破口大骂，并进行殴打，据说周作人当时还拿起一个狮形铜香炉向鲁迅头上打去，幸好没有打中。

可叹周氏兄弟就此决裂，此后再无缘团聚。

十一、有趣的“打油诗”

打油诗是旧体诗的一种，内容和词句通俗诙谐而不拘于平仄韵律。这类诗通俗易懂，幽默诙谐，有时暗含嘲讽。现在一些人仍喜欢用打油诗来表达自己的所感所想。

打油诗据说为唐朝人张打油所创。南阳有个文人叫张打油，平时喜欢写诗，却不按作诗要遵循的“平平仄仄平平仄”等规范去写，而是兴致一来，信口吟唱，倒也通俗易懂，经常使听者捧腹大笑，平民百姓非常喜欢。

有一年冬天，村里下了一场大雪，张打油一时兴起，就吟起诗来：

江上一笼统，井上黑窟窿。

黄狗身上白，白狗身上肿。

这首诗难说怎么高明，但能抓住眼前景物，既通俗又形象，描绘出了雪中景物的特点，“张打油”的名字就在附近传开了。后来则称这类诙谐幽默、小巧有趣的诗为“打油诗”。

趣味链接

打油诗讽刺时事

解放战争后期，诗人袁水拍有一首《咏国民党纸币》的打油诗，很有意思。诗云：“跑上茅屋去拉屎，忽然忘记带草纸，袋里掏出百万钞，擦擦屁股满合适。”这是对国统区通货膨胀的幽默讽刺，反映出国民党的经济危机和政治黑暗，语言风趣，俚俗可笑。

十二、何谓“喝墨水”

人们常用“胸无点墨”来形容一个人没有什么知识文化，用“喝墨水”来指上学读书。文化怎么和墨水联系起来的呢？原来，考究起来，这里面还有一段历史。

历史记载，南北朝时的北齐有明文规定，在考试时儒生成绩非常糟糕者，要被罚喝墨水，此举沿袭了几个朝代。虽然罚喝墨水有可能激励了一些考生再作努力，但是，时有发生因罚喝墨水太多使考生生病甚至死亡事件。到了隋朝，皇上恩典，颁布罚喝墨水减量，《隋书·仪礼志》记载：凡文理不通、不精或书写潦草的，罚喝墨水一升。在此之前，罚喝墨水是一斗，文弱书生们根本受不了。

唐朝时此荒唐的法规才彻底改变。唐太宗没做皇帝时也曾想考试晋官，但一想到考不上要罚喝墨水，轻则喝病，重能喝死，只好打退堂鼓。他当上皇帝后，觉得此法害人不浅，不仅是弄病或是害死书生那么简单，而是令很多的有识之士望考试而生畏，严重耽误了国家选拔人才。于是，唐太宗宣布废除罚喝墨水法规，书生们没有了“喝墨水”的压力，纷纷应试，为唐朝的繁荣作出了巨大贡献。

酸秀才十样下锅

有一个秀才，屡试不第，只好做起买卖来。他自以为喝了几年墨水，做买卖时经常有说话弄文卖关子的习惯。

一次，秀才到了一个小山村，到一家客店投宿。店主人问道：“先生，听您口音不像本地人，您从什么地方来呀？”

秀才回答说：“不热不凉。”

“那您贵姓？”店主人又问。

“半春半秋。”

“跑什么买卖呢？”

“顺河漂流。”

“带了什么货呀？”

“东倒西歪。”

店主人听了个云里雾里，只好改问秀才：“那您吃点什么呢？”

秀才说：“十样下锅就行。”

店主人更是一头雾水，愣在那儿，不知道秀才想吃什么。刚好旁边坐了个才女，她款款一笑，叫来店主人说道：“这‘不冷不热’说他是温州人；‘半春半秋’是姓秦；‘顺河漂流’是跑江湖的；‘东倒西歪’是扇子。您去给他下碗面条，放点韭（九）菜，就是‘十样下锅’了——千万不要放盐，多了一样他就会赖账。”

店主人听姑娘一解释，心里明白了，果真按姑娘说的下了碗面条，端到秀

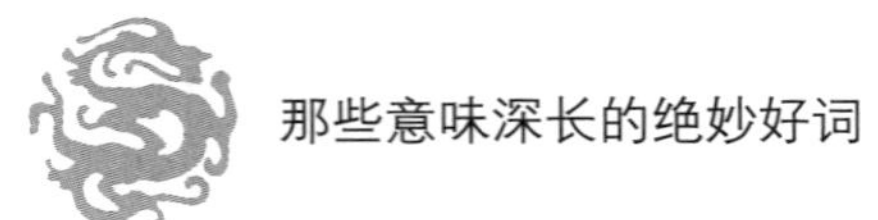

才面前，吆喝了一声："温州来的卖扇子的秦先生，十样下锅来了！"

秀才一看是韭菜面条，便尝了一口，没有放盐，奇怪地问店主："怎么没盐呀？"

店主答道："再加点盐可就十一样了！"

秀才听了这话，知道碰上了明白人，只好吃下了这碗没放盐的面条。

第十三章 词语的演绎：踏寻词语流变的痕迹

一、古代“大夫”是大官

现在，人们很自然地把医生称为“大（dài，读四声）夫”，在古代，“大（dà，读四声）夫”指朝廷的高官。那么，“大夫”之称是怎样从朝廷的高官演变成为医生的称呼呢？

“大夫”是个官职，早在春秋时代就有“大夫”，按照职位高低不同，分为上、中、下大夫。屈原就曾以“三闾大夫”的官位主持楚国的朝政。唐代以后的“中散大夫”、“谏议大夫”等都是皇帝身边的重臣。

医生在古代地位极低，是排在九流之外的不能入流的职业。医生的地位在当时当然不能与官位高的大夫相提并论。

唐末五代时期，战乱频繁，吏治腐败，卖官鬻爵成风，致使官衔泛滥。当时，人们习惯以官名相称，读书人称“相公”，卖茶人称“茶博士”，有钱人称“员外”，医生被称为“医大夫”也就不足为奇了。

医生称真正为“大夫”是从宋代开始的。在宋代，随着医学制度和医学管理的发展，医生也越来越受尊重。宋代设有医官，官阶分“大夫、郎、医效”等几个等级。这样，“大夫”就成了医生的正式称呼，并一直沿用了下来。到了现代，封建官员“大夫”不复存在，“大夫”便成了医生的专称。

“郎中”的由来

郎中是医生的别称。郎中本是官名，即帝王侍从官的通称，其职责为护卫、侍从等。后世遂以侍郎、郎中、员工外郎为各部要职。称中医师为郎中是从宋朝以后开始的。当时，有位官至郎中的人，名叫陈亚，曾以中药名写诗百首，时人称为“药诗”，以后便有文人以读陈亚的“药诗”为乐事，郎中也渐渐成为中医师的名称。

二、“借光”的故事

“借光”这个词，现在是人们普遍使用的礼貌用语，常用于向别人询问或请别人给自己方便的谦辞。在人多拥挤时，请求别人让一下路，我们会说一声“借光”；搭乘别人的车时，也会说一声“借光”。“借光”一词由来已久。

据《战国策·秦策》记载：秦国将军甘茂因受人诬陷，不得已逃往齐国。走出幽谷关（今河南省灵宝县南），正遇见苏秦的弟弟苏代要到秦国来。两人闲聊起来，甘茂问苏代：“你听说过江边姑娘们的事吗？”“我没有听说过。”苏代回答说。

甘茂接着说：“江边上有一个姑娘，家里很穷，点不起灯，总是到其他姑娘的点着灯的屋子里去做针线。其他姑娘见她老是不带灯油来，就很讨厌她，准备赶她走。这个姑娘说：‘我因为买不起灯油，所以每天都先到这间屋子里来把房间打扫干净，把坐席安排妥当，让你们舒舒服服地做针线活。满屋子都是亮堂堂的，你们为什么要吝惜多余的光亮呢？如果不赶我走，让我继续在这里干活，对你们又有什么妨碍呢？但对我而言，借一点光却大有用处，何必要赶我走呢？’大家觉得她说的话很有道理，就把她留下了。”

甘茂接着提出请求："现在我犯了错误，被秦国赶出，打算到齐国去，情愿替你们做打扫屋子和安排座位一类的事情，希望你不要把我赶走！"

苏代听懂了他的意思，爽快地说："好。你到齐国去吧，我一定让齐国人尊重你。"苏代到了秦国，先对秦王说甘茂离开秦国，实在对秦国不利，并劝秦王用隆重的礼节把甘茂迎回来。秦王接受了这个意见。后来苏代回到齐国，又对齐国说甘茂如果被秦国迎回去，实在是齐国的损失，并劝齐王重用甘茂。于是齐王就留请甘茂在齐国，并拜他做了上卿。

以后，人们就根据甘茂说的那个江边上姑娘借光的故事，用"借光"这个词，来表达请求别人在不妨害自身利益的情况下，给予方便的意思。

凿壁偷光

古时候，有个年轻人名叫匡衡，勤奋好学，家中穷没有蜡烛照明，他就把墙壁凿了一个洞，借来邻居家的光亮读书。同乡有个大户人家叫文不识的，家中有很多书。匡衡就到他家去做雇工，声称不要报酬。主人感到很奇怪，问他为什么这样，他说："我希望能读一读你家的书。"主人听了，深为感叹，就把书借给他读。后来匡衡成了大学问家。

三、"牺牲"原来是祭祀用的牲畜

现在"牺牲"指为了正义或者其他的利益而舍弃自己的利益甚至生命，是一种无私的行为，而在古代，"牺牲"是指宗教祭祀仪式上所宰杀的牲畜。

牺牲都从牛字旁，因为牛在古代是重要的牲畜。"牺"是指宗庙祭祀时毛色纯正的家畜，它是祭牲之专名。《礼记·曲礼下》："诸侯以肥牛，天子以牺牛。"古代礼制，祭祀诸侯用肥壮的牛，天子则要用纯色的牛。"牲"指供祭祀的整只家畜。孙诒让《正义》："祭牲必毛纯体完。""体完"是指整只的牛、羊、猪。对于祭祀祖先的飨宴，不仅要毛色纯（牺），而且要整只的（牲）。从这里可以看出古人对祖先非常重视，祭祖是隆重而讲究的。

牲畜，指人饲养的动物，如“家畜”“农畜”，含义较广泛。古时有所谓“三牲六畜”，“三牲”指三类牲畜，包括飞禽类、走兽类和鳞甲类；而“六畜”则包括鸡、犬、猪、牛、马、羊。古时常用“五谷丰登，六畜兴旺”以形容农之丰年。据郑玄注：“始养之曰畜，半用之曰牲。”这是说，刚开始饲养的牲口叫“畜”，养壮大而可宰的叫作“牲”。

由此可知，“牺牲”的现代含义是根据古代宰杀牛羊猪以供作祭祀这一情况引申而来的。对于被宰杀的牲畜来说，是为了人的利益而舍弃自己生命的，于是那些为了他人的利益而舍弃自己的生命便是作出牺牲，牲畜如此，人亦如此。

日夕牛羊归

隋朝时有个年轻人名叫侯白，爱开玩笑，他与杨素、牛宏同朝为臣。有一天下朝归来，侯白说：“日已夕了。”牛宏道：“刚下早朝，如何便到日夕？”侯白说：“你没听有诗句说‘日夕牛羊归’吗？你二人一‘牛’一‘羊’同时而归，岂非日夕？”杨素和牛宏听后哈哈大笑。

四、“红尘”原本是闹市

生活中，我们常能听到有人发出“看破红尘”的感慨，是说把人间的事看透、看明白了，对尘世间已无所眷恋。其中，“红尘”指的是人间俗世。

在古代，“红尘”原是指繁华的都市。东汉文学家、史学家班固在《西都赋》有诗云：“阗城溢郭，旁流百尘，红尘四合，烟云相连。”大意是说，热闹喧嚣的地方，人流扬起的尘土（红尘），从四方合拢，充满城池，平民宅子亦被笼罩，尘埃四起，与云联结。南北朝诗人徐陵的《洛阳道》有云：“绿柳三春暗，红尘百戏多”，用以形容都市的繁华热闹。唐代诗人杜牧在《过华清宫绝句》中有“一骑红尘妃子笑，无人知是荔枝来”的诗句，描写的是驿站信使不送信，却千里飞骑为杨贵妃送荔枝。这里的“红尘”主要指驿道、闹市街衢的飞尘，也是用来表现都市的繁华。

到了近现代，“红尘”由“繁闹尘市”演变为作“人世间”解，并首先为佛家所使用。在佛经中多处出现指凡俗尘世的“红尘”一词。《红楼梦》第一回在释题中说：“原来是无才补天，幻形人世，被那茫茫大士渺渺真人携入红尘，引登彼岸的一块顽石。”意思就是说，那块石头无才补天，便被“大士”“真人”带到人世间来了。这充满神秘色彩的描写，正是来自佛家的神话故事。

看破红尘

我们常认为看破红尘就是什么都不想要了，不再眷恋世间，失去了感情，六根清净，所以一个人一旦看破红尘就会出家，而所有出家的人都是看破红尘的人。其实不然，看破红尘的真正意义是知道、明了、体悟世间的实相。佛教认为，看破红尘不是冷漠无情、六亲不认，而是在知性上体悟世间的本质：苦、无常、无我，在情感上不因执着而生起烦恼。

五、什么是“名堂”

生活中，当我们猜不透某人的意图时，就会说：“不知道他在搞什么名堂！”不过，“名堂”原本应写作“明堂”的。

明堂是古时候帝王会见诸侯、接见长者的地方。祭天敬祖、封官行政、立学讲课等活动，也都在明堂举行。

相传汉武帝有一次登临泰山，看见山上有一处古时明堂遗址，他一时兴致大起，便要在这片遗址上建造一座新的明堂，以显示自己的文治武功。可是，明堂的建造方法很早就失传了，文武百官也从来没有见过以前的明堂是什么样儿，就只好作罢。

唐朝武则天时，由于国势强大、经济繁荣，加上武则天本人好大喜功，也提出要重建“明堂”。武则天让大臣上书献策，谈谈明堂是什么样的。后来有人写了《黄帝明堂经》三卷献给武则天，上面绘有巍峨的正殿，四面是清水环绕，其中有响履木铺成的复道通到岸上，非常豪华。武则天看后很高兴，准备照此动工。大臣刘允沧怕修造明堂劳民伤财，于国无利，就写了一篇《明堂赋》，讥讽那人不知搞的什么“明堂经”，明堂经里也不知弄的什么“明堂”，纯属子虚乌有、胡说八道！武则天看后明白了刘允沧的一片苦心，就没照着那所谓的“明堂经”去造“明堂”。

不久，这事流传出去，人们就将稀奇古怪、别出心裁的东西称作“搞什么明堂”，由于“明”和“名”的读音相同，慢慢地写成了“名堂”。

风流才子“搞名堂”

明朝的唐伯虎是个大才子，常常作出一些人们搞不懂的“名堂”。

一天，唐伯虎到山上去，看到有几个人也在登山，就跟着他们。到山顶上，几个人要作诗，唐伯虎也想跟着作诗。这些人一看，见唐伯虎打扮得像个小叫花子似的，却也眉清目秀，透出一点灵气，就说：“你作一首看看。”唐伯虎在铺好的宣纸上写了个“一”字就走了。大家笑着把他追回来，他又写了“一上一上”四个字。有人说：“我早看出他不会写诗的。”唐伯虎说：“饮酒之后才能做诗。”有人指着酒壶说：“你能做诗，让你喝个够。”唐伯虎接着写了“又一上”三个字。人们问：“这叫什么诗呀？”唐伯虎更来劲了，又写了“一上”两个字，把大家笑得前仰后合。

唐伯虎只当没看见，拿起酒壶，一饮而尽，挥笔写成四句诗：

一上一上又一上，一上直到高山上。

举头白云红日低，四海五湖皆一望。

然后署上名字，掷笔而去。大家一看诗句十分惊奇，再一看“唐寅”（唐伯虎名）二字，简直惊得说不出话来。再一找，唐伯虎早不知到哪里去了。

六、模具是“模范”本来的意思

“模范”即为榜样。现在，人们一提起“模范”，就会想到那些值得学习的人——模范人物，还有那些值得学习的事——模范事迹。

在我国，早在四千多年前就有了“模范”一词。可那时的“模范”，既不是指人，也不是指事。“模”和“范”是同义词，都与“型”字的意思相同，指的是今天的模具之类的东西。四千多年前，我国古代劳动人民就有了铸造金属器物的工具，用来冶炼青铜器。其中有两种工具：一种叫“模”，一种叫“范”。“模”是根据实物做的，“范”是根据“模”的样子铸造出来的铸型。人们将冶炼出来的金属溶液注入“范”内，冷却后就成了和“模”一样的金属器物。

随着社会的发展，“模”和“范”渐渐被人们引申为值得学习或仿效的榜样。在《法言·学行》中有云，“师者，人之模范也。”《北史·庾信传》中有云：“当时后进，竞相模范，每有一文，都下莫不传颂”。从此，“模”和“范”这两个词就合在一起使用。

将军县

江西兴国是全国著名的“将军县”。在1955～1965年解放军实行军衔制十年间，兴国籍将军就有54位，与湖北的红安、安徽的金寨被誉为全国三大将军县。

兴国是我国著名的“烈士县”。在第二次国内革命战争时期，兴国只有23万人口，参军参战的就达8万余人，为革命英勇献身的有5万多名，有姓的烈士达23179名，其中牺牲在长征途中的就有12038名，几乎每一公里长征路上都有一位兴国籍烈士的遗骸，是全国烈士数最多的一个县。

兴国还是著名的“苏区模范县”。在1927～1937年的苏维埃运动中，兴国各项工作都成为全苏区的模范，创造了许许多多的“之最”和“第一”，是影响深远的“苏区干部好作风”的发源地。

七、治理国家是“经济”本来的意思

关于“经济”一词，现代汉语中是这么解释的：一是指国家或个人的收支状况，如报道中我们经常听到“经济结算”、“把经济搞活”等；二是生活上的节省或节约，消费上精打细算，用较少的消费品来满足最大的需要，例如有些餐馆门前挂的招牌写着“经济小吃”等。

在我国古代，“经济”一词并不是现代汉语的意思，而是经邦济世、经国济世或经世济民等词的简化，如《晋书纪瞻》中“识局经济”，《文中子中说》有“皆有经济之道而位不逢”，都是治理国家、拯救百姓的意思。

李白有诗《嘲鲁儒》：“鲁叟谈五经，白发死章句，问以经济策，茫如坠烟雾。”大意是：鲁地的老头子一开口就谈五经，一辈子只知道死啃经书的章节、句读，如果有人问他们治理国家的方略，他们就像在云里雾里之中，茫茫然，一无所知。“经济策”，既不是管理财经之策，也不是节约之策。《红楼梦》中的贾宝玉痛恨“仕途经济”，也不是说他讨厌同金钱打交道。古时的“经济”是“经世济民”的意思，比现代的“经济”含义要广泛得多，因此在古代衡量一个人才能的高低，往往以是否善于“经济”为尺度。

由此可知，“经济”一词发展到现在，与古代相比，词义已发生了改变。

左宗棠巧对曾国藩

清末大臣中有两个赫赫有名的人物，一个是曾国藩，另一个是左宗棠。两人都是湖南人，都官居高位，都是湘军首领，而左宗棠又是曾国藩推荐的，但他们两人在许多方面意见并不相同，例如，在对外事务上，曾国藩是投降派，左宗棠却是抵抗派。

由于政见的不合，常使曾国藩十分气愤。有一次，他差人给左宗棠送去一封信。左宗棠打开一看，是一副对联的上联：

季子敢言高，与吾意见偏相左

左宗棠，字季高，对联中将他的姓氏和字嵌入，指名道姓地斥责他与曾大人意见相左。左宗棠看了，知道曾国藩是恼羞成怒了，但该坚持的还要坚持，于是，针锋相对地回敬了下联，让来人带回去。下联是：

藩臣徒误国，问伊经济有何曾

联中的“经济”，指经纶济世的治国才略。左宗棠在下联中嵌入“曾国藩”三字，指名道姓地讥讽他不懂经济，误国误民。

八、“流氓”本不指坏人

一提到“流氓”，我们很容易产生厌恶、反感的心理。按现代汉语的解释，“流氓”从广义上指不务正业、为非作歹的人，从狭义上指侮辱女性的人。然而，从词源上来看，“流氓”最初并不是指坏人。

流氓的本义是指四处流浪、无家可归的人，在古代并不含贬义。流，是像水一样流动，无立足之处之意。氓，古代指的是“民”；民，按郭沫若解释：甲骨文中是一只锥子刺瞎一只眼的形状。上古时期互相征战，抓的战俘都是奴隶，为了不让他们跑掉，不但要带上木枷，还刺瞎一只眼睛。“民”就指那些失去自由的劳动者，所谓“以锥刺目者为民”。后来，阶级关系发生变化，农民和小生产者也可以称为“民”，这是因为他们与过去的奴隶一样从事劳动的缘故。这一来，“民”可指固定的耕作者，它所指逃亡农奴的本义则用“氓”来表示，在“民”字形加个“亡”，是因为这些人流亡在外。“亡”不是死，而是“逃走”的意思。

既然“氓”是抛家离国、四处迁徙的人，那么“流氓”也是四处漂流、无家可归的人。在统治者眼里，这种贱民没有职业，没有家庭拖累，为了活命，什么事情都干得出来。他们没有妻子，因而容易下流地侮辱妇女。

就这样词义发生了变化，“流氓”便成了对坏人的鄙称，产生了贬义，含有“不务正业”、“为非作歹”的意思了。不但有这种行为的人被骂为“流氓”，这些行为本身也可称“流氓”，比如放刁耍赖、侮辱妇女等行为都被称为“耍流氓”。

总体说来，“氓”和“流氓”本来在古语中并无贬义，指“无业游民”，是个中性词，《诗经》就常把普通人称为“氓”。“氓”的中性含义在现代汉语中还可以见到迹象，像我国20世纪六七十年代，很多内地人流浪到新疆去做苦工，没有户口，没有妻儿，社会上称他们为“盲流”，即盲目流动的人，这本身没有什么贬义，正好是古代“氓”的意思。由此可见，“流氓”由中性词变为贬义词，是人的主观认识起了推动作用的。

鲁迅谈流氓

1931年，鲁迅在上海东亚同文书院作题为《流氓与文学》的讲演时，对“流氓”一词这么界定：“流氓等于无赖子加上壮士、加三百代言。流氓的造成大约有两种东西：一种是孔子之徒，就是儒；另一种是墨子之徒，就是侠。这两种东西本来也很好，可是后来他们的思想一堕落，就慢慢地演成了‘流氓’。”（注：“无赖子”、“壮士”、“三百代言”都是日语词汇。）

下篇

读词语，学历史

张灯结彩　欢聚一堂　普天同庆　喜气洋洋　百花盛开　争奇斗艳　五彩缤纷　色色俱全

得意扬扬　天长日久　狐假虎威　半信半疑　神气活现　摇头摆尾　东张西望　大摇大摆

跋山涉水　餐风宿露　水送山迎　赏心悦目　生机勃勃　心狠手辣　起早贪黑　神通广大

高耸入云　日思夜想　重见天日　舐犊之爱　乌鸟私情　天伦之乐　其乐无穷　摩拳擦掌

第十四章 求知类：少而好学，如日出之阳

三人行，必有我师：取长补短，淘到“真金”

【出处】春秋 · 孔丘《论语 · 述而》

【释义】三：虚数，泛指几个人。几个人一起走路，其中必定有人可以作为我的老师。指应该不耻下问，虚心向别人学习。

【历史典故】

孔子非常重视学习的作用。他称自己并非天才，而是通过勤奋学习才成为有学识的人的。所以，他终生都在努力学习，唯恐自己学得不够，赶不上别人，因此废寝忘食，乐此不疲，活到老，学到老。孔子到了鲁国开国祖先周公的宗庙，事事都向人请教，于是有人讥笑他不懂得“礼”。他说，不懂就问，这正是“礼”所要求人做到的。孔子提倡不耻下问地学习知识，也重视学习别人的长处。他说，见到贤人就向他学习，希望能和他看齐，又说：只要几个人在一块儿行走，其中就必定有可以做我老师的人。我选择他们的优点和长处来学习；也从他们的缺点中得到借鉴，来改正自己身上同样的毛病。后人遂以此语指只要善于向别人学习，那么到处都可以找到值得学习的人。

不耻下问：不学不成事，不问不知理

【出处】春秋·孔丘《论语·公冶长》

【释义】不耻：不以为可耻。不以向地位比自己低、学识比自己差的人请教为耻，形容虚心求教。

【历史典故】

孔子是春秋时期著名的思想家、教育家，门下弟子众多，相传其弟子有三千人，其中著名的有七十二人，被称为“七十二贤人”。他与弟子经常就一些事情或言行展开讨论，通过这些讨论，孔子及时地对弟子们进行教育和点拨。

卫国大夫孔圉聪明好学，而且非常谦虚。在孔圉死后，卫国国君为了让后代的人都能学习和发扬他好学的精神，因此赐给他“文公”的谥号，后人就尊称他为孔文子。

孔子的学生子贡也是卫国人，他认为孔圉配不上那样高的评价。有一次，他对孔子说：“孔圉的学问及才华虽然很高，但是比他更杰出的人还有很多，凭什么赐给孔圉‘文公’的谥号？”孔子听了微笑着说：“孔圉勤奋好学，脑筋聪明灵活，有任何不懂的事情，就算对方地位或学问不如他，他都会谦虚地请教，一点都不感到羞耻，这就是他难得的地方，因此赐给他‘文公’的谥号是恰当的。”听了孔子的话，子贡心悦诚服，并决定要向孔圉学习。

不求甚解：循序渐进，熟读而精思

【出处】东晋·陶渊明《五柳先生传》

【释义】甚：很，十分；解：理解。读书只求知道个大概，而不在一字一句的解释上过分深究。现代汉语中多用来形容学习或研究不认真、不深入，只停留在一知半解上。

【历史典故】

陶渊明是我国东晋末年的著名诗人，他开创了田园诗体，开辟了中国古典诗歌的另一种境界。在看透了官场尔虞我诈、腐败黑暗的丑恶内幕后，陶渊明尤其向往清静闲散的田园生活。他在勤劳耕作之暇，或与好友饮酒畅谈，或在家里读书吟诗，生活十分惬意。他家门前有五棵大柳树，因此陶渊明自称“五柳先生”。

28岁那年，他写了一篇《五柳先生传》，也就是他自己的小传。在《五柳先生传》中，陶渊明写道：“先生不知何许人也，亦不详其姓字；宅边有五柳树，因以为号焉。闲静少言，不慕荣利。好读书，不求甚解；每有会意，便欣然忘食。”这句话是说，先生不知道是什么样的人，也不清楚他的姓名。他的住所旁边有五棵柳树，因而就以“五柳”作为自己的号了。先生喜爱闲静，不喜欢多说话，也不羡慕荣华利禄。他很喜欢读书，但对所读的书不执着于字句的解释；每当对书中之意有一些体会的时候，便高兴得忘记了吃饭。

开卷有益：书中有真意

【出处】东晋·陶潜《与子俨等疏》

【释义】开卷：打开书本，指读书；益：好处，收获。打开书本阅读，总有益处。勉励人们勤奋好学，多读书。

【历史典故】

宋太祖赵匡胤和宋太宗赵光义都是武将出身，他们深知“不能马上治天下”的道理，所以极为重视读书。他们以身作则，经常阅读各种书籍，尤其喜欢读史书，从中了解历朝历代的兴衰更替。

宋朝初年，宋太宗赵光义命文臣李防等人编写一部规模宏大的分类百科全书——《太平总类》。这部书收集摘录了一千六百多种古籍的重要内容，分类

归成五十五门，全书共一千卷，是一部很有价值的参考书。

对于这样一部巨著，宋太宗要求自己每天至少要看两三卷，一年内全部看完，遂更名为《太平御览》。当宋太宗下定决心花精力阅读这部巨著时，曾有人觉得皇帝每天要处理那么多国家大事，还要去读这样一部巨著，实在太辛苦了，就劝告他少看些，也不一定每天都得看，以免过度劳累。可是，宋太宗却回答说："我很喜欢读书，从书中常常能得到乐趣，多看些书，总会有益处，况且我并不觉得劳累。"于是，他仍然坚持每天阅读三卷，有时因国事繁忙耽搁了，他也要抽空补上，并常对身边的人说："只要打开书本，总会有益处的。"

宋太宗由于每天坚持阅读，学识十分渊博，处理国家大事也得心应手。大臣们见皇帝如此勤奋读书，也纷纷效仿，一时间读书的风气极盛。

牛角挂书：勤奋方能成事

【出处】《新唐书·李密传》

【释义】将书挂在牛角上，骑着牛一边走一边看。比喻读书勤奋，学习刻苦。

【历史典故】

李密，隋末辽东人，少时在隋炀帝的宫廷里当侍卫。后来因为他在值岗的时候不认真，被隋炀帝发现了，就免了他的差使。李密并不懊丧，愈加发愤读书，决定做个有学问的人。

有一回，李密骑着一头牛出门看朋友。在路上，他把《汉书》挂在牛角上，抓紧时间读书，正好碰到越国公杨素，杨素见这年轻人如此好学，很是吃惊，便跟上问道："你是哪儿的书生，学习如此用功啊？"李密认识杨素，赶紧下牛拜见。杨素问他读的什么书，李密说："《项羽传》。"交谈中，杨素发现李密真是个人才。杨素回家以后，对儿子杨玄感说："我看李密的学识、才能和气度，比你们兄弟几个强得多。"于是，杨玄感便结交了李密，成为了好朋友。

韦编三绝：书读百遍，其义自见

【出处】西汉·司马迁《史记·孔子世家》

【释义】韦：熟牛皮；韦编：用熟牛皮绳把竹简编连起来；三：表示多次；绝：断。孔子读书很用功，他很爱读《周易》，翻来覆去地读，使穿连《周易》竹简的皮条断了好几次。形容读书勤奋。

【历史典故】

春秋时的书，主要是以竹子为材料制成的：把竹子劈成一根根竹签，称为“竹简”，用火烘干后在上面写字。竹简有一定的长度和宽度，一根竹简只能写一行字，多则几十个，少则八九个。一部书要用许多竹简，这些竹简必须用绳子之类的东西编起来才能阅读，像《周易》这样的书，是由许许多多竹简编起来的。

春秋时期的大教育家孔子自幼丧父，他勤奋好学，曾拜许多人为师，涉猎十分广泛，加之他不知疲倦地刻苦钻研，成为了我国历史上著名的大学问家。

孔子在年轻的时候花了很大的精力，把《周易》全部读了一遍，基本上了解了它的内容。不久，他又读了第二遍，掌握了它的基本要点。接着，他又读了第三遍，对其中的精神、实质有了透彻的了解。此后，为了深入研究这部书给弟子讲解，他又不知翻阅了多少遍。这样读来读去，把串连竹简的牛皮绳磨断了好几次，不得不多次换上新的再使用。即使读书读到了这样的地步，孔子还谦虚地说：“假如让我多活几年，我就可以完全掌握《周易》的文与质了。”孔子以身作则，给自己的学生树立了好的榜样，还利用各种机会告诉学生“好学”的重要性，成为了桃李满天下的大教育家。

断织劝学：学贵有恒

【出处】南朝·宋·范晔《后汉书·乐羊子妻传》

【释义】原指东汉时乐羊子之妻借切断织机上的线，来讽喻丈夫不可中途废学，后比喻劝勉学习。

【历史典故】

古时候有个叫做乐羊子的人，他娶了一位知书达理、勤劳贤惠的妻子，她总能帮助丈夫力求上进，做个有抱负的人。

乐羊子出门求学，没有多久就回来了，妻子问他缘故。乐羊子说："出门在外久了，心中想念家人，没有别的特殊的事情。"妻子听了这话，半晌无语，忽然她抓起剪刀，快步走到织布机前"咔嚓咔嚓"把织了一大半的布都剪断了。乐羊子吃了一惊，问道："你这是干什么？"妻子回答说："这匹布是我日日夜夜不停地织呀织呀，它才一丝一缕地积累起来，一分一毫地变长起来，终于织成了一整匹布。现在我把它剪断了，白白浪费了宝贵的光阴，也永远不能恢复为整匹布了。学习也是一样的道理，要一点点地积累知识才能成功。你现在半途而废，不愿坚持到底，不是和我剪断布一样可惜吗？"

乐羊子被妻子的话感动了，又回去学习完成了自己的学业。

尽信书，不如无书：读书不可读死书

【出处】战国·孟轲《孟子·尽心下》

【释义】读书时应该加以分析，不能盲目地相信书本，也不能拘泥于书本的内容，应当辩证地去看问题。

【历史典故】

传说在殷商末年，周武王继位后得知商纣王的军队主力远征东夷，朝歌空虚，即率兵伐商。周武王率军队，进攻至牧野。

商纣王闻讯后，仓促地调动少量的防卫兵士至牧野迎战。后来，《尚书·武成》中说："受（纣王）率其旅如林，会于牧野。罔有敌于我师（没有人愿意和我为敌），前徒倒戈，攻于后以北（向后边的自己人攻击），血流漂杵。”

战国时期的孟子，有一次读到这里颇有感慨地说：“尽信《书》，则不如无《书》。吾于《武成》取二三策而已矣。仁人无敌于天下。以至仁伐至不仁，而何以血之流杵也？”按照孟子的看法，像周武王这样施行仁道的人，讨伐商纣王这样极为不仁的人，怎么会血流成河呢？肯定是《尚书》的记述有问题。

江郎才尽：业精于勤而荒于嬉

【出处】南朝·梁·钟嵘《诗品》

【释义】江郎：指南朝江淹。原指江淹年少时以文才著称，晚年诗文无佳句。后比喻在安逸享乐中才思枯竭。

【历史典故】

江淹是南朝时的一位诗人，他出身贫寒，从小失去了父亲，与母亲相依为命，生活艰苦，以砍柴为生。他每天忙于砍柴，根本没时间读书。后来，13岁那年，他去山上砍柴的途中拾到一顶大官戴过的貂皮帽子。貂皮很珍贵，可以卖不少钱。江淹高兴地把帽子拿回家，母亲看了很高兴，说：“孩子啊，捡到这帽子是个好兆头，以后你一定能做大官。要好好把它留着，将来做了大官你好戴它。”听了母亲的话，江郎就把帽子好好地收藏了起来。

从此以后，他刻苦读书，一心想将来当个大官。他一边砍柴，一边默默背书。几年的工夫，写起文章来下笔洋洋洒洒，一气呵成。如《别赋》《恨赋》等都获得了极高的评价。

当时，有个叫檀超的人，读了江淹的诗，赞不绝口，还特地去拜访江淹，请江淹到他家去做客。江淹见檀超热情好客，又不拘礼节，从心里敬佩他。于是，两人成了意气相投的好朋友。檀超赏识江淹的才华，逢人便夸，言辞近似为其吹嘘。这样，江淹的名声渐渐大起来，也成了有名的诗人。

不久后，江淹受到了建平王刘景素的赏识和提拔，在南兖州做了官。但是没想到，不多时，他便被一名犯了罪的县令诬告，被捕入狱坐了大牢。幸亏后来刘景素给他洗清了冤情，出了狱，又提升他做了官。

后来刘宋被齐朝取代，江淹和檀超又做了史官，负责编写史书。不久，一个襄阳人发掘出一座古墓，里面有一面玉镜和一些竹简。竹简上的古体字没有人认识，有人提议说，让江淹来看看。朝廷就派人把竹简拿给江淹看，江淹一看，这是西周时候的钟鼎文，少年时他为了当大官还苦学过这种文字。江淹看了一会儿，明白了其中的内容，写的是周宣王时候的事。看后，他给来人讲解，周围听的人很佩服。从此，江淹的名气更大了。朝廷也更加看重他，他的官越做越大，最后官至光禄大夫后又被封为醴陵侯，有了千亩良田，成了豪门贵族，过起了养尊处优的生活。

此后，他不再读书、写字、做诗、写文章了，有时写首诗，词句也大不如从前，没有什么文采。很多人都替他惋惜，说他“江郎才尽”了。

纪昌学射：用心专一才能学有所成

【出处】战国·列御寇《列子·汤问》

【释义】比喻学习本领必须从基本功做起，要持之以恒。

【历史典故】

甘蝇是古时著名的神射手。只要他张弓射箭，飞鸟就会应声落下，走兽也会倒在地上。他的学生名叫飞卫，飞卫虚心地向甘蝇学习射箭，他的技术超过了老师甘蝇。

有个叫纪昌的年轻人拜飞卫为师。飞卫对他说：“你先要学会在任何情况下都不眨眼睛的本领，然后才能学习射箭。”

纪昌回到家里，仰面躺在他妻子的织布机下，两眼死死地盯着一上一下快速移动的梭子。这样练习了两年以后，就是锥子已经快刺到眼睛了，他的眼睛也不眨一下。

纪昌高兴地把自己的成绩告诉飞卫。飞卫说：“这还不够，你还得练好眼力才行。当你能够把极小的物体看得很大，把模糊不清的物件看得清清楚楚，到那时候，你再来找我。”纪昌回到家，捉了一个虱子，用牛尾长毛拴着，吊在窗户上。他每天面朝南方，目不转睛地盯着那只虱子。十多天后，虱子在他眼中渐渐变得大了起来；三年以后，竟变得像车轮一般大小。再看其他的东西，都跟山丘一样巨大。他便用牛角做成的弓，搭上箭，对准虱子射去。箭头贯穿了虱子的心脏，而牛尾长毛还好端端地悬在空中。纪昌把学习成果告诉飞卫，飞卫高兴地说：“你已经学成了！”

呕心沥血：一点一滴积累

【出处】唐·李商隐《李长吉小传》

【释义】呕：吐；沥：一滴一滴。消耗了太多的心思，以至于好像要把心呕出来，还滴着血一样。比喻用尽心思，多形容为事业、工作、文艺创作等用尽心思。

【历史典故】

唐代是我国古典诗歌发展的全盛时期，这一时期诗人辈出。“诗仙”李白、“诗圣”杜甫等等，都是我们熟知的著名诗人，除此之外，还有很多著名的诗人辈出，李贺便是其中一位。

李贺，字长吉，天资聪颖，7岁就开始写诗做文章。成年后，他一心希望朝廷能重用他，但他在政治上一直不得志，只好将苦闷的心情通过诗歌的创作抒发出来。

李贺作诗注重从现实生活中寻找素材。他每次外出，都让书童背一个袋

子，只要一有灵感，想出几句好诗，他就马上记下来，然后放进书童背的袋子里，回到家后，再重新整理。每次看到他这样，母亲总是心疼地说：“我的儿子把全部的精力和心血放在写诗上了，真是要把心血都呕出来才罢休啊！”

李贺在他短暂的26年的人生中，留下了两百余首诗，这些诗作都是他用毕生的心血凝成的，后世称他为“诗鬼”。

废寝忘食：厚积薄发，一鸣惊人

【出处】战国·列御寇《列子》和南朝·齐·王融《曲水诗序》

【释义】废：停止；寝：睡觉。顾不得睡觉，忘记了吃饭。形容工作或学习专心努力。

【历史典故】

孔子，名丘，字仲尼，是儒家的创始人。在年老的时候，他带着他的弟子们周游列国。在他64岁那年，来到了楚国的叶邑，叶邑大夫沈诸梁热情接待了他们。沈诸梁人称叶公，他只听说孔子是著名的思想家、政治家，门下有许多优秀的学生，对孔子本人并不十分了解，于是向孔子的学生子路打听孔子的为人。子路虽然跟随孔子多年，但一时却不知怎么回答，就没有做声。

后来，孔子知道了这件事，就对子路说：“你应该这样回答他：‘孔子的为人呀，努力学习而不厌倦，以致顾不上睡觉，忘记了吃饭，津津乐道于授业传道，而从不担忧受贫受苦；自强不息，甚至忘记了自己的年纪。’”

画龙点睛：点明要旨

【出处】唐·张彦远《历代名画记·张僧繇》

【释义】为画好的龙点上眼珠。比喻写文章或讲话时，在关键处用笔，使内容

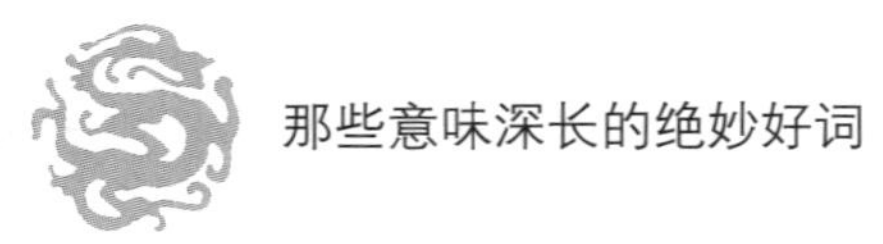

生动有力；也比喻做事在紧要之处着力。

【历史典故】

南北朝时期，梁代画家张僧繇擅长画龙，而且画龙的艺术技法，已经到了出神入化的地步。

有一次，张僧繇在金陵安乐寺的墙上，画了四条白龙，活灵活现，呼之欲出。令人不解的是这四条白龙都没有点上眼睛。许多人对此不解，问他："先生画龙，为什么不点上眼睛呢？"张僧繇回答："眼睛是龙的精髓所在。点睛很容易，但一点上，龙就会破壁乘云飞去。"大家都不相信他的回答，纷纷要求他点睛，看看龙是否会飞跃而去。

张僧繇一再解释，龙点了眼睛要飞走，但大家执意要他点睛。于是他提起画笔，运足气力，刚点了其中两条龙的眼睛，就乌云翻滚，雷电大作，暴雨倾盆而下。两条刚点上眼睛的白龙腾空而起，乘着彩云飞跃到空中去了，而那两条未点睛的白龙，仍留在墙壁上。大家看得目瞪口呆。

盲人摸象：切忌以偏概全

【出处】北宋·释道原《景德传灯录·洪进禅师》

【释义】比喻只通过片面的了解就下定论，看问题以点代面、以偏概全。

【历史典故】

从前，有五个盲人很想知道大象长什么样子，于是他们相约来到王宫，恳请国王满足他们的要求。善良的国王听了，欣然应允，并命人牵来一头大象。

于是，几个盲人高高兴兴地朝大象走了过去，大象实在太大了，他们有的摸到了大象的牙齿，有的摸到了大象的耳朵，有的摸到了大象的腿，有的摸到了大象的身子，还有的摸到了大象的尾巴。国王看他们都摸得差不多了，便让他们每个人说说看大象的样子。

第一个盲人摸着大象的牙齿说：“大象就像一个又大又粗又光滑的大萝卜。”第二个盲人摸着大象的耳朵说：“大象又宽又大又扁，明明就像一把大蒲扇嘛！”第三个盲人摸着大象的腿说：“你们俩说得都不对，它明明又圆又高，像根大柱子。”第四个盲人摸着大象的身子说：“大象又厚又大，就像一堵墙。”第五个盲人摸着大象的尾巴说：“你们说得都不对，大象根本没有那么大，它像一根草绳。”

盲人们吵吵嚷嚷，争论不休，都说自己摸到的才是大象的样子。国王见了哈哈大笑，他们每个人都只摸到了大象的一部分，却误以为摸到了大象的全部，实际上，他们一个也没说对。

庖丁解牛：把握事物内在的规律

【出处】战国·庄周《庄子·养生主》

【释义】庖丁：厨师；解：肢解分割。比喻经过反复实践，掌握了事物的客观规律，做事得心应手，运用自如。

【历史典故】

战国时期，梁国有一个名叫庖丁的厨师，专门负责替梁惠王宰牛。他手所摸着的地方，肩所靠着的地方，脚所踩着的地方，膝所顶着的地方，都发出“哗哗”的皮骨相离声，就像音乐一样动听，而且他还能将这些声音同《桑林》、《经首》两首乐曲伴奏的舞蹈节奏合拍。

站在一旁的文惠君不觉看呆了，他禁不住高声赞叹道：“真了不起！你宰牛的技术怎么会这么高超呢？”庖丁放下刀子回答说：“臣喜欢探究事物的规律，这已经超过了一般的宰牛技术。当初我刚开始宰牛的时候，看见的都是完整的牛。3年之后，当我已经对牛的结构了如指掌的时候，就再也看不见整头的牛了。到了现在，臣下宰牛的时候，只需要用心神去接触牛，而不必用眼睛去看了。依据牛体的天然生理结构，劈开筋骨间大的空隙，沿着骨节间的空穴用刀，从来没有碰过那些支脉、经脉、骨肉粘连的地方，更何况是那种大块的骨头呢？我手中的这把刀，已经用了十九年，但刀刃却仍像刚磨过的一样。”

梁惠王听他说完，问道：“这么大一头牛，你轻而易举地就能将它宰完了吗？”庖丁摇摇头，回答说：“每当碰上筋骨交错的地方，我就会特别谨慎、小心翼翼，目光集中，动作放慢，刀子轻轻地动一下，‘哗啦’一声牛的骨肉便被分解开了，就像一堆泥土散落在地上一样。这时，我才放心，提起刀站着，为这一成功而心满意足，然后擦拭好了刀，把它妥善地收藏起来。”

文惠君听了庖丁的这一席话，频频点头，似有所悟地说：“好啊，我听了您的这番金玉良言，还学到了不少修身养性的道理呢！”

临池学书：厚积才能薄发

【出处】南朝·宋·范晔《后汉书·张芝传》

【释义】临：靠近，挨着；池：砚池；书：书法。指刻苦练习书法。

【历史典故】

东汉末年，在敦煌酒泉有个爱好书法的少年，名叫张芝，他家附近有一个池塘，池塘边有一块很大的青石。由于家里贫穷，买不起纸，于是张芝每天早早起来，就以这块大青石为桌子练习书法。时间久了，大青石被他磨得平平的。

有一天，他发现自己的白色长罩衫的宽大衣袖可用来练字，便脱下展平在上面写起字来。写满了一只，又换一只。后来，索性连前襟后背也展开弄平当纸来写字。

不知不觉到了中午，一件大长外罩衫上密密麻麻都写满了字。他抖着长衫，看着写满的字，很是高兴。他写的是当时流行的“章草”。他对自己练写的字挺满意，但想起要回家吃饭，就发了愁，怎么向父母交代呢？他怕父母生

气，不敢回家。他一转身，看见自己家屋旁的大池塘有了主意。他拿着长衫跑到池塘边，把长衫浸在池塘里搓洗。结果，字迹倒是看不见了，可是白长衫变成了灰长衫。他提着灰长衫回到了家，做好了被父母责备的准备。父母见他的长衫变成了灰色，便问他是怎么回事，张芝很诚实地说了实话。不料，父母听完不但没生气，反而夸他刻苦练字的精神。母亲当即把儿子的长衫拿过来浸在水盆里，重新搓洗。这以后，母亲找一些没用的布帛，给张芝练习书法用。

由于张芝的勤学苦练，他的书法进步很大。但他还不满足，认为不能总是模仿别人，书法应当不断创新。他认真分析自己写过的字，章草这种字形结构很难记忆，许多笔画勾连不断，不便于拆开辨认。

他想，应该创造出一种易于辨认、易于书写的新书体。从此，他潜心研究、练写，为此花了许多精力，一直没有成功。

有一次，他与友人在长江乘船航行。长江水奔腾不息，一泻千里的气势，触发了他的灵感。他终于克服了章草的弊端，创造出一种新的字体——今草。

今草摆脱了章草的弊端，上下字之间的笔势自然牵连相通，既有章法，又有气势。字的偏旁则相互假借，笔力纵横，形似神变而无极。这就是张芝受到浩瀚的长江自然景观的启迪而创造的字体。

后来，历代书法家们在今草的基础上又不断创新，最终成了所谓的“狂草”。张芝的今草对后世历代书法家影响很大，人称张芝为我国书法史上第一个“草圣”，并用“临池学书”来赞誉他。

郑人买履：“变”则“通”

【出处】战国·韩非《韩非子·外储说左上》

【释义】履：鞋子。郑国人买鞋子只相信自己测量的尺寸，而不自己用脚试穿大小。讽刺不懂变通、不尊重客观条件的人。

【历史典故】

古时候，郑国有一个人想买一双鞋子，他先在家里量好了自己脚的尺寸，用一根绳子记录下来，然后随手将绳子放在桌子上，就出门了。

他来到集市上卖鞋的店铺里，左挑右选，终于挑好了一双鞋，正准备买的时候，忽然发现自己量好尺寸的绳子放在家里忘带了，就回去取量好尺寸的绳子。他匆匆忙忙地赶回家，拿了放在桌子上的绳子后，又匆匆忙忙地赶回集市。来回花了将近两个小时的时间，等他返回集市的时候，太阳都要下山了，大多数店铺已经关门了。他来到卖鞋子的店铺前，看到已经关门了，再看看自己脚上鞋子的大洞，十分沮丧。

旁人问他："你给自己买鞋，为什么不直接试试大小，非要按量好的尺寸买鞋呢？"他说："我只相信我量的尺寸，不相信自己的脚。"

按图索骥：学而不思落笑柄

【出处】东汉·班固《汉书·梅福传》

【释义】骥：好马。按照图画上的样子，去寻求好马，结果一无所获。比喻办事拘泥教条、死板，不能灵活变通。

【历史典故】

春秋时，秦国有个名叫孙阳的人，善于鉴别马的好坏，只要让他看一眼，便能分辨出马的优劣。传说伯乐是负责管理天上马匹的神，于是人们都把孙阳称为"伯乐"。为了不让自己的一身绝学失传，他把自己多年积累的识马经验写成一本书，名为《相马经》，书中图文并茂地介绍了各类好马。

孙阳的儿子资质很差，却想继承父亲的事业。在熟读了这本书后，他以为自己学到了父亲的所有本领，便拿着《相马经》去找千里马。《相马经》上说："千里马的主要特征是：高脑门，眼睛明亮，有四个大蹄子。"他按照这个特征找了很久，也没有什么收获。

有一天，他发现路边有一只蹦蹦跳跳的动物，他看了很久，觉得这个东西很像《相马经》中所说的千里马，费了九牛二虎之力才把这个“千里马”捉住，并带回家。一进门，他便嚷着说：“我找到了一匹千里马，它长得和《相马经》中说得差不多，就是个头小了点，蹄子差了些。”孙阳一看儿子手里捉着的居然是一只癞蛤蟆，哭笑不得，只好回答说：“傻儿子，你拿的是一只癞蛤蟆，根本不是什么千里马啊！你这样按图索骥是不行的，要学相马的本领，就得多去看马、养马，深入地了解马才行啊！”儿子听了羞愧不已，从此便认真地到马群中去研究马。

闻鸡起舞：勤奋是幸运之母

【出处】《晋书·祖逖传》

【释义】闻：听到；舞：舞剑。听到鸡叫声，就起来舞剑。比喻有志向的人及时奋发。

【历史典故】

祖逖和刘琨是晋代著名的两个将领。祖逖担任司州主簿，主管文书簿籍。刘琨是汉朝宗室中山靖王刘胜的后代，也是一个很有志向的青年。他们志同道合，都希望为国家出力，干一番事业。

当时，西晋皇族内部互相倾轧，争权夺利，北方各少数民族首领乘机起兵作乱。祖逖和刘琨对此很是焦虑，他们白天一起在衙门里供职，晚上一起谈论国家大事，谈如何建功立业，报效国家，一直谈到深夜，累了才合盖一床被子睡下。

有一天，他们谈得很晚才入睡，刚睡了一会儿，祖逖猛然听到鸡的叫声，于是叫醒刘琨说：“你听，你听，这不是鸡的叫声吗？恐怕天下要大乱了，我们还能安稳地睡觉吗？”刘琨揉揉眼，想想说：“对！应该居安思危！”于是，两人来到院中，拔剑对舞起来，直到曙光初露才去歇息。

后来，祖逖和刘琨为收复北方竭尽全力，作出巨大贡献。他们闻鸡起舞的故事更是传为美谈，家喻户晓。

贾岛推敲：认真练就真理

【出处】唐·韦绚《刘公嘉话》

【释义】推敲是指作家在文字操作过程中反复斟酌、调动词句，以求准确、妥帖地把形象物化为定型产品的操作情况。形容做事要反复琢磨、斟酌，力求精益求精。

【历史典故】

贾岛是唐朝著名的苦吟派诗人。什么叫苦吟派呢？就是为了一句诗或是诗中的一个词，不惜耗费心血，花费工夫反复研究。贾岛曾用几年时间做了一首诗，诗作完成之后，他热泪横流，不仅仅是高兴，也是心疼自己。当然他并不是每作一首都这么费劲儿，如果那样，他就成不了著名诗人了。

一天，贾岛骑着毛驴走在京城的大街上，随口吟成一首诗，其中两句是：“鸟宿池边树，僧敲月下门。”吟完之后，又想是不是应该将“敲”字改用“推”字比较好，犹豫不决，于是，一边思考，一边反复做着推门和敲门动作。

恰好遇到时任大官的韩愈正带着车马出巡，贾岛不知不觉地走到韩愈的仪仗面前，还在不停地做着手势，冲撞了韩愈的马队，被侍卫带到了韩愈面前。贾岛如实地将自己刚才骑在驴上所得的诗句告之，还把因为斟酌“推”、“敲”二字而来不及回避的情形讲了一遍。

韩愈听后，深思片刻后说：“‘敲’字好！在万物入睡、安静得没有一点声息的时候，敲门声更显得夜深人静。”贾岛连连拜谢，把诗句定为“僧敲月下门”。后来，韩愈和贾岛成了很要好的朋友。

悬梁刺股：发奋刻苦，求学始成

【出处】西汉·刘向《战国策·秦策一》

【释义】股：大腿。将头发悬在梁上，用锥子刺大腿，以防止打瞌睡。形容读书学习发愤刻苦。

【历史典故】

成语“悬梁刺股”由两个故事组成。战国时期，有一个人名叫苏秦，字季子，是当时有名的政治家。他年轻时，曾与张仪一起师从鬼谷子学习兵法。学成之后，他到各国去游说，希望各国的君主可以采纳他的政治主张，但却始终一无所获。最后，只能回家。回家后，家人对他也很冷淡，邻居们也都在暗地里嘲笑他，这对他的刺激很大。所以，他下定决心，发愤读书。从此，他闭门不出，埋头苦学，常常读书到深夜，有时困得直打盹，他就用冷水冲醒自己。但是，到后来冷水也没有什么用了，于是他想出了另一个方法，准备一把锥子，一打瞌睡，就用锥子往自己的大腿上刺，使自己清醒了，再坚持读书。几年的苦读之后，他获得了丰富的知识，他再次去各国游说，成为了一位声望颇高的大纵横家。

东汉时期，也有一个像苏秦一样勤学苦读的人，他叫孙敬，字文宝，是当时著名的政治家。年少时由于知识浅薄得不到重用，于是，他下决心认真钻研，经常关起门，独自如饥似渴地读书。每天从早到晚常常废寝忘食，由于读书时间长，困倦得直打瞌睡。他想了很多办法来使自己清醒，但是到后来都失去了效用。他怕影响自己读书，就想出了一个办法。他找来一根绳子，一头牢牢地绑在房梁上，一头则绑住自己的头发。当他读书困倦打盹时，头一低，绳子就会牵住头发，这样就会把头皮扯痛了，自己马上清醒，再继续读书学习。功夫不负有心人，孙敬后来终于成为了大学问家。

凿壁偷光：锲而不舍

【出处】西汉·刘歆《西京杂记·卷二》

【释义】西汉匡衡凿穿墙壁引邻舍之烛光读书，指勤奋学习。

【历史典故】

西汉时候，有一位大学者叫匡衡，学识非常渊博。但他的成功并不是因为他是个天才，而是因为他的执着与勤奋。

匡衡出身贫寒，自幼就很爱读书，可是因为家里穷，没钱上学读书。后来，他跟一个亲戚学认字，才有了读书的能力。当时的书籍都很贵，家里根本买不起，那些家中有藏书的富人们又不肯随意地把书借给别人。于是，匡衡就在农忙时节，给有钱的人家打短工，不要工钱，只求人家借书给他读，那些有钱人自然是乐意之至。这样，匡衡便可以读很多书。

但是，新的难题出现了，匡衡一天到晚在地里干活，只有中午歇息的时候，才有时间看书，所以一卷书常常要十天半月才能够读完。匡衡很着急，心里想：白天种庄稼，没有时间看书，我可以多利用一些晚上的时间来看书。可是匡衡家里很穷，点不起油灯，该如何是好呢？

有一天晚上，匡衡躺在床上，突然看到东边的墙壁上透过来一丝亮光。他站起身，走到墙壁边一看，原来从壁缝里透过来的是邻居家的烛光。于是，匡衡想了一个办法：他拿了一把小刀，在墙壁上挖了一个小洞，在邻居家掌灯的时候，烛光就从小洞中透过来，他就借着透进来的灯光，读起书来。书得来不易，烛光也得来不易，因此匡衡非常珍惜读书的机会，他以惊人的毅力博览群书，终于成为一名知识渊博的学者。

量体裁衣：具体问题具体分析

【出处】南朝·梁·萧子显《南齐书·张融传》

【释义】按照身材剪裁衣裳，比喻根据实际情况办事。

【历史典故】

张融是南朝齐国的官员，深受齐太祖萧道成的器重。一次，皇帝派人给他送来一件旧衣服，说是自己以前穿的，让裁缝按照他的身材改做好了，一定会合身的，张融收到衣服后非常感激齐太祖的知遇之恩。

清人钱泳在《履园丛话》中也讲了一个“量体裁衣”的故事：从前，京城有个裁缝，他给人做衣服时，对穿衣人的性格、年龄、相貌，甚至这人什么时候中的举等，都要详细询问一番，别人不理解，他说出了一套“长短之道”：如是年轻时中举，必定性情骄傲，连走路都要挺胸凸肚，因此衣服要做得前长后短；如果年老才中举，大都意志消沉，走路难免要弯曲腰身，衣服要做得前短后长。体胖体瘦，腰有宽有窄；性急性慢，衣服长短有别。钱泳认为这个裁缝很高明，不只是机械地量尺寸，而根据对方的特点决定衣服样式。

滥竽充数：真才实学才是关键

【出处】战国·韩非《韩非子·内储说上》

【释义】滥：混杂，引申为蒙混之意；竽：古代一种乐器，可以合奏，也可以独奏。不会吹竽的人混在吹竽的队伍里充数。比喻无本领的冒充有本领，次货冒充好货。

【历史典故】

古时候，齐国的国君齐宣王爱好音乐，尤其喜欢听吹竽，善于吹竽的乐师足有三百个。齐宣王爱摆排场，总想在人前显示国君的威严，所以每次都会让这三百个人一起合奏给他听。有位南郭先生听说了齐宣王的这个爱好，觉得有机可乘，就跑到齐宣王那里，吹嘘说：“大王，我是个乐师，听过我吹竽的人没有不被感动的，就是鸟兽听了也会翩翩起舞，花草听了也会合着节拍颤动，我愿把我的绝技献给大王，成为大王众多乐师中的一员。”齐宣王听了很高兴，马上收下了他，将他编进三百人的吹竽队伍中。以后，南郭先生就和众乐师一起合奏吹竽给齐宣王听，和众乐师享受同样优厚的待遇。

其实南郭先生压根儿就不会吹竽，他跟齐宣王说的那番话只不过是他的一个弥天大谎。每逢演奏的时候，他就捧着竽混在队伍中，人家摇晃身体，他就跟着摇晃，人家摆头，他也跟着摆，装出一副动情忘我的样子。就这样，南郭先生混过了一天又一天。

过了几年，齐宣王死了，他的儿子齐湣王继位。齐湣王也爱听吹竽，但他和齐宣王不一样，他觉得独奏更悠扬、更动听。于是齐湣王下令，要这三百个吹竽的乐师好好练习，一个个轮流吹竽给他欣赏。乐师们都积极练习，想一展身手，只有那个滥竽充数的南郭先生，吓得惶惶不可终日。他想来想去，觉得蒙混不过去了，只好连夜收拾行李逃走了。

熟能生巧：熟练是成功必经之路

【出处】北宋·欧阳修《归田录》

【释义】做什么事情熟练了，就能找到窍门。

【历史典故】

北宋时期，有个叫陈尧咨的人，他从小就喜欢射箭，整日练习，箭术十分精湛。他因此非常骄傲，常常炫耀自己的本领。

有一天，陈尧咨练习射箭，只见他举起了弓，搭上箭，一连发出十支箭，每支箭都正中红心。旁观人见他有如此高超的射箭本领，都拍手叫好。陈尧咨自己也很得意，他环顾四周，发现一个卖油的老头只是略微地点了点头，有些不以为然的样子。陈尧咨心里很不舒服，不客气地问他：“喂，你这个老头会射箭吗？你觉得我射得怎样？”老人回答：“我不会射箭。你射得还可以，但并没有什么特别，只是手法熟练而已。”

陈尧咨听了有些恼火地说：“老头儿，你敢小看我射箭的本领，难道你有什么更高超的本事吗？”老人笑着说：“这射箭的本领我可没有，不过我可以倒油给你看看。根据我卖油的经验，知道你的射箭本领也只是熟能生巧而已。”说完，老人拿了一个盛油的葫芦放在地上，又在葫芦口放了一枚有孔的铜钱，然后舀了一勺油，油勺轻轻一歪，那些油就像一条细细的黄线，笔直地从钱孔流入葫芦里。倒完之后，油一点儿也没沾到铜钱。老人谦虚地说：“这也是一种平常的技术，只不过是手法熟练罢了！”陈尧咨听了十分惭愧，从此更加努力地练习射箭，再也不夸耀自己的箭术了。

磨杵成针：滴水能穿石

【出处】《潜确类书·卷六十》

【释义】把铁棒磨成了针。比喻做任何事，只要有毅力，肯下苦功，就能够克服困难，作出成绩。

【历史典故】

少年时的李白虽然聪明过人，但并不是个能持之以恒坚持完成一件事的孩子，每次遇到困难，就会退缩。有一次，他觉得读书枯燥无味，于是便跑出去闲逛。在河边，他看见一位老婆婆手拿一根粗大的铁棒在磨刀石上不停地磨，神情专注。他奇怪地问：“您磨大铁棒干什么？”“我想把它磨成一根绣花针。”老婆婆把脸上的汗水擦了擦，依然认真地磨着铁棒。李白一听哈哈笑起来，说：“这么粗的一根铁棒，哪年哪月才能把它磨成一根针呢？”老婆婆慈祥地说：“是的，铁棒子又粗又大，要把它磨成针很困难。可我每天不停地磨，总有一天，会把它磨成针。孩子，只要工夫深，铁棒也能磨成针！”李白听完这番话，突然明白，只要有恒心，什么事都能做成，读书也一样。

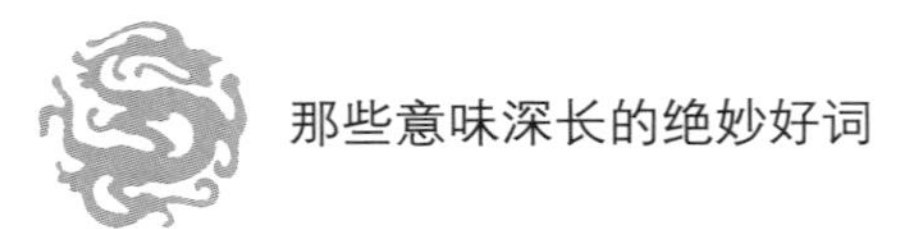

髀肉复生：一寸光阴一寸金，寸金难买寸光阴

【出处】西晋·陈寿《三国志·蜀书》

【释义】髀：大腿。因为长久不骑马，大腿上的肉又长起来了，形容长久过着安逸舒适的生活，虚度光阴，无所作为。

【历史典故】

刘备在与曹操作战中失败后，丢失了地盘，只得投奔汉皇族刘表。刘表对刘备的为人处世很满意，就给刘备一千人马，叫他驻守在新野（现在河南省南阳市）一带。刘备在新野又开始养精蓄锐。

曹操一心想统一北方，不久，挥师北上，进攻袁绍。刘备连忙劝刘表去袭击曹操的老巢——许都。但刘表贪图安逸，没有接受刘备的建议。后来，曹操消灭了袁绍，又回师许都，刘表很后悔。对此，刘表从内心很佩服刘备。

几天后，刘表请刘备喝酒聊天。席间，刘表对刘备说："上次没有听您的话，失去了一个好机会，真可惜！"刘备安慰他说："如今天下分裂，天天有战事。上次失去机会，怎么知道今后不能再碰到呢！机会是没有尽头的。已经过去的事，就不必再后悔了。"两人交谈得很投机，又商量了以后的打算。刘备摸了摸自己的大腿，发现大腿上的肉又长起来了，不禁掉下泪来。刘表见了很奇怪，问他道："怎么，您是不舒服还是有什么心事？"刘备不好意思地说："没什么。我以前一直南征北战，长期不离马鞍，大腿上的肉精壮结实，到这里来后，一晃就是五年，闲居安逸，用不着骑马，髀上的肉复长，又肥又松。一想起时光过得这么快，人都快老了，复兴汉室的功业一点也没有建成，因此心里非常难受。"

后人便从这段故事中概括出"髀肉复生"这一典故，用它来比喻久居安逸的环境中，庸碌无为的虚度年华。

囊萤映雪：读书不畏难

【出处】“囊萤”出自《晋书·车胤（yìn）传》，“映雪”则出自唐·黄恭之《孙氏世录》

【释义】映雪：利用雪的反光；囊萤：包着的萤火虫。原是车胤用口袋装萤火虫来照书本，孙康利用雪的反光勤奋苦学的故事。后用“囊萤映雪”比喻家境贫苦，刻苦读书。

【历史典故】

车胤，字武子，晋南平（今安乡、津市一带）人。车胤自幼好学不倦，可是由于家庭贫困，没有钱买灯油在晚上读书。一个夏夜，他在屋外诵书，忽然看到原野里如星星一样的萤火虫在空中飞舞。他突发奇想：萤火虫的光亮在黑夜里不正如灯一样吗？这样我就能够彻夜苦读了！想到这儿，他立即找来了白绢扎成一个小口袋，抓了几十只萤火虫放在里面，放在屋子里，果然亮了不少。车胤就这样用功苦读，终于成了一个很有学问的人。

同朝代的孙康也是如此。由于没钱买灯油，晚上不能看书，只能早早睡觉。他觉得让时间这样白白溜掉，非常可惜。一天半夜，他从睡梦中醒来，把头侧向窗户时，发现从窗缝透进一丝光亮。原来，那是大雪映出来的，可以利用它来看书。于是他倦意顿失，立即穿好衣服，取出书籍，来到屋外。宽阔的大地上映出的雪光，比屋里要亮多了。孙康不顾寒冷，立即看起书来，手脚冻僵了，就起身跑一跑，同时搓搓手指。此后，每逢有雪的晚上，他就孜孜不倦地读书。这种苦学的精神，促使他的学识突飞猛进，成为饱学之士。

第十五章 励志类：听从理想的召唤

一日千里：士别三日，当刮目相看

【出处】战国·庄周《庄子·秋水》

【释义】原形容马跑得很快，一天能跑一千里，现在比喻人进步很快或事情发展迅速。

【历史典故】

战国时期，燕国太子丹在赵国做人质时，与同在赵国做人质的秦国王子嬴政同病相怜，两人相处很好。

后来，嬴政回国做了秦王，太子丹又到秦国去做人质，原本以为可以得到嬴政的优待。不料，嬴政不但没有顾念旧情，加以特别照顾，反而处处冷待、刁难他，太子丹见此状况，便找机会逃回了燕国。回国后，太子丹一直耿耿于怀，想报复嬴政。但由于燕国势单力薄，根本无法与秦国抗衡，更别说实现报仇的愿望了。

不久，秦国出兵攻打齐、楚、韩、魏、赵等国家，渐渐逼近了燕国。燕国国君担心不已，太子丹也忧愁万分，于是就向他的老师鞠武请教阻挡秦国侵吞的办法。鞠武说："我有一个好朋友，名叫田光，他为人机智，很有谋略，您可以跟他商讨一下。”田光来了，太子丹非常恭敬地招待了他，并对他说：“希望先生能替我们想个办法，抵挡秦国的侵吞。”田光听了，沉默不语，与太子丹走到门外，指着拴在大树旁的马说：“这是一匹良马。在壮年时，它一天可以跑千里以上，等到衰老时，却连劣马都跟不上了。您说这是为什么呢？”太子丹说：“那是因为它精力不行了。”“对呀！您听说的关于我的情况，都是我壮年时候的事情了，如今我年事已高，精力不行了。”田光停了停又接着说：“虽然有关国家的大事我已无能为力，但我愿向您推荐一个人——荆轲，他能够承担这个重任。”

后来，太子丹结交了荆轲，派他去行刺秦王，但最后还是以失败告终。

大器晚成：怀才不遇，也不要放弃理想

【出处】春秋·李耳《老子》

【释义】大器：大才。大才需要经过长期的磨炼方能成就。能担当重任的人物要经过长期的锻炼，所以成就较晚。

【历史典故】

东汉末年，袁绍的身边有一位门客，名叫崔琰，从小喜习武艺，23岁才开始读书求学。但因其刻苦努力，进步十分明显。当时袁绍的军队军纪很差，每攻陷一个地方，都会掘开坟墓盗取陪葬的财物，因此所到之处，百姓都十分痛恨他们。崔琰见此情形，便劝说袁绍不要这样做，袁绍认为他说得对，接受了他的建议，并封他为骑都尉。官渡之战中，袁绍败于曹操，崔琰被俘。于是，他又开始跟随曹操，为曹操出了不少主意。在他做尚书时，曹操想立曹植为太子，崔琰反对，他对曹操说：“自古以来的规矩是立长子，怎么能立曹植呢？”曹植是崔琰的侄女婿，尽管是亲属他也不偏袒，曹操十分佩服他的公正。崔琰还善于发现人才。他有个堂弟叫崔林，性格内向，很少说话，年轻时既无成就也无名望，亲戚

朋友都看不起他，可是崔琰却很器重他。崔琰常对人说：“人的发达有迟有早，我只不过是早做了几年官，有才能的人需要长时间的磨炼才能成器，以崔林的见识和才干，将来必成大器。”

崔琰的眼光果然没错，崔林一直刻苦读书，并且时刻关注政局的变化。后来，在崔琰的推荐下，崔林当上了翼州主簿、御史中丞。到了魏文帝时期，他官至司空，被封为安阳侯。

不入虎穴，焉得虎子：成功隐藏在危险的背后

【出处】南朝·宋·范晔《后汉书·班超传》

【释义】不进老虎窝，怎能捉到小老虎。比喻不亲身经历险境就不能获得成功。

【历史典故】

汉明帝时，东汉名将班超奉命出使西域，意欲联合西域各国共同抗击匈奴。刚到鄯善国时，鄯善王款待十分周到，后来却忽然改变了态度。班超猜想一定是北匈奴也派来了使臣，他们从中作梗，才使鄯善王态度大为转变。

班超当即把随从官兵召到一起喝酒，趁大家酒劲正浓，说道：“现今大家和我一起都身在他国，本是想立大功，以求发达。可匈奴使臣来到这里没有几天，鄯善王就不把我们放在眼里，说不定哪天他会把我们送给匈奴，那我们可就要被豺狼吞吃了。大家说该怎么办？”官兵们都说：“在这危亡之地，生死都由您调遣！”于是，班超提议道：“不入虎穴，不得虎子。眼下也只有趁夜火攻匈奴使臣大营，使他们不知我们究竟有多少人马，然后趁乱消灭他们。只有采取这样的方法，鄯善国才会一心一意归顺汉朝。”

就这样，班超率领36人，一举拿下匈奴军营，鄯善国举国震惊。果真如班超所言，匈奴来使被杀后，鄯善国与汉朝正式建立了联盟。

水滴石穿：坚持是实现一切的力量

【出处】东汉·班固《汉书·枚乘传》

【释义】水一直下滴，时间长了能把石头滴穿。比喻只要坚持不懈，细微之力也能取得辉煌的成就。比喻只要有恒心，不断努力，事情就一定能成功。

【历史典故】

宋代崇阳县的县衙里，有个管理钱库的小官吏。一天，他由县衙出门回家时，负责警卫的衙役从他的头巾里发现了一枚铜钱，并立刻报告了县令张乖厓。张乖厓马上派人把那人关押起来，要以“盗窃国库”的罪名将他问罪。那个小官吏不服，申辩说：“我只拿了一文钱而已就抓我，我不服。”张乖厓提笔在判决书上写道：“一日一钱，千日一千。绳锯木断，水滴石穿。”意谓：一天偷一文钱，一千天就是一千文；用绳子不断去锯木头，木头也会锯断，小水滴不断地去滴石头，石头也会穿。随后，他亲自提起宝剑，斩了那个小官吏。

以逸待劳：养精蓄锐，又可占先机

【出处】春秋·孙武《孙子·军争》

【释义】逸：安闲；劳：疲劳。指在战争中做好充分准备，养精蓄锐，等疲乏的敌人来犯时给予迎头痛击。

【历史典故】

汉光武帝刘秀刚建立东汉政权时，全国还未完全统一。陇甘军阀隗嚣脱离刘秀，去投靠在四川称帝的公孙述。刘秀大怒，派兵去攻打隗嚣，结果反被隗嚣打败。

刘秀再派征西大将军冯异前去攻打，隗嚣得到消息，命令部将行巡立刻去旬邑抢占有利地形。冯异知道后，对其部将说：“我们必须抢占旬邑‘以逸待

劳’。”冯异命令部队急行军，终于抢在行巡之前占领了旬邑。冯异占领旬邑后，严密封锁消息，偃旗息鼓。行巡的部队急匆匆地赶到之时，城楼上突然鼓声大作，冯异亮出了帅旗。行巡的军队毫无防备，被冲出城来的冯异大军打得落荒而逃。

东山再起：夕阳西下几时回

【出处】《晋书·谢安传》

【释义】再起：再次出来做官。比喻退隐后再度出任要职，也比喻失势后，恢复力量或重新得势。

【历史典故】

谢安是东晋时期陈郡阳夏人，出身士族，注意修身养性，喜欢读书习艺，跟王羲之是好朋友，两人经常在会稽东山游览山水，吟诗谈文。但谢安不愿做官，而是在上虞的东山筑庐蛰居，过着闲适的隐居生活。他在当时的士大夫阶层中名望很大，大家都认为他是个有才干的人，有人推举他做官，他上任一个多月，就辞官回乡了。当时在士大夫中间流传着一句话：“谢安不出来做官，叫百姓怎么办？”

直至他的好友王坦之去东山面请，痛陈社稷危艰，国势衰微，亟须良将谋臣匡扶，谢安才慷忧而起，应召出山。其时，他已经四十多岁了，既然东山再起，受命于危难之际，谢安不敢懈怠，开始了他中年以后二十年的奋作。公元383年，苻坚亲率八十万大军伐晋。仅一个月，苻坚主力就逼近江南。这个消息传到建康，晋孝武帝和京城的文武官员都慌了神，请宰相谢安拿主意。谢安审时度势，亲自指挥众人配合作战。由于他指挥得当，晋军以少胜多，最后取得了淝水之战的胜利。

百尺竿头：再接再厉，更进一步

【出处】北宋·释道原《景德传灯录·卷十》

【释义】长竿的顶端。比喻极高的官位和功名，或学问、事业有很大的成就；佛教比喻道行、造诣虽深，仍需修炼提高。比喻虽已达到很高的境地，但不能满足，还要进一步努力。

【历史典故】

宋朝时期，有位高僧名叫景岑，号招贤大师。他佛学造诣高深，时常到各地去传道讲经，讲得深入浅出，娓娓动听，听的人总是会深受感染。

一天，招贤大师应邀到一座佛寺去讲经。前来听讲的僧人虽然很多，但法堂内除了大师的声音外，一片寂静。大师讲经完毕后，一名僧人站起来，向他行了一个礼，然后提了一个问题，请求大师解答。大师还了礼，慢慢地回答他。那僧人听到不懂处，又向大师提问，于是两人一问一答，气氛亲切自然。他俩谈论的是有关佛教的最高境界——十方世界的内容。为了说明十方世界究竟是怎么回事，招贤大师当场拿出了一份偈帖。所谓偈帖，就是佛教中记载唱词的本子。大师指着偈帖上面的一段文字念唱道："百丈竿头不动人，虽然得入未为真。百丈竿头须进步，十方世界是全身。"百丈的竹竿并不算高，尚需更进一步，十方世界才是真正的高峰。

老骥伏枥：烈士暮年，壮心不已

【出处】东汉·曹操《步出夏门行》

【释义】骥：良马，千里马；枥：马槽，养马的地方。比喻有志向的人虽然年老，仍有雄心壮志。

【历史典故】

东汉末年，政治动荡，诸侯四起，天下大乱。曹操很有远见，他想要统一天下，重新建立安定的社会。曹操自“挟天子令诸侯”，许昌屯田以后，先后消灭了董卓、黄巾军、吕布、袁术、袁绍、刘表等地方势力，基本上统一了北方。

建安五年（即公元200年），曹操在官渡之战中，以少胜多，大败袁绍，从此军威大振，袁绍的两个儿子投奔了乌桓，企图借助乌桓的力量卷土重来。乌桓的经济、文化较落后，尚处于奴隶制时代，他们常常侵袭汉朝的领土，百姓的生命财产没有保障。对此，曹操决心征讨乌桓。

公元207年，即建安十二年，曹操亲自统帅大军北上远征乌桓。当时曹操已年过半百。古人认为，人到五十岁，就开始衰老。为了彻底消灭袁氏残余势力，真正统一北方，曹操胸怀壮志，人老心不老，仍然驰骋疆场。经过长达几个月的艰苦行军作战，曹操在白狼山一带与乌桓的二十余万兵马进行了激烈的战斗，彻底击败了乌桓，杀死了他们的头领，十几万敌方兵士被迫投降。

曹操率领大军凯旋。在班师回朝的路上，曹操带着胜利的喜悦，想着自己已经是五十三岁的人，但重任肩负在身，统一中原的大业尚未完成，他激情澎湃，赋诗一首：

神龟虽寿，犹有竟时。

腾蛇乘雾，终为土灰。

老骥伏枥，志在千里。

烈士暮年，壮心不已。

……

这首诗表现了曹操热爱生命、老当益壮、志在千里的积极进取精神，抒发了他希望统一中原的豪情壮志。

夸父逐日：目标，通向成功的“绿卡”

【出处】《山海经·海外北经》

【释义】夸父：古代传说中一个善跑的巨人。夸父拼命追赶太阳。比喻人有大志，也比喻不自量力。

【历史典故】

远古时候，在北方荒野中，生活着一群力大无穷的巨人。他们的首领是幽冥之神后土的孙儿，名字叫做夸父，因此这群人就叫夸父族。他们高大魁梧，意志力坚强，而且心地善良，过着与世无争的日子。但是当时的大地上毒蛇猛兽横行，夸父每天都率领众人跟猛兽搏斗。

有一年，天气非常热，火辣辣的太阳直射在大地上，烤死庄稼，晒焦树木，河流干枯。人们热得难以忍受，夸父族人纷纷死去。夸父看到这种情景心里很难过，他仰头望着太阳，告诉族人："太阳实在是可恶，我要追上太阳，捉住它，让它听人的指挥。"族人们听后纷纷劝阻。有的人说："你千万别去呀，太阳离我们那么远，你会累死的。"有的人说："太阳那么热，你会被烤死的。"但是夸父心意已决，说："为了大家的幸福生活，我一定要去！"于是，夸父告别族人，从东海边向着太阳升起的方向，迈开大步追去，开始他逐日的征程。太阳在空中飞快地移动，夸父在地上如疾风似的拼命追。他翻过一座座大山，跨过一条条河流，跑累的时候，就打个盹儿，饿的时候，就摘野果充饥。眼看离太阳越来越近，他的信心越来越强。越接近太阳，就渴得越厉害。但是，他没有害怕，一直鼓励自己："快了，就要追上太阳了。"

最后，在太阳落山的地方，夸父终于追上了它。他无比欢欣地张开双臂，想抱住太阳，可是太阳炽热异常，夸父感到又渴又累。他就跑到黄河边，一口气把黄河水之水喝干；他又跑到渭河边，把渭河水也喝光，仍不解渴；夸父又向北跑去，那里有纵横千里的大泽，大泽里的水足够夸父解渴。但是，夸父还没有跑到大泽，就在半路上渴死了。

励精图治：精神振，大业兴

【出处】东汉·班固《汉书·魏相传》

【释义】励：激励，奋勉；图：谋求，设法；治：治理。振奋精神，竭尽全力把国家治理好。比喻振作起来做好某件事情。

【历史典故】

公元前74年，汉昭帝刘弗陵驾崩。他身边没有子嗣，于是手握朝政大权的霍光立武帝的曾孙刘询为帝，为汉宣帝。

公元前68年，霍光病亡。御史大夫魏相根据历史教训和霍氏家族的专权行为，建议汉宣帝削弱霍氏的权力。由此，霍氏一族对魏相极度怨恨，便假借太后命令，准备先杀魏相，然后废掉汉宣帝。汉宣帝得知霍氏一族的阴谋后，先发制人，采取行动，将霍氏满门抄斩。

从此以后，汉宣帝励精图治，亲自处理朝政。因其年少时曾流落民间，深知民间的疾苦，所以他善于听取群臣意见，严格要求各级官员，严惩了一批贪赃枉法的官吏，免除了一些残酷的刑罚，他鼓励发展农业生产。

在魏相的配合与帮助下，汉宣帝采取了一系列有利于发展生产，减轻人民负担的措施，使国家兴旺发达起来。汉宣帝在位25年，励精图治，使西汉王朝出现了中兴的局面，史称“宣帝中兴”。

投笔从戎：弃文从军，为国立功

【出处】南朝·宋·范晔《后汉书·班超传》

【释义】投：扔掉。戎：军队。放下手中的笔，参加军队。指文人弃文从军，投身疆场，为国立功，施展抱负。

【历史典故】

班超，字仲升，扶风郡平陵县人，是徐县县令班彪的小儿子，是东汉时期很有名的将军，也是一位十分杰出的外交家。他从小胸怀大志，不拘小节，对父母非常孝顺。汉明帝永平五年，班超因哥哥被聘为校书郎，而和母亲一起来到洛阳。

因为班超写得一手好字，便受官府的雇用，抄写文书。为了将这份工作做好，班超每天天不亮就起床，直到很晚才睡。

有一天，他在抄写文件，写着写着，觉得这份工作实在无聊，想到自己远大的志向，忍不住站起来，将笔狠狠地掷在地上说："大丈夫即便不能实现自己的理想，也应该像傅介子、张骞那样，为国家的外交作贡献，怎么可以在这种抄抄写写的小事中浪费生命呢？"周围的人听了这话都嘲笑他，班超不屑地说："凡夫俗子怎能理解志士仁人的襟怀呢？"

傅介子和张骞都是西汉人，曾经出使西域，立下无数功劳。自此，班超决定学习傅介子、张骞两人，为国家作贡献。后来，班超当上了一名军官，在对匈奴的战争中取得了胜利。接着，朝廷采取他的建议，派他带着数十人出使西域。在西域的三十多年中，班超去过五十多个国家，极大地宣扬了汉朝的国威。

纸上谈兵：空谈误国

【出处】西汉·司马迁《史记·廉颇蔺相如列传》

【释义】纸：书；兵：用兵之道。在纸面上谈论打仗。比喻空谈理论，不能解决实际问题，也比喻空谈不能成为现实。

【历史典故】

战国时期，赵国名将赵奢的儿子赵括，从小就熟读兵书。他谈起用兵之道来，连赵奢都说不过他。日子久了，赵括便自以为天下没有人能比得上自己，但赵奢深知儿子并没有带兵打仗的真本事，因此他临终前嘱咐赵括，千万不要担任军中职务，否则必定会给赵国带来灾难。

公元前262年，秦国进犯赵国。赵孝成王任命廉颇为大将，率军抵抗。久经沙场的廉颇领军20万前去抗敌，两军在长平展开了大战。廉颇见秦军强大，不能硬拼，便决定在长平筑垒固守，等到秦军粮草供给不足的时候再出兵作战。于是廉颇下令严密防守，不管秦军如何挑衅，都不应战。就这样，廉颇在长平坚守达三年之久，秦军没能得逞。秦国见一时无法取胜，就派人到赵国都城邯郸去散布流言，说廉颇惧怕秦兵不敢出战，秦国现在特别担心赵王任命赵括为大将。赵王果然中计，立即下令由赵括取代廉颇为大将。

赵括没有实际作战经验，一上任便改变了廉颇的作战方案，向秦军发起全面攻击。秦军假装战败，将赵军引到秦军大营前。赵括知道中计时，为时已晚。赵军成了瓮中之鳖，几十万赵军内无粮草，外无援军，陷入了绝境。46天后，赵括决心孤注一掷地向外突围，还没冲到秦军的阵地前，就被乱箭射死了。主帅一死，赵军全线崩溃，40万大军全被活埋。此战之后，赵国一蹶不振。

志在四方：立意高远，胸怀天下

【出处】 明·冯梦龙《东周列国志》

【释义】 四方：天下。志向远大，不愿蜗居于自己的小空间里。形容有远大的抱负和理想，有志于到遥远的地方做一番伟大的事业。

【历史典故】

春秋时期，晋献公在宠妾骊姬的挑拨下，处死了太子，公子重耳和夷吾也被迫分别逃亡到狄国和梁国。后来，晋献公死了，夷吾在秦穆公和齐桓公的帮助下做了国君，他担心重耳会回来争夺王位，便派人去追杀重耳。于是，重耳又从狄国历尽艰险，逃到了齐国。

齐桓公对重耳以及追随他的子犯、赵衰、狐偃等人都十分优待，还把自己的女儿齐姜嫁给了重耳，并且在各方面都很照顾他。重耳在齐国一住七年，日子过得十分舒服，便不想回国了。他的随从子犯、赵衰等人对于重耳如此胸无大志很是不满，但也无可奈何。

不久，齐桓公死了，齐孝公做了齐国的国君。子犯、赵衰、狐偃等觉得齐孝公不是一个贤能之人，不会有什么作为，于是便到桑园里秘密商议，要想办法让重耳离开齐国。不料，正巧齐姜的一个小丫鬟在树上采桑叶，把他们说的话全听去了，小丫鬟立即把这件事告诉了齐姜。齐姜希望丈夫能做一番大事业，害怕这丫鬟泄露了秘密，就把丫鬟杀了，然后对重耳说："公子，我知道你有远大的志向。你走吧！男子汉大丈夫总得做一番事业，为了实现自己的抱负，不惜走遍天涯海角，留恋妻儿和贪图安逸是没有出息的！那个听到你部下秘密商议的小丫鬟，我已把她杀掉灭口了。"重耳听了很惊讶，说："可是我并没打算离开你，离开齐国呀！"

齐姜听了，知道重耳不想离开，便不再劝他了，和子犯等人商量了一个计策，把重耳灌醉后，送出了齐国。后来，重耳在62岁的时候，回到晋国，当上了晋国的国君，成为了历史上赫赫有名的晋文公。

狗尾续貂：适时收手，也是一种完美

【出处】《晋书·赵王伦传》

【释义】续：续接；貂：一种皮毛珍贵的动物，古代皇帝的侍从用貂尾装饰帽子，由于封官太多，以致貂尾不足，只好用狗尾代替。比喻拿不好的东西补接在好的东西后面，前后不相称。

【历史典故】

晋武帝司马炎死后，其子司马衷继位，他对朝政一窍不通，大权旁落到贾南风手里，贾南风生性凶狠狡诈，引起了许多人的不满。赵王司马伦采纳了手下谋士孙秀的建议，以贾南风谋害太子为借口，带兵冲入宫廷，杀死了贾南凤，自封为相国。后来，他又借掌管宫中禁军之机，发动政变，废掉了晋惠帝，自己当了皇帝。

司马伦为了笼络朝臣，大封文武百官，包括孙秀、张林等帮助他篡位的人，甚至许多仆人也跟着飞黄腾达。当时规定，王侯大臣都戴用貂尾装饰的帽子，由于司马伦大肆封官，貂尾不够用，只好用颜色和形状与貂尾相似的狗尾来代替。每次上朝的时候，殿上的大臣挤得满满的。

由于当时的官员太多，百姓议论纷纷，编了两句民谣："貂不足，狗尾续。"用来讽刺朝廷，意思是，朝中的官员太多了，貂尾不够，只好用狗尾来代替。很快司马伦的政权就被推翻了。

卧薪尝胆：忍辱负重，势不可挡

【出处】西汉·司马迁《史记·越王勾践世家》

【释义】卧，睡；薪：柴草；胆；苦胆。睡在柴草上，品尝苦胆。形容人刻苦自励，发愤图强。

【历史典故】

春秋时期，各国纷争不断。公元前496年，吴国征讨越国，吴王阖闾亲率大军前去征战，双方大军在今浙江嘉兴一带展开决战。越兵背水一战，以死相拼，结果大败吴军。吴王阖闾也被毒箭射伤，阖闾临死之前，立太子夫差为王，并叮嘱夫差一定要为父报仇。夫差励精图治，经过三年的努力，吴国逐渐强大起来。

公元前494年，吴王夫差为报越国杀父之仇，亲率大军进攻越国。越王勾践率军迎战，在夫椒对阵。结果，吴军大败越军，越王勾践带着五千残兵败将逃到会稽山上，被夫差团团包围。勾践无奈，只好派大臣文种带着大量的礼物向吴军求和。

文种来到吴军阵中，跪在夫差面前说："我奉亡国之君的命令冒昧地向您转达勾践的心愿，勾践情愿当您的臣子，他的妻子情愿当您的仆人，服侍大王。"夫差没有同意。勾践和他的臣子们又想了个办法，他们把绝色美女西施送给了夫差，夫差这才同意勾践的请求。勾践在吴国给夫差当了三年的仆人，才得以回到越国。回国后，勾践一心致力于复国大业。为了使自己不忘耻辱，他决心在打败吴国前不睡床铺，只睡柴草，并在睡处悬挂一个猪的苦胆，每天在就寝前都要先尝尝这苦胆。这就是卧薪尝胆的由来。

同时，勾践谦虚对待百姓，热情地接待四方宾客。在短短的几年时间里，招募了大量有才能、有德行的人才。就这样，经过十年的耐心等待和发愤努力，勾践终于打败了吴国，并成为春秋时期的最后一位霸主。

南辕北辙：选对方向，切莫背道而驰

【出处】西汉·刘向《战国策·魏策四》

【释义】辕是车杠；辙是车轮在路上留下的痕迹。辕向南，辙向北，比喻行动与目的相反，结果离目标越来越远。

【历史典故】

战国后期，一度称雄天下的魏国国力渐衰，可是魏王仍想出兵攻伐赵国。谋臣季梁本已奉命出使邻邦，听到这个消息，立刻半途折回，风尘仆仆赶来求见魏王，劝阻伐赵。

魏王见他如此匆忙，很奇怪，就问他："你有什么急事吗？"季梁没有从正面回答魏王，他严肃地说道："大王，我在路上遇见了一个怪人，他做的怪事我从未听说过，特来禀报大王，请求大王指教。"魏王听了很好奇，催促季梁快点说。季梁严肃地说："我在外出办事的路上，看见一个人在急急地往北走。我问他到哪里去，他说到楚国去。可楚国在南边啊。我见他走的方向不对，便对他说：‘到楚国应往南走，你怎么往北去呢？’他却回答说：‘不要紧，我的马是上等的马。有这样的好马，还担心到不了楚国吗？’听了他的回答，我不理解，又告诉他：‘即使你的马是上等的马，走得快，可你所走的路却不是通向楚国的路啊！那是枉费力气呀！’那人听了我的话，仍不觉悟，反而还对我说：‘我的马好，路费也多。如此的好条件，还愁到不了楚国吗？’我见他如此糊涂，感到惊讶，也很气愤，就对他大声喊道：‘你的费用多也不管用，这条路并不通向楚国！’那人又指着给他驾车的人，有点故意炫耀地又对我说：‘您看看，我的这个驾车人也是一等的驭手啊，所以呀，我根本不用发愁到不了楚国。’说完这话，他高声命令那名驭手扬鞭催马，仍然朝北边方向奔驰而去。”

魏王听罢这个故事，不禁笑道：“这个赶路人也太糊涂了！世上哪有这么愚蠢的人，他该朝南走才是楚国的方向啊！”季梁听了这话，知道魏王还没有明白他讲这件事的目的。于是他恳切地说：“大王说得对。那个赶路人方向错了，他的马越好，路费越多，驾车人技术越高，他离楚国就越远。大王您认为是这样吧？现在，您想成为霸主，取信于天下，可您想依靠攻占别国来扩充领土，以此提高威望。我以为，您越是这样做，离您想成就大业的愿望就越远！这就像那个赶路人啊。我说得若不对，请大王恕罪。”魏王听了，连连点头，放弃了攻打赵国的计划。

胯下之辱：小不忍则乱大谋

【出处】西汉·司马迁《史记·淮阴侯列传》

【释义】胯：两腿之间。从两腿之间爬过去，是对人的一种污辱。

【历史典故】

韩信是刘邦手下的大将军，后来被封为淮阴侯。韩信小时候，父母早逝，家中贫困，只能靠到淮阴城下钓鱼卖钱维持生活，有时钓不到鱼，就只好忍饥挨饿。父母去世时，曾留下一口宝剑，韩信时时佩带在身上，有一天，他在街头遇见一个小混混。小混混奚落他说：“韩信，你平常出门，总是挂着宝剑，有什么用呢？你长得虽然高大，可你的胆量为什么那么小呢？”韩信闭口不答。这时，看热闹的人围了上来，小混混当众侮辱他说：“韩信，你敢和我拼一拼吗？你敢，就拿剑来刺杀我；不敢，就从我两腿之间爬过去！”说完，他叉开两条腿，站在那里。韩信端详了一会儿，趴下身子从他的胯下钻了过去。看热闹的人一阵哄笑，都以为韩信是胆小鬼，只见韩信站起身来，拍拍身上的尘土，从容地走开了。

韩信后来助刘邦奠定汉业，被封为淮阴侯。韩信到了自己的封地，把那位曾经侮辱过自己、命他从胯下钻过去的人找来，任命作巡城捕盗的武官，并且对部下的将领说：“当年这个人侮辱我的时候，我难道不能刺杀他吗？杀他又没有什么道理，所以当时忍下了这口气，才能有我今天这样的功业。”

鸿鹄之志：人生，从树立一个远大的志向开始

【出处】西汉·司马迁《史记·陈涉世家》

【释义】鸿鹄：天鹅，能够飞得很高；志：志向。比喻志向远大和有抱负的人。

【历史典故】

秦朝末年，统治者昏庸无道，不断搜刮民脂民膏。百姓不仅要交纳沉重的赋税，还要服繁重的徭役，生活在水深火热之中。当时，有一个人名叫陈胜，字涉，因为家境贫寒，以替别人耕种为生。他深刻地体会到下层人民的疾苦，也为当时社会上严重的贫富差异而愤愤不平，于是，他便暗暗地下定决心，一定要改变这种局面。

一天，他和别人一起在地里劳作，中间休息的时候，他们谈起了现在过的

苦日子。陈胜因失望而叹息了好长时间以后，对同伴们说：“假如以后谁发达了，一定不要忘记曾经一起受苦的人啊！”同伴们都觉得他是异想天开，笑着回答他说：“我们都是被人雇来耕地的穷苦人，连自己的土地都没有，哪里谈得上富贵啊？别做白日梦了！”陈胜叹了一口气，说：“燕子和麻雀又怎么会知道天鹅凌空飞翔的远大志向呢！”

胸怀大志的陈胜，后来揭竿而起，成为秦朝农民起义的领袖之一。

第十六章 社交类：有礼则安，无礼则危

人琴俱亡：睹物思人

【出处】南朝·宋·刘义庆《世说新语·伤逝》

【释义】琴：古琴；俱：全，都；亡：死去，不存在。人去世了，琴的音调也不再美妙了。形容看到遗物，怀念死者的悲痛心情。

【历史典故】

王徽之是东晋大书法家王羲之的儿子，生性豪放超脱、不受约束，十分洒脱。他有个弟弟叫王献之，字子敬，不仅精通书法，而且擅长绘画，与父亲王羲之齐名，并称“二王”。兄弟俩的感情非常好，晚上常在一起读书，边读边议。有一晚，两人一起读《高士传赞》，献之忽然拍案叫起来：“好！井丹这个人的品行真高洁啊！”井丹是东汉人，精通学问，不媚权贵，所以献之赞赏他。徽之听了就笑着说：“井丹还没有长卿那样傲世呢！”长卿就是汉代的司马相如，他曾冲破封建礼教的束缚，和跟他私奔的才女卓文君结合，这在当时社会里是很不容易的，所以徽之说他傲世。

当时有个术士说：“人的寿命快终结时，如果有活人愿意代替他死，把自己的余年给他，那么将死的人就可活下来。”徽之听说了此事，便说：“我的才德不如弟弟，就让我把余年给他，让我先死好了。”术士摇摇头说：“代人去死，必须自己寿命较长才行。现在你能活的时日也不多了，怎么能代替他呢？”没多久，献之便去世了。

家人怕徽之悲痛，便没有把这个消息告诉他。徽之一直很惦记弟弟，但始终没有消息。一天，他实在忍不住，便问家人：“子敬的病怎样了？为什么很久没有听到他的消息？”家人含含糊糊，欲言又止。徽之便明白了，悲哀地说：“子敬已经去了！是吗？”家人见再也瞒不下去了，便说了实话。

徽之听了居然一声不哭，只是吩咐仆人准备车辆去奔丧。到了献之家，他在灵床上坐了下来，命人把献之生前最喜爱的琴取来，想弹首曲子。但调了半天弦，都没调好。于是举起琴往地上一摔，悲痛地说：“子敬！子敬！如今人琴俱亡！”说罢，他便昏了过去。徽之因极度悲伤，病情加重，一个多月后，也离世而去。

门可罗雀：困难之时见真情

【出处】西汉·司马迁《史记·汲郑列传论》

【释义】罗：设网捕捉；雀：雀鸟。大门之前可以张起网来捕麻雀。形容失势时，门庭冷落，宾客稀少。

【历史典故】

汉武帝时期，有两位非常正直的大臣汲黯和郑当时。汲黯，字长孺，濮阳人，景帝时曾任太子洗马，武帝时曾做过东海太守，后来又任主爵都尉。郑当时则先任太子舍人，后迁为大农令。二人其时皆位居高官。

汉武帝初年，匈奴常常来袭，于是汉武帝决定调集重兵抗击匈奴。许多大臣明知当时的国力不足以与匈奴对抗，但又不敢明言。这时，汲黯说出了自己的想法，他说：“臣曾听说高祖率三十万大军被匈奴围困于平城，连樊哙都难以突围。现在，陛下勇略不如高祖，将军不如樊哙，这一仗万万不能打啊！”汉武帝听了他的话，心里很不舒服，便逐渐冷落了他。后来，郑当时的一个下属贪污，他被牵连撤职。

他们两人都曾位列九卿，声名显赫，权势高、威望重，上家中拜访的人络绎不绝，出出进进，十分热闹，谁都以能与他们结交为荣。但后来，他们丢了官，失去了权势，就再也没人去拜访他们了。

司马迁曾为他们两人合写了一篇传记，有这样的感慨：“像汲黯、郑当时这样的贤人，在朝为官时宾客很多，一旦失势，竟然没有一个人来探望，门外冷落得可以设网捕鸟了，真是太可悲了！”

口蜜腹剑：知人知面更要知心

【出处】北宋·司马光《资治通鉴》

【释义】比喻人嘴甜心毒，内心却阴险狡诈。

【历史典故】

李林甫是唐玄宗时的兵部尚书兼中书令。他能书善画，但品德低下，忌才害能。凡是才能比他强、声望比他高的人，他都不择手段地给予排斥打击。对唐玄宗，他谄媚奉承，竭力讨好其宠爱的妃嫔以及心腹，博取她们的欢心和支持。李林甫总是露出一副和蔼可亲的样子，但实际上，阴险狡猾，常常暗中害人。

有一次，他装作诚恳的样子对同僚李适之说：“华山出产大量黄金，如果能够开采出来，就可大大增加国家的财富。”李适之连忙去建议玄宗快点开采。玄宗把李林甫找来商议，李林甫却说：“华山是帝王‘风水’集中的地方，别人劝您开采，恐怕是不怀好意。”玄宗相信了他的话，认为其真是一位忠君爱国的臣子，反而逐渐疏远了李适之。相处久了，大家就发现了李林甫的这种伪善，于是在背地里说他“口蜜腹剑”，即嘴上甜甜蜜蜜，心中却利剑害人。

三人成虎：耳听为虚，不盲从

【出处】西汉·刘向《战国策·魏策二》

【释义】三个人谎报市集里有老虎，听者就信以为真。比喻说的人多了，谣言也会被人信以为真。

【历史典故】

战国时代，国与国之间攻伐不断，为了使各国遵守信约，国与国之间通常都要将太子交给对方作为人质。

魏国的太子要被送往赵国去当人质，魏王派大臣庞恭随行。庞恭担心自己长年不在国内，会有人陷害自己，于是临行前，对魏王说："假如现在有一个人说市集上有只老虎，大王相信吗？"

魏王道："不相信。"

庞恭说："如果有第二个人说市集上出现了老虎，而且正在伤人，您信吗？"

魏王道："这样的话，我就有些将信将疑了。"

庞恭又说："如果有第三个人说市集上出现了老虎，您会相信吗？"

魏王道："那我应该就会相信了。"

庞恭说："市集上不会有老虎，这是很明显的，可是经过三个人的谣传，就好像真的有老虎了。现在赵国的国都距离魏国的国都之间的距离，比市集离大王远多了，在背后议论我的人也一定不止三个，希望大王听到关于我的传言的时候，一定要明察，这样我才能放心地陪太子去赵国。"

魏王听了庞恭的话，知道了他的担心，安慰他说："你放心去吧，我一定不会妄信传言。"

于是，庞恭告别了魏王，陪着太子到赵国去了。

果然不出所料，他们刚到邯郸不久，便有诬陷庞恭的谣言传到了魏王的耳朵里。等到庞恭回到魏国的时候，他已经失去了魏王的信任，再也没有见过魏王。

毛遂自荐：让朋友认识你

【出处】西汉·司马迁《史记·平原君虞卿列传》

【释义】毛遂：战国时赵国平原君的一个门客；荐：推荐，荐举。一个叫毛遂的门客自我推荐。比喻自告奋勇去承担某项工作。

【历史典故】

赵国的平原君是著名的战国四公子之一，其门客据说有数千人之多，毛遂便是其中的一个。战国时期，秦国军队包围了赵国都城邯郸，赵惠文王派平原君出使楚国请求援助。楚王不是个容易对付的角色，于是平原君决定带二十个门客前去，如果能通过谈判达成协议，固然最好，万一不行就用武力强迫楚王同意。

这时，有个人站起来，对平原君说："主公，我自认为符合前往楚国的条件。"

平原君问他："你叫什么名字，到我门下多长时间了？"

门客说："我叫毛遂，来了三年了。"

平原君说："有才德的人，就像锥子在口袋里一样，很快就会显露出来。你在我门下这么久了，却从未听到有人称赞过你，可见你才能一般。这次任务关系重大，我看还是免了吧。"

毛遂说："因为您没有把锥子放在袋子里，所以才没有冒尖。"平原君觉得毛遂出语不凡，刚好又找不到更为合适的人选了，就决定让他跟着一同去。

到了楚国，楚王并没有合纵抗秦的打算，众门客都束手无策，只见毛遂不慌不忙，拿了宝剑，来到平原君与楚王面前，楚王命他退下，毛遂按着宝剑说："你用不着仗着人多势众，如此吓唬我。如今我离你只有十步之遥，你发什么火！"

楚王看他拿着宝剑，便和气地说："那我倒要听听先生的高见了！"接着，毛遂向楚王详细分析了与赵国结盟有百利而无一害，楚王听了当即与平原君歃血为盟，并派春申君黄歇为大将，率领八万大军前去援助赵国。毛遂也因此一举成名。

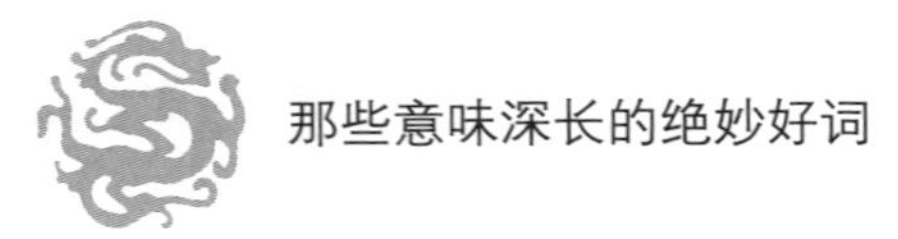

白头如新：朋友是一生的财富

【出处】西汉·邹阳《狱中上书自明》

【释义】白头：头发白了，代指老年；新：新交。互相认识的时间虽久，却跟刚认识一样。形容交朋友彼此不了解。

【历史典故】

邹阳是西汉时期的一介文人，他听说梁孝王礼贤下士，就到梁国来游学，并上书给梁孝王，纵谈天下大事，以展示自己的才华。羊胜是邹阳的朋友，也是有才之人，但是羊胜嫉妒邹阳的才华，多次在梁孝王面前说他的坏话，梁孝王信以为真，下令将邹阳关进监牢，准备处死。

邹阳十分激愤，他不甘心被人陷害，于是，在狱中给梁孝王写了一封信，写道：待人真诚就不会被人怀疑，纯粹是一句空话。荆轲冒死为燕太子丹去行刺秦始皇，为燕国报仇，可是太子丹还一度怀疑他胆小畏惧；卞和将宝玉献给楚王，可是楚王硬说他犯了欺君之罪，下令砍掉他的双脚；李斯尽力辅助秦始皇执政，使秦国富强，结果被秦二世处死。俗话说："有白头如新，倾盖如故。"意思是：双方互不了解，即使交往一辈子，头发都白了，也还是像刚认识一样；真正相互了解，即使是初交，也会像老朋友一样。相知与否，不在于相处时间的长短。

梁孝王读了邹阳的信后，很受感动，立即把他释放，并奉为上宾。

买椟还珠：不要舍本逐末

【出处】战国·韩非《韩非子·外储说左上》

【释义】椟：木匣子；还：退还；珠：珍珠。买下木匣子，却退还了珠宝。比喻舍本逐末，目光短浅。

【历史典故】

春秋时期，楚国有一个珠宝商人，他做生意很讲究信誉，很多人都喜欢到他这里来买珠宝。一天，珠宝商人得到了一颗漂亮的珍珠，为了卖个好价钱，便想把珍珠好好包装一下。于是，他找来名贵的木材，又请来手艺高超的匠人，为珍珠做了一个木盒子（即椟），再用椒兰香料把盒子熏得香气扑鼻。最后，在盒子的外面精雕细刻了许多好看的花纹，还镶上漂亮的金属花边，看上去闪闪发光，实在是一件精致美观的工艺品。珠宝商人将珍珠小心翼翼地放进盒子里，拿到市场上去卖。

到市场不久，很多人都围上来观赏。一个郑国人拿在手里看了半天，爱不释手，出高价将珠宝商人的盒子买了下来。

那人交过钱后，便拿着盒子往回走，可是没走几步又回来了，只见此人将木盒子打开，取出珍珠交给他说："您将一颗珍珠忘在盒子里了，我特意回来还珍珠的。"于是那个郑国人将珍珠交还给了他，然后一边欣赏木盒子，一边往回走。

珠宝商人拿着被还回的珍珠，他原本以为别人会欣赏他的珍珠，可是没想到精美的木盒子更吸引人的目光，以致喧宾夺主，那个郑国人只重外在，不注重内在价值的行为令他哭笑不得。

曲高和寡：人至察则无徒

【出处】战国·楚·宋玉《对楚王问》

【释义】曲调高雅，可以跟随着唱歌的人就很少了，比喻知音难得。也比喻言论或作品不通俗，能够理解的人很少。

【历史典故】

宋玉是战国时楚国著名的文学家，他立志于继承和光大楚辞。虽然他的成就不及楚辞的创始人屈原，但在同时代人中，他的成就是最高的。他在楚襄王手下做事，由于文才出众，遭到了许多人的妒忌，这些人不断地在楚襄王面前说他的坏话。楚襄王本来不相信，但听多了也就开始怀疑了。

有一次，楚襄王问他："先生最近有行为失检的地方吗？为什么有这么多人对你有不好的议论呢？"宋玉据理力争，清楚地向楚襄王表明了自己的立场。楚襄王听了他的话说："你说的确实很有道理，但是为什么会有那么多人与你不和呢？"宋玉若无其事地回答："请大王听我讲个故事：最近，有个外乡人要来这里唱歌，他开始唱的，是非常通俗的《下里》和《巴人》，跟着他唱的有好几千人；接着他又唱起了一部分人能听懂的《阳阿》和《薤露》，跟他唱的人要比开始时少多了，但还有几百人。再到以后，他唱高雅难懂的《阳春》和《白雪》，跟他唱的只有几十个人了；最后，当他唱出格调更为高雅的商音、羽音，又掺杂流利的徵音时，城里跟着唱的人更少了，只剩下几个。由此可以看出，越是高雅的曲子越是晦涩难懂，能跟着唱的人也就越少。圣人都有独到之处，所以超出常人，又岂是常人所能理解的呢？"楚王听后恍然大悟。

完璧归赵：受人之托，忠人之事

【出处】西汉·司马迁《史记·廉颇蔺相如列传》

【释义】完：完整；璧：宝玉。将宝玉完整地归还给赵国。比喻把原物完好地归还主人。

【历史典故】

战国时期，赵惠王得到了一块稀世珍宝——和氏璧，秦昭襄王听说后，也想得到这块宝玉，便派使者带着书信来见赵惠文王，说："秦王情愿拿出十五座城池来换这块和氏璧，不知赵王是否答应？"

赵惠文王拿不定主意：给吧，怕上当，不给吧，又怕得罪秦国。这时有

个宦官对赵王说：“我向大王推荐一人，此人名叫蔺相如，见多识广，足智多谋，让他去秦国，肯定能将这件事处理妥当。”于是，赵惠文王就派蔺相如为使者，出使秦国。

蔺相如来到秦国后献上和氏璧，秦王看了赞叹不已，根本没有归还的意思。蔺相如看了暗暗着急，这时，计上心来，对秦王说：“大王，这块宝玉上有一个小小的污点，让我指给大王看吧！”秦王听了信以为真，就把和氏璧还给了他。蔺相如拿着和氏璧，退到一根柱子旁，对秦王说：“看来大王并非诚心用十五座城池来换和氏璧，那就莫怪小人无理了。大王要是逼我的话，我就连同这块璧一同撞在这根柱子上！”秦王怕摔坏了宝玉，忙命人拿出地图，将要交换的城池指给蔺相如看。蔺相如对秦王说：“和氏璧不是一般的宝玉，赵王在送和氏璧之前，斋戒了五天，大王也应斋戒五天，并在朝堂上举行隆重的仪式，我才敢把和氏璧献上。”秦王无奈，只得答应了蔺相如的要求，准备斋戒仪式。蔺相如晚上偷偷地派人带着和氏璧回到了赵国。到了第五天，蔺相如不慌不忙地对秦王说：“我怕受骗，就让人把璧送回去了。天下都知道秦国是强国，赵国是弱国，大王如果真想要和氏璧，就请先把十五座城池割让给赵国，赵国一定将和氏璧呈上。”秦王听后很生气，但蔺相如说得句句在理，只能就此作罢。

过河拆桥：路遥知马力，日久见人心

【出处】明·宋濂《元史·彻里帖木耳传》

【释义】自己过了河，便把桥拆掉。比喻达到目的后，就把曾经帮助过自己的人一脚踢开。

【历史典故】

元朝的大臣彻里帖木耳，处理公务精明干练，善于决断。他对科举制度深恶痛绝，决心废除这种制度。后来，他升任中书平章政事，便奏告元顺帝，请求废除科举制度，得到了丞相伯颜的支持，但反对的人也很多，参政许有壬就是其中的一个。

许有壬对伯颜说："如果废除科举考试制度，世上有才能的人都会因此怨恨。"伯颜针锋相对地说："如果继续实行科举考试制度，世上贪赃枉法的人会更多。"许有壬反驳说："没有实行科举考试制度的时候，贪赃枉法的人不也有很多吗？"伯颜讽刺他说："我看中举的人中有用之才太少，只有你参政一个人可以任用！"许有壬不服气，列举出许多当时中举的高官来反驳伯额。伯颜当然不会改变自己的观点，两人争论得非常激烈。

第二天，皇帝在崇天门下达废除科举制席的诏书，满朝文武都要去听读，许有壬被特地安排在最前面听读。尽管他心里非常不愿意，但又怕得罪皇帝，只好勉强跪在最前面听读诏书。听读完诏书后，百官纷纷回府，许有壬满脸不高兴地低头走路。有个名叫普化的御史走到他身边，凑着他的耳朵冷嘲热讽他说："参政，你这下可成为过河拆桥的人啦。"这话的意思是，你许参政是靠科举当官的，现在听皇上关于废除科举制度的诏书，你跪在最前面，似乎是废除科举制度的领头人，就像一个人过了桥后就把桥拆掉一样。许有壬听了又羞又恨，加快步伐离开，之后他借口生病，再也不上朝了。

鸡黍之交：得有如斯夫复何求

【出处】明·冯梦龙《喻世明言》

【释义】鸡黍，指饷客的饭菜。比喻朋友间讲诚信，友情超越生死。

【历史典故】

范巨卿是东汉山阳金乡（今山东金乡县）人，与汝南人元伯是好朋友。两人同时在太学学习。后来范巨卿要回到乡里，临行前他对元伯说："两年后我

还回来，将经过你家拜见你父母，见见小孩。”于是两人约定日期。后来约定的日期就要到了，元伯把事情详细地告诉了母亲，请母亲准备酒菜等待范巨卿。到了约定的日期范式果然到了。拜见元伯的母亲，二人尽欢之后范巨卿告辞。

后来元伯得了重病，同郡人郅君章、殷子征日夜探视他。元伯临终时，叹息说：“遗憾的是没有见到我的生死之交。”殷子征说：“我和郅君章，都尽心和你交友，如果我们称不上是你的生死之交，谁还能称得上？”元伯说：“你们两人，是我的生之交；山阳的范巨卿，是我的死之交。”不久元伯就病死了。

范巨卿忽然梦见了元伯，在梦中他带仓促的喊：“巨卿，我在某天死去，在某天埋葬，永远回到黄泉之下。你没有忘记我，怎么能不来？”范巨卿恍然睡醒，悲叹落泪，于是穿着丧友的丧服，向好友家奔去。还没有到达那边已经发丧了。到了坟穴，将要落下棺材，但是灵柩不肯进去。于是停下来埋葬。没一会，就看见白车白马，号哭而来。来人正是范巨卿。他到了之后，吊唁说：“走了元伯，死生异路，从此永别。”参加葬礼的上千人，都为之落泪。范巨卿亲自拉着牵引灵柩的大绳，灵柩于是才前进了。范巨卿于是住在坟墓旁便，为他种植了坟树，然后才离开。

投桃报李：来而不往非礼也

【出处】《诗经·大雅·抑》

【释义】投：投入，送给；报：回赠，得到。意思是他送给我桃子，我以李子回赠。比喻友好往来或互相赠送东西，友谊深厚。暗含有投入少、回赠多之意。

【历史典故】

公元前771年，犬戎杀周幽王，卫武公带兵勤王。周平王东迁之后，任命卫武公为周王朝的卿士。当时王室衰微，社会矛盾尖锐。卫武公就写了一首诗来劝告周王朝的贵族们要修德守礼。

其中第八章有云："辟尔为德，俾臧俾嘉。淑慎尔止，不愆于仪。不僭不贼，鲜不为则。投我以桃，报之以李。"其中的含义是：修明您的德行，使之尽善尽美。认真审视您的仪态举止，使之不失威仪礼貌。没有过失也没有残害，少有不为人所仿效的。有人赠我桃子，我就回送他李子。

后遂以"投桃报李"指礼尚往来，相互赠答。

肝胆相照：君子之交淡如水

【出处】西汉·司马迁《史记·淮阴侯列传》

【释义】肝胆：借指真心诚意；相照：相互能照见。比喻待人忠诚真挚，不耍心机，不玩权术。

【历史典故】

西汉初年，有一个叫蒯通的人，此人足智多谋，善于分析形势，为人出谋划策。当时正值楚汉相争之际，楚王项羽和汉王刘邦处于相持阶段，一时之间难分胜负。刘邦的部下中，韩信势力非常强大，在楚汉相争的过程中，起着举足轻重的作用。他想说服韩信建立第三股势力，与项羽、刘邦鼎足而立。

于是，他化装成看相的去见韩信，他对韩信说："小人不才，对于占卜之事略知一二。我常给人看相，我一看他的骨相，就知道他的贵贱；二看他的脸色，就知道他的喜忧；三看他的性格是否果断，就知道他能否成就大业。用这三方面来推断一个人的前途几乎可以说万无一失。"

韩信听了说："好啊！那你给我看看。"

蒯通说："看您的面部，做官再高也不过封侯，而且很危险。看您的背部，富贵自不用说。"蒯通看韩信已经动了心，便接着说："如今楚汉相争，百姓死伤无数。两方相持不下，他们的胜败便决定于您。您帮助项羽，项羽就胜；您帮助刘邦，刘邦就胜。我愿意剖开自己的心腹，拿出自己的肝胆，为您出主意，只是怕您不肯采纳。我建议您，依靠自己的势力建立第三股力量，和他们三足鼎立。现在是最好的时机，您必须当机立断，不能再犹豫不决了。您去帮助项羽，刘邦一定饶不了您；您去帮助刘邦，刘邦怕您夺他的天下，也很危险。我听说过这样的话：'上天给你的福分你不要，反而要犯错误；机会到来你不动手，反而会有灾祸降临。'请您认真地想想。"

蒯通已经将整个形势分析得很透彻了，但韩信认为刘邦对他很好，一方面不忍心背叛刘邦，另一方面也不相信刘邦日后会对他下毒手，最终没有采纳蒯通的建议。后来，韩信被刘邦猜疑，最后被吕后杀死了。

明哲保身：功成身退，祸福归于一念间

【出处】《诗经·大雅·烝民》

【释义】明哲：聪明有智慧。原指聪明有智慧的人，善于趋安避危，不参与可能给自己带来危险的事，以保全自身。现多指因怕犯错误或有损自己利益，而回避原则性问题的处世态度。

【历史典故】

西周宣王在位期间，朝中有两位大臣，一位叫尹吉甫，一位叫仲山甫，他们辅佐周宣王，立下了汗马功劳，他曾领兵打退过西北方犹族的进攻，还曾奉命在成周（今河南洛阳东）一带征收南淮夷等族的贡赋。仲山甫，因被封在樊（今陕西长安南）地，所以也称樊仲、樊穆仲。仲山甫不仅学识渊博，而且敢于直谏，朝中的大臣们个个对他敬重有加。

国人暴动后即位的周宣王，不知与民休息，仍不断地发动战争，为了防御西北各部族的进攻，周宣王命令仲山甫到齐地去筑城，最早的平遥古城相传就是仲山甫所筑。这时，尹吉甫写了一首诗送给仲山甫，诗中赞美了仲山甫的品德和才能，也对周宣王任贤使能，使周朝中兴进行了一番歌颂。这首诗就是《诗

经·大雅》里的《烝民》，诗中道："肃肃王命，仲山甫将之。邦国若否，仲山甫明之。既明且哲，以保其身。夙夜匪解，以事一人。"其意思是：天子之命很严肃，山甫奉命就启程。国家社会好和坏，山甫眼里看得清。聪明智慧懂事理，高风亮节万年长。昼夜操劳不懈怠，竭诚辅佐我周王。

洗耳恭听：倾听是最有效的沟通之道

【出处】元·郑廷玉《楚昭公》第四折

【释义】恭：恭敬。恭恭敬敬地倾听别人讲话。形容态度诚恳地聆听别人讲话，也是请人讲话时的客气话。

【历史典故】

尧帝，因封于唐而被后世称为"唐尧"。他德高望重，百姓都很尊敬他。在他的领导下，各邦族之间团结如一家，和睦相处。到了尧老年的时候，大家一致推举舜为继承人。尧将自己的女儿嫁给了舜，又经过了长期考察后，才放心地将首领的位子传给了舜。

尧舜时代，有一位贤人，叫许由。尧在选继承人的时候，听说许由是个世外高人，便想把首领的位子让给他。许由是个以不问政治的人，不但拒绝了尧的请求，而且连夜逃进箕山，隐居不出。当时尧还以为许由谦虚，更加敬重，便又派人去请他，并传话说，如果坚决不接受帝位，则希望能出来当个"九州长"。不料，许由听了这个消息更加厌恶，立刻跑到山下的颍水边去，掬水洗耳。

许由的朋友巢父也隐居在这里，正巧牵着一头小牛来到颍水边，便问许由干什么。许由就把事情告诉他说："我听了这样不干净的话，怎能不赶快洗洗我清白的耳朵呢？"巢父听了，冷笑一声说道："哼，谁叫你在外面招摇，名声大了，惹出麻烦来，这完全是你自找的，还洗什么耳朵！"说着，牵起小牛，径自走向水流的上游去了。这个故事中的"洗耳"与后来"洗耳"的含义完全不同。许由是不愿意听且自命清高而洗耳；而后世所说的“洗耳”则是准备领教的意思。

指囷相赠：对朋友慷慨相助

【出处】西晋·陈寿《三国志·吴志》

【释义】囷：圆形的谷仓。指着谷仓里的粮食，表示要捐赠给他人。形容慷慨资助朋友。亦作“指囷相助”。

【历史典故】

鲁肃是三国时期东吴的名将，他出身士族，家产殷实。他从小就习文练武，很快成了远近闻名的有识志士。

当时，年少有为的周瑜，在袁术手下担任居巢长。他听说鲁肃是一个少见的人才，便很想结识他。

不久，周瑜便去拜访鲁肃。他带着几百名士兵从鲁肃家门前经过，顺路去拜访鲁肃。寒暄过后，他对鲁肃说：“小弟军中乏粮，不知鲁兄能否资助一些军粮？”鲁肃看周瑜仪表堂堂，早有几分敬意，有心与他结交，听他说要借军粮，便一口答应。他带着周瑜到后院米仓前说：“这里有两囷米。每囷有三千石，小弟随便取。”周瑜听了，非常感动。对鲁肃的慷慨大度和高洁品格十分赞赏。此后，二人往来密切，结成莫逆之交。

后来，袁术也听到了鲁肃的名声，为增强实力，便任命鲁肃为东城的长官。不多时，鲁肃发现袁术成不了大业，便带部下与周瑜一起投奔了东吴，归顺孙策。

公元200年，孙策死后，年仅19岁的孙权开始掌管军政大权。孙策临终时对孙权说：“今后，内务请教张昭，用兵请教周瑜。”周瑜不辱使命，辅佐孙权，对孙权说：“张昭有见识，我担心自己会辜负你兄长的托付。我愿意举荐一个人，一起来帮助你。”

孙权一听，很高兴：“此人是谁？”周瑜说：“我认识一个人，名叫鲁肃。他是临淮东城人，很有军事才能，学识渊博，很有抱负。”孙权听了，点头称赞并表示同意，就让周瑜把鲁肃请来。从此，周瑜与鲁肃一起成为了孙权的左膀右臂。

后来，人们概括出“指囷相助”这个典故，亦称“鲁肃指囷”，用来称赞慷慨热情地帮助朋友的精神。

胶漆相投：没有血缘也可以成为兄弟

【出处】南朝·宋·范晔《后汉书·独行传雷义传》

【释义】相：相互；投：投合。比喻情深谊厚、亲密无间。

【历史典故】

汉朝的时候，有一对很要好的朋友，一个叫雷义，另一个叫陈重。两人的感情比亲兄弟还要好。有一次，他们两个人一起去参加科举，雷义考上了，陈重却没考上。雷义心想：“陈重的学问比我好，居然没有考上，真的是太可惜了！”雷义就跑去找掌管考试的官员说：“大人，请您将我的功名转给陈重，他比我优秀呀！”官员生气地说：“胡闹，功名怎么可以随便转给别人呢？”雷义很失望：“那我也不要这个功名了！”从此，雷义就假装发疯不去做官，终于被解除了功名。

过了几年，雷义和陈重又一起去参加科举考试，这一次，他们两个都考上了，还被派在同一个地方做事。雷义高兴地对陈重说：“陈兄，以后又要麻烦你多照顾了。”陈重说：“雷兄，你说笑了，一直是你在照顾我呀！”两个人很开心能在一起共事，感情变得更加深厚了。大家看到他们友情这么深厚，都说：“胶和漆凝聚在一起很坚固，也比不上雷义和陈重的深厚友谊呀！”后

来，人们就用“胶漆相投”用来形容好朋友间的深厚友情，就像胶和漆聚合在一起那么坚固。

唇亡齿寒：一损俱损，一荣俱荣

【出处】春秋·左丘明《左传·僖公五年》

【释义】亡：失去。嘴唇没有了，牙齿就会感到寒冷。比喻关系密切，利害相关。

【历史典故】

春秋时候，各诸侯国混战。晋国是当时一个较为强大的国家，晋献公想要扩充自己的实力和地盘，就找借口说邻近的虢国经常侵犯晋国的边境，要派兵灭了虢国。可是在晋国和虢国之间隔着一个虞国，讨伐虢国必须经过虞地。“怎样才能顺利通过虞国呢？”晋献公问手下的大臣。大夫荀息说：“虞国国君是个目光短浅的人，只要我们送他价值连城的美玉和宝马，他一定会借道让我们的大军通过的。”荀息看晋献公有点犹豫，接着说：“虞虢两国是唇齿相依的近邻，虢国被灭，虞国也就如同囊中之物了，我们给虞国的东西不过是暂时存放在他们那里罢了。”晋献公听了，认为荀息的话有道理，便决定按照荀息的办法去做。

虞国国君看到晋国送来的奇珍异宝，心花怒放，立即答应了晋国军队借道之事。虞国大夫宫之奇听说后，阻止道：“虞国和虢国是唇齿相依的近邻，相互依存，万一虢国灭了，虞国也就难保了。俗话说‘唇亡齿寒’，借道给晋国万万不可啊。”虞国国君说：“晋国这样的大国，特意送美玉宝马来，要和咱们交好，难道这点小忙咱们都不帮助吗？”宫之奇见国君不听自己的劝告，知道虞国离被灭的日子不远了，便带着家人离开了虞国。果然没多久，晋国消灭了虢国，随后就灭了虞国。

推心置腹：以心相交，以诚相待

【出处】南朝·宋·范晔《后汉书·光武帝纪》

【释义】推：掏出；置：安放。把赤诚的心交给人家。比喻与人诚信相交，真心待人。

【历史典故】

西汉末年，王室衰微，王莽篡政，建立了新朝，因其统治时期政令的下达全凭个人的兴致而决定，所以常有朝令夕改的事情发生。由于他混乱的统治，引起了天下大乱，各地农民纷纷起义，其中势力最大的一支起义军叫绿林军，拥立汉室的刘玄为天子，刘秀任偏将军。

王莽多次派兵攻打刘玄，但每次都以失败告终。后来，绿林军攻占了长安，杀死了王莽。刘秀因屡立战功，被刘玄封为“萧王”。公元24年，刘秀率兵攻打另一支起义军——铜马军于鄗，双方相持一个多月后，铜马军因粮草匮乏而被迫撤退。刘秀乘胜追击，铜马军将领被俘，全军投降。刘秀把投降的队伍一一改编，还封给那些投降的将领以官职，但投降者们不是很放心，担心刘秀并非真心想要招揽他们。

刘秀获悉这一情况后，采用安抚之计，让所有投降的人都回到自己原来的军队中去，刘秀本人则轻骑巡行各部，毫不戒备之意，以显示自己对投降者的信任。如此一来，投降者都觉得刘秀很诚恳，三三两两聚在一起说：“萧王将自己赤诚的心交给我们，我们怎么能不为他卖命呢！”

割席断交：选择志同道合的朋友

【出处】南朝·宋·刘义庆《世说新语·德行》

【释义】割断席子，表示断绝交情，不再来往。多用来指朋友之间因志不同道不合而绝交。

【历史典故】

管宁和华歆是一对非常要好的朋友，整天形影不离，同桌吃饭、同榻读书、同床睡觉，相处得很和谐。

有一次，他俩一块儿在菜地里锄草。两个人努力干着活，顾不得停下来休息，一会儿就锄好了一大片。

只见管宁抬起锄头，一锄下去，碰到了一个硬东西。管宁好生奇怪，将锄到的一大片泥土翻了过来。黑黝黝的泥土中，有一个黄澄澄的东西闪闪发光，定睛一看，原是块黄金，他就自言自语地说："我当是什么东西呢，原来是锭金子。"接着，管宁继续锄草。"什么？金子！"在不远处的华歆听到这话，赶紧丢下锄头奔了过来，拾起金块捧在手里仔细端详。管宁见状，一边干活，一边责备华歆说："钱财应该是靠自己的辛勤劳动去获得的，一个有道德的人是不可以贪图不劳而获的财物。"华歆听了，嘴里说"这个道理我也懂"，手里却还捧着金子，左看右看，怎么也舍不得放下。后来，他被管宁的目光盯得实在受不了，才不情愿地丢下金子回去干活，可是心里还惦记这块金子，干活也没有之前努力了，还不住地唉声叹气。管宁见华歆这个样子，不再说什么，只是暗暗地摇头。

又有一次，他们两人坐在一张席子上读书。正读得入神，忽然外面热闹起来，一片鼓乐之声，还夹杂着鸣锣开道的吆喝声。于是，管宁和华歆起身走到窗前去看看究竟发生了什么事。

原来是一位达官显贵乘车经过，一大队随从佩戴着武器，穿着统一的服装前呼后拥地保卫着车子，威风凛凛。再看那车饰更是豪华：车身雕刻着精巧美丽的图案，车帘是用五彩绸缎制成的，装饰着金线，车顶还镶了一大块翡翠，显得富贵逼人。管宁对这些毫不在意，又回到原处捧起书专心致志地读起来，对外面的喧闹充耳不闻，就好像什么都没有发生一样。华歆却完全被这豪华的排场吸引住了。他嫌在屋里看不清楚，干脆连书也不读了，急急忙忙地跑到街上跟着人群，尾随车队细看。管宁看到了华歆的所作所为，抑制不住心中的失望。等到华歆看热闹回来后，管宁就拿出刀子当着华歆的面把席子从中间割成两半，痛心地说：“我们两人的志向和情趣太不一样了。从今以后，我们就像这被割开的草席一样，再也不是朋友。”

第十七章 做人类：做个堂堂正正的人

下车泣罪：为政要宽仁

【出处】西汉·刘向《说苑·君道》

【释义】罪：指罪犯。下车向遇见的罪犯流泪。旧时称君主对人民表示关切。比喻为政宽仁。

【历史典故】

禹，与尧、舜并为传说中的古圣王，相传为夏王朝的开国君主。早在尧的时代，洪水便已泛滥成灾，给百姓造成了巨大的灾难。禹在舜的时期受命治水，三过家门而不入，最终完成了治水的任务，帮助百姓解决了水患带来的困扰。舜见禹治水有功，又深受百姓爱戴，便把部落领袖的位置以禅让的方式传给了他。

有一次，禹乘车出外巡视，刚巧有个被押着的罪犯从他的车前经过。禹见到了，便吩咐把车停下，问押送的人："这个人犯了什么罪？"押送的人回答说："他偷别人家的稻谷时，被抓住了，我们把他送去治罪。"

禹听到这里，便走下车，来到那个犯人身边，问："你为什么要去偷别人家的稻谷呢？"犯罪的人知道问话的人是个大人物，吓得不敢吭声。禹见他不说话，便尽力地规劝他，说着说着禹的眼泪就流下来了。

身边的人见了，都十分不解。其中一个问道："这人偷别人的东西，就应该送去受罚，大王为什么要痛哭流涕呢？"禹擦了擦眼泪，说："我不是为这个人流泪，而是为自己流泪。尧和舜做部落领袖的时候，以德化人，老百姓同心同德，从没有人作奸犯科。如今，我做了部落领袖，老百姓却做出这损人利己的事来，因此，犯罪的人虽是百姓，其实是由于我之不德所致，所以让我感到痛心的，不是那犯罪之人，而是我的德行不如尧、舜啊！"禹当即命人在一块龟板上刻了"百姓有罪，在于一人"八个字，然后下令把那罪犯释放了。

三顾茅庐：用诚心去招揽人才

【出处】三国·蜀·诸葛亮《出师表》

【释义】顾：拜访；茅庐：草屋。原为汉末刘备访聘诸葛亮的故事。比喻真心诚意，一再邀请有专长的贤人。

【历史典故】

东汉末年，宦官专权，朝政倾颓，各路英雄纷纷起兵。刘备是汉朝的宗室，起兵多年，很多英雄都来投奔他，他自己也四处访求人才。一次，谋士徐庶向他推荐诸葛亮，刘备听后决定亲自去拜会诸葛亮。

诸葛亮从小父母双亡，成年之后，就在隆中的卧龙岗盖起了几间茅草屋，定居下来。他熟读史书，颇有学问，对天下大事很有研究。他常把自己比做春秋战国时期的管仲和乐毅，熟悉他的人，都尊称他为"卧龙先生"。

刘备同关羽和张飞带着礼物，连夜来到隆中。看门的小童听说他们是来找主人的，回答说："我家先生不在家，早上就出门去了，不知去了哪儿，也不知什么时候回来。"刘备只好失望地离开了卧龙岗。

过了几天，刘备打听到诸葛亮已经回家，又和关羽、张飞一起，顶着漫天的大雪去隆中。可是到了诸葛亮家才知道，诸葛亮已在头一天和朋友出门云游去了，刘备又扑了空。

过了些时候，刘备准备第三次去请诸葛亮，关羽和张飞有些恼火了，但刘备并不灰心。三人来到卧龙岗，听小童说诸葛亮在睡觉，刘备便恭恭敬敬地站在草堂的台阶下等着。过了好大一会儿，小童才出来把三人请进草屋。

落座之后，刘备和诸葛亮各自做了介绍，接着谈论起天下大事来，刘备表明了想让百姓过上好日子的决心和意愿，诸葛亮见刘备谦虚诚恳，便说："荆州地势险要，是个用兵的好地方，刘表既然守不住它，将军应当取而代之。先占据荆州，站稳脚跟，再取益州，然后联合孙权，交好西南各族，待时机成熟，再向中原发展。那么，统一天下的大业就能够获得成功。"

刘备听后，佩服得五体投地，当即请诸葛亮出山，诸葛亮也不推辞，第二天便跟刘备一起去了新野。从此，诸葛亮用他全部的智慧和才能辅佐刘备打天下。

从善如流：虚怀若谷，多倾听"好"的声音

【出处】春秋·左丘明《左传·成公八年》

【释义】从：听从；善：好的、正确的（意见）；如流：像流水一样。像流水一样迅速而自然地接受别人善意的规劝。比喻乐于接受正确的意见。

【历史典故】

栾书是春秋时期晋国的上卿，屡立军功，后升任中军元帅。公元前585年，楚国派数万精锐军队进攻郑国，郑国不敌向晋国求救。晋景公派栾书率军前往援救郑国，栾书的军队刚到郑国境内，就遇上了楚军。楚军见晋军来势汹汹，就退兵回国了。

栾书不想就此撤兵，便准备去进攻与楚国结盟的蔡国。力量弱小的蔡国见

晋国来犯，连忙向楚国求救。楚国本不想与晋国正面交战，但蔡国来求救，很明显，此战已经避无可避了。于是，楚王派公子申和公子成带领军队前去救援。

晋国大将赵同和赵括向栾书请战，准备率军攻打前来援救的楚军，栾书同意了。这时，栾书的部下知庄子、范文子、韩献子建议，楚军本来已经退兵了，现在又折回来，一定是有备而来的，千万不可大意。此战如果我们获胜了，也只不过是打败蔡国军队，并没有什么值得高兴的；但是如果失败了，就一定会令人感到耻辱。权衡利弊，这一战还是不打为好。栾书觉得他们说得有理，便下令撤军回国。但军中仍然有很多人想与楚军决一胜负，又听说栾书决定撤兵，就跟他说："贤人应该与多数人的想法一样，只要用心去做，事情就能成功。为什么不按照多数人的想法去做呢？身为主帅，辅佐您的人有十一个，只有三个人不主张开战，说明想打的人还是占多数的，您为什么不按多数人的想法行事呢？"栾书回答说："正确的意见才能代表大多数。知庄子他们三个是晋国的贤人，他们所提的意见正确，能代表大多数人，我就采纳他们的意见。"于是，栾书下令撤兵回国。

两年之后，栾书率兵攻占了蔡国，接着想去攻打楚国。知庄子、范文子、韩献子等人分析了时势以后，建议栾书暂时先不要攻打楚国，而应该去侵袭沈国。栾书觉得他们的建议正确合理，便去攻打沈国，最后取得了战争的胜利。

栾书能正确听取部下的意见，人们称赞他："能听从好的、正确的意见，就像流水一样迅速。"

亡羊补牢：为时未晚

【出处】西汉·刘向《战国策·楚策》

【释义】亡：丢失；牢：关牲口的圈。羊逃跑了再去修补羊圈，还不算晚。比喻出了问题以后想办法补救，可以防止继续受损失。

【历史典故】

战国末期，楚国已逐渐由强盛走向衰败。楚襄王即位以后，整日寻欢作乐，朝政荒废，任用奸臣子兰为令尹，子兰把持朝政后，朝纲败坏，百姓生活在水深火热之中。老臣庄辛看到楚国如此境况，痛心疾首，寝食难安。

有一天，庄辛闯进深宫，对楚襄王说："令尹子兰专权妄为，排斥异己，迫害贤臣，长此以往，楚国危矣！"此时，楚襄王正玩得开心，看到庄辛闯进来斥责自己，顿时大发雷霆，高声骂道："你真是个老糊涂，楚国现在平安无事，你怎么说出这种不吉利的话来，还不快给我滚出去！"庄辛回到家中，想想自己闯宫进谏，却遭到昏君的一顿辱骂，深感痛心，一气之下，便带着全家迁到赵国去了。

庄辛走后不久，秦国出兵进攻楚国。秦军来势汹汹，杀得楚军兵逃将散，都城郢很快便陷落了。楚襄王仓皇出逃，直到阳城才暂时脱离了险境。楚襄王冷静下来，想起庄辛劝谏的忠言，追悔莫及。于是，他立即派人去赵国接庄辛。楚襄王见到庄辛说："当初我听不进您的金玉良言，使国家败落到如此地步，实在令人痛心。事已至此，我该怎么办呢，还请您为我指点一二！"庄辛见楚襄王确有悔改之意，便给他讲了一个故事：从前，有个人养了一群羊。一天清晨，他发现少了一只羊，仔细查看，原来是羊圈破了个洞，夜里狼钻进来，叼走了一只羊。邻居都劝他赶紧修补羊圈，但那个人不听劝告，说："羊已经丢了，何必再修羊圈呢？"第二天，他发现又少了一只羊。他很后悔没有听从邻居的劝诫，于是赶快把羊圈修好。以后，羊再也没有被狼叼走过。

讲完故事后，庄辛分析了当时的形势，认为楚国都城虽然被攻陷，但楚襄王只要振作起来，楚国是不会灭亡的。楚襄王听后，便依庄辛所说励精图治，重振了国威。

目不见睫：看清自己最难

【出处】战国·韩非《韩非子·喻老》

【释义】自己看不到自己的睫毛。指人容易看见别人，却难看清自己。比喻没有自知之明。也比喻只见远处，不见近处。

【历史典故】

春秋时，楚庄王想出兵讨伐越国。杜子听说后，问楚庄王："听说大王要攻打越国，是真的吗？"楚庄王回答："是的。"杜子又问："您有成功的把握吗？"庄王说："现在越国政治混乱，兵力不足，不堪一击。"杜子听了楚庄王的话，笑着说："大王，您想错了。我虽然见识不多，但我知道，人的智慧往往就同人的眼睛一样，能见百步以外的东西，却看不见自己的睫毛。请您仔细想一下，我们楚国自从败给秦国、晋国后，失掉了几百里土地，难道这不是楚国军力虚弱吗？而楚国境内又有庄蹻这样的盗贼无法铲除，这难道不是政治混乱吗？因此我觉得楚国的混乱和贫弱并不在越国之下，而您却自以为比越国强大，还想去讨伐它，这不就像眼睛看不到睫毛一样吗？"楚庄王听从了杜子的劝告，放弃了攻打越国的打算。

平易近人：为人平和，人必亲之

【出处】西汉·司马迁《史记·鲁周公世家》

【释义】平易：原指道路平坦，比喻态度和蔼可亲。指态度谦和蔼，使人容易接近。也指文字浅显，容易理解。

【历史典故】

周公，名姬旦，是西周初年著名的政治家，因其封地在宗周而得名。周公曾辅佐周武王灭商，武王去世后，成王即位，周公仍旧在朝摄政辅佐成王，而让自己的儿子伯禽代替自己到封地鲁国去。

伯禽受封到鲁国，三年后入朝向周公汇报政务，周公问：“为什么来得这么晚？”伯禽说：“我变革礼俗，费力不小。比如服丧，必得服满三年方得去除。”而受封到齐地的太公望（即姜子牙），却在五个月后便向周公汇报了施政的情况，周公问：“为什么来得这么快？”太公说：“我大大简化了君臣礼仪，一切依从通俗简易。”周公听完，感慨地说：“鲁国将来必定会臣服于齐国，如果政令不简易平和，人民就不愿意接近；政令平易，贴近民众的生活，人民才会愿意归附。”

负荆请罪：人非完人，有错改之

【出处】西汉·司马迁《史记·廉颇蔺相如列传》

【释义】负：背着；荆：落叶丛生灌木，高四五尺，茎坚硬，可做杖。背着荆杖，表示服罪，向当事人请罪。形容主动认错道歉，自请责罚。

【历史典故】

战国时期，赵国有一文一武两个得力的大臣。武官名叫廉颇，英勇善战，多次领兵战胜齐、魏等国。文官名叫蔺相如，有勇有谋，面对秦王临危不惧。他两次出使秦国，第一次使国宝和氏璧得以完璧归赵，第二次是陪同赵王去赴秦王的“渑池之会”，两次都给赵国争回了不少面子，秦王也因此而不敢再小看赵国了。于是，赵王先封他为大夫，后封他为上卿，地位在大将军廉颇之上。

廉颇对蔺相如很不服气，心想：蔺相如有什么能耐，无非是会耍几下嘴皮子，我廉颇才是真正的功臣呢！他对身边的人说：“我要是见到了蔺相如，一定要让他尝尝我的厉害，看他能把我怎么样！”

这话传到了蔺相如的耳朵里，他干脆装病不去上朝，避免与廉颇发生冲突，还吩咐手下的人，叫他们以后碰着廉颇的手下，千万要礼让，不要和他们争吵。可是冤家路窄，一次，蔺相如出门办事，正碰见廉颇的马车远远地从对面过来，蔺相如就叫车夫把车子赶到小巷子里，让廉颇的马车先过去。

蔺相如的手下气坏了，纷纷责怪蔺相如胆小，害怕廉颇。蔺相如笑了笑，说：“廉颇和秦王哪个厉害呢？”手下说：“当然是秦王厉害了。”蔺相如接着说：“我连秦王都不怕，还会怕廉颇吗？要知道，秦国现在不敢来攻打赵国，就是因为赵国的文官武将一条心。我们两人好比是两只老虎，两只老虎要是打起架来，难免有一只要受伤，这就给秦国制造了进攻赵国的好机会。你们想想，国家的事要紧，还是私人的面子要紧？所以，我宁可忍让一点儿。”

这话传到了廉颇耳朵里，他感到非常惭愧。一日，他赤裸着上身，背着荆条，跑到蔺相如的家里去请罪。蔺相如连忙把廉颇扶起。从此，两人成了最要好的知心朋友，一文一武，共同保卫赵国。

当局者迷，旁观者清：不识庐山真面目，只缘身在此山中

【出处】南宋·辛弃疾《恋绣衾·无题》

【释义】当局者：正在下棋的人，也指当事人；迷：糊涂，迷惑；旁观者：看棋的人。下棋的人往往容易迷惑，看不清楚事态的发展方向，旁观的人却看得很清楚。比喻当事人因主观片面，反而糊涂。

【历史典故】

唐玄宗时期，大臣魏光上书要求把唐初名相魏征整理修订过的《类礼》列为经书，也就是列为儒家的经典著作。玄宗当即表示同意，并命元澹等仔细校对一下，再加上注解。不料，右丞相张说对此持否定意见，他说，现在的《礼记》是西汉戴圣编纂的本子，使用了近千年，东汉的郑玄也已加了注解，成为经书，为什么还要改用魏征整理修订的本子呢？玄宗觉得他说得也有道理，便改

变了主意。

元澹认为，《礼记》版本应该随着时代的发展改换一下。为此，他写了一篇题为《释疑》的文章，表明自己的观点。《释疑》中，有一段回答：问：“《礼记》这部经典著作，戴圣编纂、郑玄加注的版本与魏征修订的本子相比，哪个更好呢？”答曰：“戴圣编纂的版本从西汉起到现在经过了许多人的修订、注解，虽然已经有了很长的历史，但也出现了一些互相矛盾之处，本朝名相魏征正是考虑到这些因素而对其进行重新整理，没想到那些墨守成规的人会反对！”提问者点头称是，说：“是啊，就像下棋一样，下棋的人倒糊涂，旁观者却看得分外清楚。”

讳疾忌医：闭目塞听等于自取灭亡

【出处】战国·韩非《韩非子·喻老》

【释义】讳：忌讳；疾：疾病。隐瞒疾病，不愿医治。比喻怕人批评而掩饰自己的缺点和错误。

【历史典故】

扁鹊是战国时期的一位名医，医术非常高名，他只需诊脉，就能知道患者脏腑里的病。

有一天，扁鹊去见蔡桓公。他仔细端详了蔡桓公的气色以后，说：“大王，您生病了。现在病只在皮肤表层，如果不及时医治，恐怕病情会加重的。”蔡桓公不以为然地说：“我没有病，也用不着治！”扁鹊走后，蔡桓公对身边的人说：“当大夫的就爱给人治病，没病也说你有病，只为显示自己医术高明。”

过了几天，扁鹊再去看望蔡桓公。他着急地说：“您的病已经发展到肌肉里去了，可得抓紧治疗啊！”蔡桓公把头一歪，只当没听见，没理他。

又过了几天，扁鹊又来见蔡桓公。他看了看蔡桓公的气色，焦急地说：“大王，您的病已经进入了肠胃，不能再耽误了！”蔡桓公还是不予理睬。

又过了几天，扁鹊再一次去看望蔡桓公，他只看了一眼，掉头就走了。蔡桓公心里好生纳闷，就派人去问扁鹊：“您去看望大王，为什么掉头就走呢？”扁鹊说：“病在皮肤里，可以用热敷；病在肌肉里，可以用针灸；病到肠胃里，可以吃汤药。但是，现在大王的病已经深入骨髓。病到这种程度只能听天由命了，所以，我也无话可说了。”

果然，五天以后，蔡桓公的病突然发作了。他请人赶快去请扁鹊，但是扁鹊已经逃到秦国去了。没过几天，蔡桓公就病死了。

鸡鸣狗盗：行行出状元，切忌妄自菲薄

【出处】西汉·司马迁《史记·孟尝君列传》

【释义】鸣：叫；盗：偷东西。指微不足道的本领，也指偷偷摸摸的行为。

【历史典故】

战国时候，齐国的孟尝君喜欢招纳各类人才做门客，号称“宾客三千”，有才能的人让他们各尽其能，才能较低的人也为他们提供食宿。

有一次，孟尝君率众出使秦国。秦昭王将他留下，想让他当相国。孟尝君不敢得罪秦昭王，只好留下来。不久，大臣们劝秦王说，孟尝君出身王族，而且在齐国有封地，必定不会真心为秦国办事。秦昭王觉得有理，便把孟尝君和他的手下人软禁起来，准备找个借口杀掉他们。

秦昭王有个宠爱的妃子，他对这个妃子言听计从。孟尝君派人去求她帮助，这个妃子答应只要拿到那一件天下无双的狐白裘做报酬，就帮助孟尝君。但是那件狐白裘在刚到秦国时，就已经献给了秦昭王，这时，有个门客说：“我去把狐白裘取回来！”说完就走了。

原来，这个门客善于钻狗洞偷东西。他知道秦昭王特别喜爱那件狐裘，将它藏在了宫中的贮藏室里。这个门客轻易地就钻进贮藏室把狐白裘偷了出来。妃子见到狐白裘，便设法说服秦昭王放弃了杀孟尝君的念头，并准备过两天送他回齐国。

孟尝君怕夜长梦多，立即率领手下人连夜离开。到了函谷关正是半夜，按秦国法规，函谷关每天鸡叫才开门。大家正犯愁时，孟尝君的另一个门客学起了鸡叫，附近的鸡也纷纷跟着叫了起来，接着，城关外的雄鸡也打鸣了。守关的士兵以为天亮了，立即起来打开关门，放孟尝君等人出关。孟尝君靠着鸡鸣狗盗之士逃出了秦国，等到秦昭王反应过来时，已经来不及了，孟尝君一行人早已离开了秦国。

金玉其外，败絮其中：做人应表里如一

【出处】明·刘基《诚意伯集·卖柑者言》

【释义】外表像金玉，里面却是破棉絮。比喻外表漂亮，内里破败。虚有华美的外表，实质却一团糟。

【历史典故】

刘基是元末明初著名的政治家、文学家，精通天文及兵法，帮助朱元璋推翻元朝，建立了大明朝。朱元璋登基当上皇帝以后，便封刘基为“诚意伯”。

刘基年轻时，一次外出来到杭州。在家乡时，他就听说，杭州有一个卖蜜柑的商人，善于将水果保鲜，不论冬天，还是夏天，他卖的蜜柑都看上去非常好，生意很兴隆。刘基对此很好奇，也很想亲口尝尝。一天他找到了这位水果商，到摊位一看，果然不错，人们正在争先恐后地购买。他也挤着买了几个蜜柑，剥开皮一看，里面就像破棉絮一样，一点儿蜜柑的鲜甜味也没有。刘基很

生气，拿着剥开的蜜柑质问水果商："老先生，你卖的蜜柑是让人吃的呢，还是供人摆着的呀？你这不是骗人吗？这么做也太过分了吧！"

没想到，那位水果商听了刘基的话，毫不介意，面带笑容地对刘基说："您别生气。说实话，我卖蜜柑就为的是养家糊口。我卖，您买，这是自由买卖，我没非要您买啊。我卖这蜜柑好几年了，买的人很多，只有您回来找我。您要真是明眼人，就来管管这现在的世道，真正欺骗人的不是我，而是那些有权有势的。他们在家坐着虎皮椅，出门或坐大轿，或骑着高头大马，头戴乌纱，身着锦袍。看上去，哪一个不是装得一本正经的样子？可是，他们整日干什么实事了？老百姓生活困苦不堪，官吏为非作歹，民间盗贼四起，他们不是白白坐着高位，白白享受丰厚的待遇吗？这些人，单从外表看，光鲜无比，谁不羡慕？可实际上，他们却是大盗贼，跟我卖的蜜柑一样，外表似金玉，里边是破败絮。那么，您干吗不去问问这些人，为何单单来质问我呢？"

刘基听了这席话，沉默不语。回到家里后，写下了《卖柑者言》这篇文章。

宠辱不惊：不以物喜，不以己悲

【出处】《新唐书·卢承庆传》

【释义】受宠受辱都不放在心上。指不因个人得失而动心。

【历史典故】

卢承庆是唐太宗时期的名臣，一次，他主持考核官员，考核官员评定等级事关每位官员的升迁，所以官员们都非常紧张。有个负责运粮的漕运官一时疏忽，导致运粮的船只沉没了，卢承庆就将他的等次评定为"中下"。当卢承庆把评定结果告诉这个漕运官时，这个漕运官没有流露出半点不高兴的神情。卢承庆想，粮船沉没并不是靠那个漕运官的力量所能挽救的，于是，他综合考虑各种因素，又将运粮官的级别改成了"中中级"，那个漕运官得知后也没有流露出半点高兴的神情。卢承庆十分赞赏他这种“宠辱不惊”的品格，又将他的级别改成了“中上级”。

胡服骑射：取其精华，弃其糟粕

【出处】西汉·刘向《战国策·赵策二》

【释义】胡：古代指北方和西方的少数民族。指学习胡人的打扮服饰，同时也学习他们的骑马、射箭等武艺。这个典故告诉人们不要故步自封，应学习别人的长处，勇于改革。

【历史典故】

赵武灵王是战国时赵国的国君，他是一位很有远见的国君，看到周边的诸侯国日益强大，便考虑着赵国的发展前途。国家要强盛，就必须要改革一番。

赵武灵王看到胡人在军事与服饰方面有一些特别之处：穿窄袖短袄，这种服饰生活起居和狩猎作战都比较方便；作战时用骑兵、弓箭，与中原的兵车、长矛相比，具有更大的灵活机动性。于是，为了富国强兵，赵武灵王提出“着胡服”“习骑射”的主张，决心取胡人之长补中原人之短。

可是“胡服骑射”的命令还没有下达，就遭到许多皇亲国戚的反对。公子成等人以“易古之道，逆人之心”为由，拒绝接受改革。赵武灵王驳斥他们说：“德才皆备的人做事都是根据实际情况而采取对策的，怎样有利于国家的繁荣昌盛就怎样去做。只要对富国强兵有利，何必拘泥于古人的旧法。”赵武灵王抱着以胡制胡，将西北少数民族纳入赵国版图的决心，冲破守旧势力的阻拦，毅然颁布了“胡服骑射”的政令。赵武灵王号令全国百姓着胡服，习骑射，并带头穿着胡服去会见群臣。赵武灵王还让军中将士们学着胡人的样子，骑马射箭，转战疆场，并通过围猎活动进行实战演习。

在赵武灵王的亲自教习下，国民的生产能力和军事能力大大提高，接连打败了临近的中山、东胡等国，向北开辟了上千里的疆域，赵国日益强大起来。

倚门倚闾：母爱亘古不变

【出处】西汉·刘向《战国策·齐策六》

【释义】闾：古代里巷的门。形容父母盼望子女归来的迫切心情。

【历史典故】

战国时期齐湣王在位时，燕、秦等国联合攻齐，燕国将领乐毅领兵侵入齐都临淄，齐湣王逃亡卫国。楚国派大将淖齿率领军队前去援助齐国，其实楚国并非真心救齐，淖齿杀死了齐湣王，和燕国分占了齐国的领土。直到田单大破燕军，才收复了齐国的失地。

齐王的宗族王孙贾，15岁就被召进宫当齐王的侍臣。他母亲很疼爱他，每当他入朝，总要再三叮嘱他早些回来。如果他回家晚了，母亲就会焦急地倚在门外等他。

齐湣王外逃时，王孙贾没有跟在齐湣王身边，后来想要去寻找的时候，却失去了齐湣王的消息，于是便回家了。王孙贾的母亲见儿子回来了，便问他："燕兵来犯，你为何不保护齐王？"王孙贾回答说："我不知道大王在什么地方。"母亲听了很生气地说："平时你早上出去，回来晚了，我都会倚在家门口等你；如果你傍晚出去，好久不见回来，我更要到巷口去等你。你15岁起就跟在大王身边，身为大王的侍臣，竟然不知道他去哪里了，那你还回家干什么！"王孙贾听了很惭愧，连忙去寻找齐湣王，多方打听下落。当得知齐湣王已经被害时，立即号召百姓，揭竿起义，百姓纷纷响应。

兼听则明，偏信则暗：广纳善言，才能明辨是非

【出处】《新唐书·魏征传》

【释义】指要同时听取各方面的意见，才能正确认识事物；只相信单方面的

话，必然会犯片面性的错误。

【历史典故】

魏征是唐初著名的政治家，敢于直言不讳地向唐太宗提意见，而且多被采纳。有一次，唐太宗同魏征一起讨论治国之道。唐太宗问魏征："君主怎样做才能称为贤明？怎样做叫糊涂？"魏征答道："贤明的君主之所以贤明，是因为能广泛听取各方面的意见；有些皇帝之所以糊涂，是因为只片面地听信少数人的话。从前尧帝广泛地向民众了解情况，所以三苗作恶之事能够及时掌握。舜帝耳听四面，眼观八方，故共、鲧、驩都不能蒙蔽他。秦二世偏信赵高，在望夷宫被赵高所杀；梁武帝偏信朱异，在台城被软禁饿死；隋炀帝偏信虞世基，死于扬州的彭城阁兵变，所以仁君要广泛听取意见，则贵族大臣不敢蒙蔽，下情得以上达。"唐太宗听了，十分赞同。

班门弄斧：贻笑大方

【出处】唐·柳宗元《王氏伯仲唱和诗序》

【释义】班：鲁班，著名的木匠。在鲁班门前舞弄斧子。比喻在行家面前卖弄本领，丢人献眼。

【历史典故】

相传，李白晚年在采石江边的船上对月畅饮，喝得酩酊大醉，见水中月光皎洁便探身去抚摸，不料却失足掉入江中，溺水而亡。于是采石便因李白这位举世闻名的唐代大诗人之死而出现了许多的名胜，有李白墓、谪仙楼、捉月亭等，吸引了无数的游人。文人墨客经过此处，必定会停留片刻，在李白的墓上题写一些东西，以抒发内心的感受，但这些文人大多都是些附庸风雅之士。

明代诗人梅之涣写了一首名为《题李白墓》的诗来讽刺这些文人，诗中写道："采石江边一堆土，李白之名高千古；来来往往一首诗，鲁班门前弄大

斧。”梅之涣借此诗讽刺那些附庸风雅的文人“鲁班门前弄大斧”，太不自量力。

鲁班是春秋末期战国初期鲁国人，出生于世代工匠的家庭，他本人更是一个善于制作精巧器具的能手，人们叫他“巧人”，民间历来把他尊奉为木匠的祖师爷。谁敢在鲁班门前炫耀使用斧子的技术，换句话说就是想在行家面前显示自己的本领，就会被人讥笑为不自量力，就叫做“鲁班门前弄大斧”，简称“班门弄斧”。此成语通常用来比喻本领不大，却喜欢在行家面前卖弄的人。

脚踏实地：认真质朴，足履实地

【出处】北宋·邵伯温《闻见前录》第十八卷

【释义】双脚在地面上踏稳，踏踏实实地做事。比喻做事踏实、认真质朴，不虚浮，不投机取巧。

【历史典故】

北宋时期著名的政治家、思想家、历史学家司马光自幼便聪明机灵，且胆识过人，深得人们的喜爱。有一次，司马光与几位小伙伴在一起玩耍，其中一个小伙伴失足掉进了缸中，其他几个小伙伴都傻眼了，不知该如何是好，你看我，我看你，都吓哭了。唯独司马光临危不乱，举起旁边的石头，便向缸砸去，一下就把缸打破了，水“哗”的一声流了出来，那个小伙伴因此而得救了。

勤学苦读的司马光不到20岁便考中了进士。宋仁宗在位时，他已被提升为天章阁待制兼知谏院。宋英宗治平三年（公元1066年），司马光开始着手编年体史书——《通志》。他花了19年的时间，才完成这部巨著。书成之后，宋神宗非常高兴，将书赐名为《资治通鉴》。司马光治学严谨，一丝不苟，在写作《资治通鉴》的过程中始终保持自己的治学风格。

邵雍是与司马光同时代的文人学者。这位邵老先生淡泊名利，一生不肯入

朝为官，多次拒绝朝廷的邀请。他以毕生的精力研究《周易》，并写有很多的著作，其中最著名的作品是《皇级经世》。邵雍与司马光交往甚密，他们时常在一起品评朝政、切磋学问。在洛阳时，司马光、邵雍、文彦博、吕公著等人经常聚会，大家知道邵雍对面相学相当有研究，便纷纷向他请教。邵雍对文彦博说："你面相好，是一个为人厚道，但又有些脾气的人。"司马光听了，便问道："先生，我是一个怎样的人？"邵雍不假思索地说："你是个脚踏实地的人啊！"司马光听了，不禁感叹："知我者，唯邵雍也！"

掩耳盗铃：自欺欺人掩盖不了真相

【出处】战国·吕不韦《吕氏春秋·自知》

【释义】掩：遮盖；盗：偷。把自己的耳朵捂住去偷他人的铃铛，以为别人和自己一样听不到铃铛声。比喻自己欺骗自己，明明掩盖不住的事情偏要想办法掩盖。

【历史典故】

从前，有一个人很愚蠢，还喜欢占小便宜。凡是他喜欢的东西，总是想尽办法弄到手，甚至是去偷也在所不惜。

有一次，他看见邻居门口新挂上的铃铛十分惹人喜爱，这只铃铛做得十分精致，声音也很响亮，在很远的地方便能听见。于是，他动心了，他边走边想：怎样才能弄到手呢？最后他决定等到没人的时候，把它偷走。

他知道，只要用手去碰这个铃铛，就会"叮铃叮铃"地响起来。铃铛一响，就会被人发现。这可如何是好呢？他冥思苦想，始终也想不到一个好办法，他的一个朋友帮他出主意说："把耳朵捂起来，不就听不到铃声了吗？"听了这个主意，他大受启发，他想：只要把自己的耳朵捂住，就听不见铃声响了。于是，他自作聪明地用这个方法去偷铃铛。

一天晚上，他借着月光，蹑手蹑脚地来到邻居家门前。他伸手去拿铃铛，但是，铃铛挂得太高了，怎么也够不着，他只好扫兴地回去了。

第二天晚上，他带着凳子，又蹑手蹑脚地来到邻居家门前。他踩着凳子，一手掩住自己的耳朵，一手去摘铃铛。谁知他刚碰到铃铛，铃铛就响了。铃声惊醒了睡梦中的邻居，众人纷纷披着衣服出来，想知道发生了什么事。邻居走上前，当场抓住了这个偷铃铛的人。这个人看着大家奇怪地问："我都把耳朵掩上了，你们怎么还听得见铃铛响啊？"

这个偷铃铛的人实在是自欺欺人，可笑至极！

趾高气扬：太满则招损，谦才能受益

【出处】春秋·左丘明《左传·桓公十三年》

【释义】趾高：走路时脚抬得很高；气扬：意气扬扬。走路时脚抬得很高，神气十足。形容骄傲自满、得意忘形的样子。

【历史典故】

公元前701年春，楚国大将军屈瑕率军在郧国的城邑蒲骚（今应城西北）与郧、随、蓼等诸侯国的联合作战。屈瑕听从军中将士的建议，集中兵力打败了郧国，又迅速攻破了蒲骚，最终大获全胜。

屈瑕本就是个无自知之明的人，有了这次的胜利，他更骄傲起来，自以为是常胜将军，从此任何人都不放在眼里。过了两年，楚王又派屈瑕率军去攻罗国。出师那天，屈瑕威风凛凛。送行的大夫伯比返回的时候，对身边人说："我估计屈瑕这次出征一定要吃败仗，你看他走路的时候脚抬得那么高，一副神气十足的样子，还能冷静地、正确地指挥作战吗？"伯比越想越不妥，就去求见楚王，建议楚王给屈瑕增加军队，但楚王并没有采纳他的建议。回宫后，楚王无意中将此事告诉了他的夫人邓曼。邓曼是一个非常聪明的女子，她听了楚王的话，认为伯比说得很有道理，也建议楚王应该赶紧派兵去援助，否则就来不及了。楚王听了夫人邓曼的话，立即下令增派部队前去支援，但是已经晚了。屈瑕到了前线，不可一世，武断专横到了极点。楚军来到罗国都城时，对方早已整军待战，而屈瑕一点也不做戒备，结果遭到了罗国军队的两面夹攻，楚军死伤惨重，屈瑕也因战败而自杀身亡了。

得过且过：一分耕耘，一分收获

【出处】《小孙屠》第四出

【释义】只要能够过得去，就这样过下去。形容胸无大志，也形容工作马马虎虎，敷衍了事。

【历史典故】

传说五台山上有一种小鸟，叫寒号鸟，它不能像一般的鸟那样飞行。每当夏天来临的时候，寒号鸟全身长满了绚丽的羽毛，十分美丽。寒号鸟觉得自己是天底下最漂亮的鸟了，连凤凰也不能同自己相比。它整天摇晃着羽毛，扬扬得意地唱着："凤凰不如我！凤凰不如我！"

秋天来了，鸟儿们都各自忙开了，有的结伴飞到南方，准备在那里过冬；有的整天忙碌着积存食物、修理窝巢，做好过冬的准备。只有寒号鸟，既没有飞到南方去的本领，又不愿辛勤劳动，仍然整日东游西荡的，还在一个劲儿地炫耀自己身上漂亮的羽毛。

冬天来了，天气寒冷，鸟儿们都回到自己温暖的窝巢里。寒号鸟身上漂亮的羽毛都脱落光了，晚上只能躲在石缝里，哆嗦地叫着："好冷啊，好冷啊，等到天亮了就做个窝！"可是天亮之后，温暖的阳光一照，寒号鸟又忘记了夜晚的寒冷，又自我安慰地唱着："得过且过！得过且过！太阳下面好暖和！"寒号鸟就这样一天天地混日子，一直没给自己做个窝。最后，在一个寒冷的夜晚，寒号鸟冻死在岩石缝里了。

萧何自污：大智若愚免杀身之祸

【出处】西汉 · 司马迁《史记 · 萧相国世家》

【释义】萧何：西汉高祖时丞相。自污：自己玷污自己的清白和名誉。

【历史典故】

萧何是西汉初期政治家，他帮助刘邦建立汉朝后不久，黥布叛乱谋反，汉高祖刘邦御驾亲征，其间数次派遣使者问候萧何，使者回禀说：“因为皇上在御驾亲征，相国正鼓励百姓拿出家财辅助军队征战。”刘邦听后，什么也没说。有个门客对萧何说：“您不久就会被灭族了。您身居高位，功劳极大，不可能再得到皇上的提拔。自您进入关中，一直得到百姓拥护，如今已有十多年了；皇上数次派人问候您的原因，是担心您受到关中百姓的拥戴。现在您为何不多抢夺田地，少抚恤百姓，自损名声呢？皇上必定会因此而安心的。”

萧何认为有道理，便依计行事，抢夺百姓田地。后来，在汉高祖刘邦得胜回朝的途中，有百姓拦路控诉萧何。高祖不但没有生气，反而高兴异常，也没对萧何进行任何处理。

割发代首：以身作则，以德服人

【出处】明 · 罗贯中《三国演义》第十七回

【释义】割掉头发代替头颅。比喻以身作则，讲诚信。

【历史典故】

东汉末年，曹操为了统一中原，实现自己的政治理想，招兵买马，积草囤粮，千方百计拉拢人才，他手下有两个谋士，分别是毛蚧和荀彧，他们为曹操提了两条建议。其一，要利用皇帝的名义号令天下，这叫“挟天子，令诸侯”；其二，要重视耕种，开荒种田，广积粮。曹操听了，觉得很有道理，就接受了这两条建议。

他首先打听到汉献帝的下落，然后亲自去朝见皇帝，把皇帝接到许昌，他自封为大将军，开始了他的“挟天子以令诸侯”。

第一条建议实施后，曹操心中很是高兴，士兵的士气也很高涨。曹操开始实施第二条建议，解决粮食的问题。他派人起草并颁布了“屯田令”，同时，命令军队也要大量开荒地，实行军屯，并严令士兵保护庄稼，不准践踏禾苗，若违犯，就按军法处治。

一次，正是麦熟时节，曹操带兵出征，任务紧急，队伍行军急速。老百姓都躲得远远的，不敢收割庄稼。曹操得知后，就传下军令，士兵如有践踏麦田的，立即斩首示众，请父老乡亲不要害怕。士兵们都小心翼翼地走过麦田，曹操骑着马，突然飞出一只鸟，这只鸟正从曹操骑的马头上掠过。战马受惊，一边嘶叫一边四蹄奋起窜进旁边的麦田。当曹操用力将马勒住停下来时，低头一看，已经踩倒了一大片麦子。于是，曹操赶紧跳下马，对主管法令的官说：“我的马将麦子踩坏，违犯了禁令，请按军法议罪。”主管法令的官说：“将军是一军的主帅，怎能议罪？”曹操又说：“我自己制定的法令，我违反了却不治罪，怎么能够服众？”主管法令的官又说：“您是一军的主帅，何况踏坏麦田又不是您存心违法，而是意外，我看就不必议罪了。”曹操听了，略略沉思一会儿，说道：“既然如此，那就暂且免去死罪吧，但是，我犯了错误也应该受罚！”说完，他脱下帽子，用刀把自己的头发割下一绺来，掷在地上说道：“姑且用割发代替砍头。”

曹操割发严守军令的事，很快在全军传开了。全军上下，个个敬畏，人人遵守军令，无一敢违犯。

黔驴技穷：外强中干是最不可靠的本领

【出处】唐·柳宗元《三戒·黔之驴》

【释义】黔：地名，今天的贵州省；技：技能，本领；穷：尽，用完。贵州的驴子用尽了所有的本事。比喻有限的一点本领很快就用尽了，讽刺一些虚有其表，外强中干，无德无才的人。

【历史典故】

相传，古时候贵州一带没有毛驴。有一个人从外地买了一头毛驴，用船运到了贵州。贵州山中常有老虎出没，老虎从来没见过毛驴，一天，它发现了这头毛驴，还以为毛驴有什么特殊的本领，所以不敢贸然靠近它。

老虎远远地躲在树林里，偷偷地观察毛驴的一举一动。过了一些日子，老虎小心翼翼地朝毛驴的方向挪动了几步，想弄清楚这个怪物究竟是什么东西。它一点一点地靠近毛驴，可还没等老虎看清，毛驴突然大叫起来，声音大得响彻了山谷，回音不绝。毛驴的叫声把老虎吓了一大跳，以为它要来吃自己了，吓得急忙逃得远远的。

又过了几天，老虎仍不死心，又转来转去慢慢地靠近毛驴，反复地观察毛驴，再也没有发现这只驴子有什么特殊的动静，也没发现它有什么特别的本领，好像它只会偶尔响亮地叫上几声罢了。

再后来，老虎对毛驴的叫声习惯了，觉得它也没有什么了不起的，渐渐地敢靠近毛驴了。于是，老虎向毛驴靠得更近些，在它面前转来转去，相安无事。后来，老虎靠毛驴更近了，甚至故意碰撞毛驴的身子，毛驴只是一味躲闪。

后来有一次，老虎试着用爪子抓了毛驴一下，毛驴终于被惹怒了，就用蹄子猛踢了老虎一脚。老虎一点也不觉得疼，于是便想："原来这个怪物不过如此，只有这么一点本事啊！并不可怕嘛！"只见老虎便大吼一声，猛扑上去，张开血盆大口，咬断了毛驴的喉咙，美美地饱餐了一顿。

第十八章 品德类：美德是心灵最好的滋养品

一诺千金：诚实守信是处世之本

【出处】西汉·司马迁《史记·季布栾布列传》

【释义】诺：许诺。许下的一个诺言有千金的价值。比喻说话算数，极有信用。

【历史典故】

“一诺千金”是由“得黄金千两，不如得季布一诺”演化而来。

秦朝末年，楚地有个叫季布的人，性情耿直，为人侠义好助，只要是他答应过的事情，无论有多大困难，他都会设法办到，因此广受大家的赞扬。

楚汉相争时，季布是项羽的部下，曾几次献策，使刘邦的军队吃了败仗。项羽兵败后，季布孤身一人杀出重围，开始了亡命天涯的生活。而当了皇帝的刘邦一直记恨季布，于是下令通缉他。

那些仰慕季布的人，都在暗中帮助他。不久，季布乔装后，到山东一户姓朱的人家当佣工。朱家明知他是季布，仍收留了他。后来，朱家去找汝阴侯夏侯婴说情。在夏侯婴的劝说下，刘邦不仅不再通缉季布，还封他做了郎中，不久又改做河东太守。

季布有一个同乡名叫曹邱生，听说季布做了大官，就马上去见他。但季布对他有些误会，知道他要来，就虎着脸，准备发落几句让他下不了台。谁知曹邱生一进厅堂，不管季布的脸色多么阴沉，话语多么难听，只是对着季布又是打躬，又是作揖，要与季布拉家常叙旧，说："你我都是楚地人，既是同乡，便应该珍视乡情才对。我听说楚地流传着这样一句话：'得黄金千两，不如得季布一诺。'您是怎么能够有这样的好名声传扬在梁、楚两地的呢？皆因你是我的同乡，我才到处宣扬你啊。你为什么不愿见到我，与我结为朋友呢？"季布听了曹邱生的这番话，对他的误解顿时消除了，两人从此成为至交。

一饭千金：滴水之恩，当涌泉相报

【出处】西汉·司马迁《史记·淮阴侯列传》

【释义】千金：千两黄金。受了别人一顿饭的恩惠，要用千两黄金来回报。比喻受恩厚报。

【历史典故】

韩信是汉初叱咤风云的统帅，他出身贫寒，自幼父母双亡，而且性格放纵，不拘礼节。他家里没有什么财产，既不可能被推荐做官，又不会经商、种地，一直过着穷困潦倒的生活，常常是吃了上顿没下顿，只得依靠别人救济度日，这里混一顿，那里蹭一餐，许多人都很讨厌他。

为了生活，韩信只好到淮阴城的河边去钓鱼。那里经常有许多老妇人在冲洗丝绵，其中一个老太太见他饥肠辘辘的样子，就把自己的饭分给他吃，一连十几天都是这样。韩信非常感动，便对老太太说："总有一天我一定会好好报答您的。"老太太听了很生气，大声斥责韩信说："堂堂七尺男儿，你连自己都养活不了，我是可怜你，才给你饭吃，哪里还希望你的报答啊？"韩信听了很是惭愧，立志要闯出一番事业来。

他每天专心研究兵法、练习武艺，只等着机会的到来。秦末战乱，他辗转投奔了刘邦的汉军，做一个负责押运粮草的小官。之后，他认识了刘邦的谋士萧何，由一名运粮官变成了一名将军。在此后的几年时间里，韩信帮助刘邦平定三秦之地，取得了对楚作战的胜利，最后，逼项羽退到垓下，自刎而死。此战之后，刘邦封韩信为楚王。韩信回到楚国后，找到当年分给他饭吃的那位老太太，送她黄金一千两，以报答当日分饭之恩。

大禹治水：责任感是个人品行的最好诠释

【出处】春秋·孔丘《尚书·大禹谟》

【释义】禹：三皇五帝时中原的领袖。大禹治理水患为百姓谋福。

【历史典故】

尧在位的时候，黄河流域发生了很大的水灾，庄稼被淹了，房子被毁了，尧召开部落联盟会议，商量治水的问题。他征求四方部落首领的意见：派谁去治理洪水呢？首领们都推荐鲧（gǔn）。

尧对鲧不大信任。首领们说："现在没有比鲧能力更强的人才了！"尧才勉强同意。鲧花了9年时间治水，没有把洪水制服。因为他用的是水来土掩，造堤筑坝的方法，结果洪水冲塌了堤坝，水灾反而闹得更凶了。舜接替尧当部落联盟首领以后，亲自到治水的地方去考察。他认为鲧办事不力，就把鲧杀了，又让鲧的儿子禹去治水。

禹新婚不久，为了治水，到处奔波。他吸取了父亲的经验教训，采取了疏导的办法，带领百姓开渠排水，疏通江河，兴修水利，灌溉农田。

传说禹在治水的13年当中，三次经过自己的家门，都没有进去。第一次，妻子生了病，没进家去看望。第二次，妻子怀孕了，他还是没有进家门。第三次，他妻子涂山氏生下了儿子启，婴儿正在哇哇地哭，禹在门外经过，听见哭声，也没进去探望。他一直想着老百姓仍在遭受洪水的祸害，庄稼被淹，房子被毁，他和老百姓一起劳动，戴着箬帽，带头挖土、挑土，累得磨光了小腿上的毛。经过大家的努力，大禹终于治好了水患，把洪水引到大海里去，土地上又可以种庄稼了。

大禹因为治水有功，就被舜选定为自己的继承人。舜死后，大禹继任了部落联盟的首领，在他的治理下，部落和平，九州安定。

不为五斗米折腰：淡泊名利，宁静致远

【出处】《晋书·陶潜传》

【释义】五斗米：晋代县令的俸禄，后指微薄的俸禄；折腰：弯腰行礼，指屈身于人。比喻为人清高，有骨气，不为利禄所动。

【历史典故】

陶渊明，又名陶潜，是东晋著名的诗人、辞赋家和散文家。他出身于一个没落的官僚家庭中，其曾祖父是东晋著名的大将军陶侃，但到其父亲这代，陶家已经败落。尽管如此，从小陶渊明还是受到了良好的家庭教育，博览群书，养成不爱慕虚荣、不贪富贵的高洁品格。

义熙元年（405年），陶渊明在朋友的劝说下，出任彭泽县令。到任八十一天，碰到浔阳郡派遣督邮来督察公务，这个督邮名叫刘云，以凶狠贪婪闻名，每年两次以巡视督察为名向辖县索要贿赂，次次都是满载而归，否则就栽赃陷害。县吏说："我们应当穿戴整齐、备好礼品、恭恭敬敬地去迎接督邮。"陶渊明叹道："我岂能为五斗米向乡里小儿折腰。"意思是我怎能为了县令的五斗薪俸，就低声下气去向这些小人贿赂献殷勤。

于是，陶渊明在出任彭泽令八十多天后，就离开衙门，收拾行装，返回家乡，从此过起隐居生活。他丝毫没有对官场的眷恋之心，反而有一种重获自由

的怡然自得。他每天饮酒写诗，过着世外桃源一般的清闲生活。

力士脱靴：不畏权贵，坚持自我本色

【出处】唐·李肇《唐国史补·李白脱靴事》

【释义】力士指的是高力士。形容文人任性饮酒，不畏权贵，不受拘束。“力士脱靴”中的“力士”指的是唐玄宗李隆基最宠信的宦官高力士。能让高力士为之脱靴的不是别人，正是“诗仙”李白。“力士脱靴”被后人用来比喻不趋炎附势，惧怕权贵，坚持本色。

【历史典故】

唐玄宗天宝初年，李白因诗写得出色，被著名诗人贺知章推荐给唐玄宗。唐玄宗很快在金銮殿召见了李白，对其很欣赏，封他为供奉翰林，要他在宫在写诗作文。过了一段时间，李白既不见皇帝找他商量国家大事，也没有分派给他什么重要公务，只是让他陪皇帝和贵妃游山玩水，写“宫中行乐词”。此种待遇李白治国安邦的志向相差太远，因此他常常在苦闷中借酒浇愁。

有一天，皇帝又召见李白，请他起草一份很重要的诏书。恰巧李白刚刚喝完酒，东倒西歪地走到大殿上。他眯着眼往四周看了看，看见站在皇帝身边的一个太监正在很不友好地盯着他。这个太监叫高力士，是唐玄宗最宠信的太监，权力很大，皇太子称他为“阿哥”，王公大臣们称他“阿爹”，四方的奏事都要经过他的手，文武百官没有一个不巴结他的。李白早就看不惯高力士的所作所为了，于是趁着这天的酒性对皇帝说：“皇上，我有个小小的请求，不知您准不准？”皇上急着要李白写诏书，便着急地说：“你有什么要求，尽管讲。”

李白懒洋洋的答道：“我刚喝了点酒，因此无法像平常那样很恭敬地写文章。请皇上准许我穿戴随便一点，这样我才能把这篇诏书写得符合您的要求。”皇上想了想，摸着胡子说：“既然这样，我就准许你随便一点吧。”于是，李白伸了个懒腰说：“我穿的鞋太紧了，要换一双松一点的便鞋。”皇帝立即叫人给他取双便鞋来换。李白趁机向站在一旁的高力士把脚一伸：“给我把靴子脱了！”高力士看看伸在他面前的脚，又看看玄宗毫无表示，只好顺从地给李白脱下靴子。

这一次，李白给那些受高力士欺负的人出了口气，但高力士平时作威作福搞惯了，从来没有受过这样的侮辱，这件事使他很愤怒，于是他就经常在唐玄宗面前说李白的坏话。唐玄宗对李白渐渐冷淡下来，后来李白实在待不下去了，只得离开长安，到外地游历。

木人石心：出淤泥而不染，以禅定的心净化诱

【出处】《晋书·隐逸传·夏统》

【释义】本义为“木头人，石头心”，比喻人意志坚定，不为外物所动。

【历史典故】

晋朝有个名士叫夏统，会稽人，是位超凡脱俗的隐士，他多才善辩，很有名气。当时，许多人劝他出来做官，都被他拒绝了。

一次，他来到了洛阳，太尉贾充听说了，便想利用他的才学和名望来扩充自己的势力，于是就劝他到自己身边来任职，被他婉言谢绝。贾充不甘心，调来整齐的军队，装饰上华丽的车马，吹着响亮的号角，从夏统面前走过。贾充对夏统说：“如果你愿意到我身边来做官，就可以指挥这些军队，乘坐华美的车子，那该有多威风啊！”夏统对眼前豪华显赫的场面就像没有看见似的，丝毫不动心。

贾充仍不死心，又招来一些美女，在夏统面前轻歌曼舞。贾充心想，这下你总该动心了吧。不料，夏统漠然如初，毫不动摇。贾充见全然打动不了夏统的心，不解地说：“天下竟有这样的人！真是木头做的人，石头做的心啊！”“木人石心”由此而来。

以管窥天：克服狭隘，把“心窗”打开

【出处】西汉 · 司马迁《史记 · 扁鹊列传》

【释义】以：用或从的意思；管：就是竹管、竹筒；窥是从小孔或缝隙里看。本意是从竹管里看天空，只能看到很小一部分。比喻见闻狭隘，看问题片面。

【历史典故】

传说，战国时期的名医扁鹊曾得到过仙药和秘方，能隔墙给人看病，并能看清病人的五脏六腑，看出病灶在什么地方。

有一年，扁鹊带领弟子外出巡医，路过虢国都城的王宫，听到宫内一片哭声，不知出了什么事，他就向宫外守门人询问。方才得知太子刚刚去世了。扁鹊问：“他什么时候去世的？得了什么病？”守门人回答：“今天早晨鸡叫两遍的时候去世的。”扁鹊凭借自己的经验，已经知道太子得了什么病。于是，他对守门人说：“请禀告君王，我能使太子死而复生。”守门人瞧了瞧扁鹊，说：“先生该不是胡说吧？人死了还能治活？我听说上古有个神医，治病不用汤剂、药酒及其他东西。只解开衣服诊视，就能知道疾病所在，然后剖开皮肤，疏通经脉。先生的医术能如此，那么太子就能复活再生了，不然的话，先生就是骗人。”扁鹊再三请求守门人，他就是不答应。扁鹊叹息说：“您所说的，就像从管子里去看天，从缝隙中看花纹一样。我用的治疗方法，只要观察病人的体态神情，就能说出病因在什么地方。”

守门人见他说得很有把握，就答应替他去禀报国君。国君一听太子有救了，很高兴，即刻请扁鹊进宫给太子看病。扁鹊仔细检查了太子的身体，然后为太子实施针灸。当银针扎进太子身体后，太子就慢慢睁开眼，嘴唇微微动了动，周围的人们都惊讶地睁大了眼睛。扎完针后，扁鹊又为太子配制了几副药，同时告诉太子侍从如何煎服。最后，他对君主说：“太子不出一个月，身体就会康复。”果然，没出一个月，太子完全恢复了健康。从此，扁鹊声名大起。

东施效颦：接纳自己，做最真的自己

【出处】战国·庄周《庄子·天运》

【释义】效：仿效；颦：皱眉。比喻胡乱模仿，效果极坏，反而出丑。

【历史典故】

春秋时期，越国有一位美女叫西施，无论举手投足，还是音容笑貌，都十分惹人喜爱。西施略施淡妆，衣着朴素，但美若天仙，无论走到哪里，都有很多人为她的美貌而折服。

美貌的西施患有心口疼的毛病。一天，她的病又犯了，手捂胸口，双眉皱起，流露出一种娇媚柔弱的美。从乡间走过的人，都睁大双眼关切地注视着心口疼的西施。

乡下有一个相貌很丑的女子，名叫东施。她动作粗俗，说话大声大气，却总想让自己变成像西施一样的美女。她看到西施捂着胸口、皱着双眉的样子竟博得这么多人的喜爱，回去以后，也学着西施的样子，手捂着胸口，紧皱眉头，在村里走来走去。哪知这使她的样子变得更难看。结果，人们见了这个怪模怪样的东施，简直像见了瘟神一般，都离她远远的。

丑女东施看到西施皱眉的样子很美，就简单一味地模仿，却落得个被人嘲笑的下场。

奴颜婢膝：骨气是一个人的“脊梁”

【出处】唐·陆龟蒙《江湖散人歌》

【释义】奴：奴才；颜：面孔；婢：女仆；膝：膝盖，借指下跪。形容奴才相十足，无耻地谄媚、奉承他人的样子。

【历史典故】

宋钦宗靖康二年（公元1127年），金兵南下，如入无人之境，迅速攻破了

汴梁（今河南开封），并俘虏了徽宗和钦宗二帝，史称“靖康之耻”。事变后，钦宗赵桓的弟弟赵构，在大臣们的帮助下，在应天府（今河南商丘）当起了皇帝，建立了南宋王朝。此后，又迁都临安（今浙江杭州），苟延残喘，对金人提出的无理要求全部答应。到了宋理宗时，任用奸臣贾似道为相，而使得朝政更加混乱。

贾似道，字师宪，因其姐姐被选入宫中做了贵妃，依靠裙带关系才得以入朝为官，此人极善奉迎之事，很快就做了地方大官，之后，升任参知政事、知枢密院事，逐渐掌握了朝中大权。理宗开庆元年（公元1259年），鄂州被蒙古人围困。贾似道领兵增援，还没开战，他就私下向蒙古人称臣纳贡，使得蒙古人很快就退了兵。贾似道却谎报此战“大捷”，理宗不明其中缘由，还升他做了右丞相。之后，他除掉了异己势力，独揽了整个朝政大权。

理宗死后，度宗即位，贾似道被加封为太师，朝中一切政事都在他的私宅中商议。襄阳被围四年，贾似道只是一味地向蒙古乞怜，朝中的大臣们大多都是他的心腹，只有一个叫陈仲微的人敢站出来揭露他的罪行。陈仲微，字致广，曾因得罪贾似道而被罢官，复官后，依然上书指责时政，说：“君道相业，两有所亏！”来批评国君和宰相的昏庸，还说宋徽宗和宋高宗的时候，也是如此，君是昏君，相是奸相，那些佞臣们起初竭力奉承皇帝，享受荣华，到头来却又投降敌人，向敌人称臣。陈仲微要求宋度宗和贾似道等人以徽宗、高宗时的旧事为鉴，切勿把国家大事继续耽误下去。陈仲微在其向度宗的谏书中，用“俯首吐心，奴颜婢膝”来形容那些奸佞的权臣。

安步当车：做人需要淡泊

【出处】西汉·刘向《战国策·齐策四》

【释义】安：安详，不慌忙；安步：缓缓步行。以从容的步行代替乘车。形容人能安于淡泊的生活而不追名逐利。

【历史典故】

战国时齐国有位贤者，名叫颜蜀。齐宣王十分仰慕他，便把他召进宫来。颜蜀走进宫内，来到殿前，就停住了脚步，不再前进。齐宣王叫他上前，颜蜀不仅一步不动，还叫齐宣王下来迎接他，说："如果是我走到大王面前，说明我羡慕大王的权势；如果是大王走过来，说明大王礼贤下士。与其让我羡慕大王的权势，还不如让大王礼贤下士的好。"齐宣王听后生气地说："到底是君王尊贵，还是士人尊贵？"颜蜀不假思索地说："当然是士人尊贵！从前秦国进攻齐国的时候，秦王曾经下过一道命令，有谁敢在高士柳下季坟墓五十步以内的地方砍柴的，格杀勿论！他还下了一道命令，有谁能砍下齐王脑袋的，就封为万户侯，赏金千镒。由此看来，一个活着的君主的脑袋还不如一个死了的士人的坟墓呢！大禹的时候，诸侯有万国之多，是因为他尊重士人；到了商汤时代，诸侯有三千之多；如今，称孤道寡的才二十四个。这样看来，重视士人与否是得失的关键。从古到今，没有不务实事而成名于天下的，所以君王要以不经常向人请教为羞耻，以不向地位低的人学习而惭愧。"

齐宣王听到这里，觉得自己理亏，于是对颜蜀说："听了您的一番高论，茅塞顿开，希望您接受我拜您为师，今后您就住在这里，饮食有肉吃，出门有车乘，您的家人个个衣着华丽。"颜蜀拒绝道："玉，产于山中，一经匠人加工，就会破坏；虽仍宝贵，但失去了本来的面貌。士人生在穷乡僻壤，如果选拔上来，享有利禄，他外来的风貌和内心世界就会遭到破坏。所以我希望大王让我回去，每天吃点粗茶淡饭，像吃肉那样香，安稳而慢慢地走路，足以当作乘车。平安度日，并不比权贵差。清净无为，纯正自守，乐在其中。"颜蜀说罢，向齐宣王拜了两拜便离开了。

先忧后乐：以天下为己任

【出处】西汉·刘向《说苑·谈丛》

【释义】忧：忧虑；乐：享乐。忧虑在天下人之先，安乐在天下人之后。比喻吃苦在先，享受在后。

【历史典故】

范仲淹，字希文，北宋时期著名的政治家、军事家和文学家。他一生功绩卓著，成绩斐然，为民众做了很多好事，声誉和地位极高。

一次，他的朋友滕子京被贬到岳州当官。岳州有一名胜，叫岳阳楼，始建于唐朝，到了宋代已经破败不堪了。滕子京到达此处后，修建了岳阳楼，范仲淹受他所托写了一篇《岳阳楼记》来记颂这件事。

范仲淹在文章中写道："我曾经探究古代品德高尚的人的情怀，他们的情怀与被贬官的人和失意的文人的情怀不同，是什么原因呢？不因为外物的好坏和自己的得失而或喜或悲，在朝廷里做高官就为百姓担忧，不在朝廷上做官就为君主担忧。这样看来是在朝廷做官也担忧，不在朝廷做官也担忧。既然这样，那么什么时候才快乐呢？他们一定会说：'在天下人忧愁之前先忧愁，在天下人快乐之后才快乐。'唉！如果没有这种人，我与谁同道呢？"

克己奉公：清白做人，坦荡做事

【出处】南朝·宋·范晔《后汉书·祭遵传》

【释义】克己：约束自己；奉公：以公事为重。约束自己的私心，以公事为重。比喻一个人对己要求严格，一心为公。

【历史典故】

东汉初年，有个文人名叫祭遵，字弟孙，虽然出身豪门，但生活非常俭

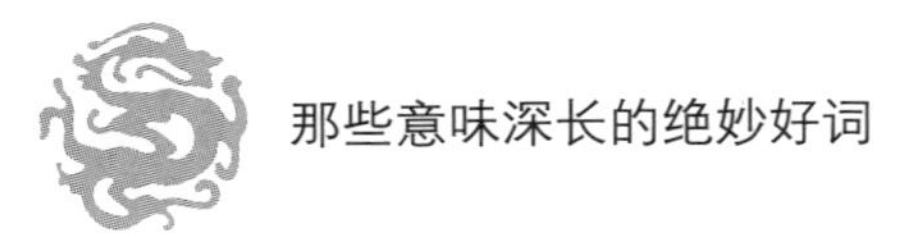

朴。他从小就喜欢读书，博览群书，贤孝博学。

公元24年，刘秀攻打颍阳一带时，祭遵前去投奔，刘秀便将其收到帐下。刘秀发现祭遵为人正派，做事讲究原则，便任命他为军市令，负责军营的法令，管理军纪。祭执法严明，不徇私情，为大家所称道。

有一次，刘秀身边的一个小侍从犯了罪，祭遵查明真相后，依法把这名小侍从处以死刑。刘秀知道后，龙颜大怒，欲降罪于祭遵。有人劝谏刘秀说：“严明军令，本来就是大王的要求。如今祭遵遵守法令，做得很对，这样号令三军才有威信，保证以后再也没人敢以身试法了。”

刘秀听了觉得有道理，笑着说：“通过一个该死的侍从让我看到了我的营帐中的一个贤人。”他不但没有降罪于祭遵，还提升他为将军。后来，祭遵屡立战功，又被封为颍阳侯。

祭遵为人廉洁，为官清正，做事谨慎，克己奉公，经常得到刘秀的赏赐，但他将这些赏赐都分给了手下的人。他生活十分俭朴，家中也没有多少私人财产，即使在安排自己的身后事时，他仍嘱咐身边的人，不许铺张浪费，只需用牛车装载自己的棺木，拉到洛阳下葬就可以了。

杞人忧天：对危险的恐惧要比危险本身更可怕

【出处】战国·列御寇《列子·天瑞》

【释义】杞：周代诸侯国名，在今河南省境内；忧：忧虑。杞国有个人怕天塌下来，而整日寝食不安。比喻不必要的或缺乏根据的忧虑和担心。

【历史典故】

从前，杞国有一个人，胆子很小，他常常会忧虑一些莫名其妙的问题。有一天，他突然想到了一个非常严重又可怕的问题：万一哪一天，天塌了下来，那该怎么办啊？到时岂不是要被活活压死吗？

从此以后，他整天担心天会塌下来，自己没有地方安身，他越想越觉得危险，越想越觉得可怕，愁得睡不着觉，吃不下饭。

朋友们看他这样忧愁，整日精神委靡，很为他担心，就去开导他说："天不会那么容易就塌下来的，即使天真的塌下来了，也不是你一个人担心就能解决的啊！何况，天不过是由气体聚积而成的，你一举一动，一呼一吸，都生活在大气之中。放心，天不会塌下来的。"

杞人听了朋友的话，又说："如果天真的是大气组成，那么太阳、月亮和星星不是会掉下来吗？"朋友说："太阳、月亮和星星，也都是由会发光的气体积聚而成的。即使掉下来，也不可能把人压伤。"

朋友劝解的话，他根本听不进去，仍然在整天担忧，一会儿担心天会塌下来，一会儿又担心太阳、月亮和星星会掉下来。就这样，一年又一年过去了，天没有塌，日月星辰也好好地挂在天上。后来，他因忧虑过度而去世了。

杯弓蛇影：抛却疑虑，寻找生命中的阳光

【出处】《晋书·乐广传》

【释义】将映在酒杯里的弓影误认为是蛇。比喻因疑神疑鬼而引起恐惧，自己吓唬自己。

【历史典故】

西晋时期，有个人名叫乐广。他有一位好朋友，一有时间就到他家里来饮酒聊天。可很长一段时间，这位朋友也没有来。乐广十分惦念，就前去看望，到了之后，他看见朋友倚在床上，脸色蜡黄，这才知道朋友生病了。追问病因，朋友支支吾吾地不肯说，再三询问后，朋友才说："那天在你家喝酒，看见酒杯里有一条青皮红花的小蛇在游动。当时出于礼貌，只得闭着眼睛喝了下去。从此以后，就老觉得肚子里有条小蛇在乱窜，什么东西也吃不下。"

乐广心想，酒杯里怎么会有蛇呢？回去之后，他在客厅里踱来踱去，分析原因。他看见墙上挂着一张青漆红纹雕弓，心里一动。他斟了一杯酒，放在桌子上，移动了几下，终于看见那张雕弓的影子清晰地投映在酒杯中，随着酒液的晃动，就像一条青皮红花的小蛇在游动。这下真相大白了，乐广马上把朋友接到家中，让他仍旧坐在上次的位置上，仍旧用上次的酒杯为他斟了满满一杯酒，问道："您再看看酒杯中有什么东西？"那个朋友低头一看，立刻惊叫起来："蛇！蛇！又是一条青皮红花的小蛇！"乐广大笑，指着墙壁上的雕弓说："您看看那是什么？"朋友看看雕弓，再看看杯中的蛇影，顿时豁然开朗，立刻觉得浑身轻松，心病也全消了。

卖狗嫁女：节俭是善行中的大德

【出处】《晋书原传》

【释义】用卖狗的钱嫁女儿，形容人非常节俭。

【历史典故】

东晋有个大官叫吴隐之，他幼年丧父，跟母亲艰难度日，由于家境贫困，养成了勤俭朴素的习惯。等到他做官以后，本来可以享受奢华的生活，他依然厌恶奢华，不肯搬进华丽的官府，只住在几间茅草房里。

不久，吴隐之的女儿出嫁，人们猜想他这回一定会好好操办一下。谁知成亲当日，吴家仍然冷冷清清。大将军谢石的管家前来贺喜，看到一个仆人牵着一条狗走出来。管家问道："你家小姐今天出嫁，怎么一点筹办喜事的样子都没有？"仆人皱着眉说："你可别提了，我家大人太节俭了，小姐今天出嫁，大人昨天晚上才吩咐准备。我还以为这回大人该破费一下了，谁知大人竟叫我到集市上去把这条狗卖掉，再用卖狗的钱置办小姐出嫁的东西。你说，一条狗能卖多少钱，我看平民百姓嫁女儿也比我家大人嫁女儿气派啊！"

谢石的管家感叹道：“人人都说吴大人是少有的清官，以节俭出了名，看来真是名不虚传。”

扇枕温席：百善孝为先

【出处】东汉·刘珍《东观汉记·黄香传》

【释义】形容对父母十分孝敬。

【历史典故】

东汉时，有一个人名叫黄香，很小的时候，他就知道亲近、孝顺父母。在他九岁时，母亲去世了，只有父亲一人养育他。他深知父亲的辛苦，对父亲倍加孝顺，一切家务都由他承担。别的小孩子在玩耍时，他在家里劈柴做饭，好让父亲有更多的时间休息。

夏天的时候，天气炎热，黄香的父亲干完活，坐在院子里乘凉。黄香就用扇子把床扇凉，再让父亲上床就寝。冬天，天寒地冻，他先用自己的身体把被窝暖热，才让父亲躺下睡觉。渐渐地，黄香为邻里所称赞。在黄香12岁时，江夏的太守称他为“至孝”，汉和帝也曾嘉奖过他。

黄香长大后，人们推举他当地方官。黄香担任太守时，非常体恤百姓们的饥苦，爱护子民，为百姓谋利。有一次，黄香管辖的地区遭遇了特大水灾，他毫不犹豫拿出自己的俸禄，赈济受灾的百姓；同时上奏皇帝，请求减免百姓当年的税务。

百姓们十分爱戴这位爱民如子的好官。在当时流行着这样的一句话：“天下无双，江夏黄香。”

寄人篱下：学会独立，舍弃依赖之心

【出处】唐·李延寿《南史·张融传》

【释义】寄居在别人屋下，用以比喻依附于他人篱笆下，依附别人生活，不能自立。

【历史典故】

南朝有个人名叫张融，其貌不扬，但才智过人，诗文书画无所不精，尤其擅长狂草。他的作品不拘常法，独创一格。其为人处世，清高绝俗，只与有真才实学和真知灼见的人交往，否则即便王公贵族也不放在眼里。南朝皇帝萧道成精通武略又文采出众赢得了张融的佩服，于是二人结为好友，经常在一起探讨文学艺术领域里的一些问题。

一天，两人又讨论起了书法。在评说了几位著名书法家的特色之后，皇帝评论起张融的书法来，他说："您的书法颇有风骨，但还缺少二王（王羲之、王献之）的法度。"张融笑道："陛下只看到张融缺少二王的法度，却没看到二王缺少张融的法度啊。"皇帝听了指着张融笑道："也只能从你嘴里说出这样奇怪的话，好，说说你的理由吧。"张融说："男子汉大丈夫立于天地之间，要向孔夫子删编《诗》《书》，制定《礼》《乐》那样，开拓新路，独创一格，推出的作品要有自己独一无二的风格法度，怎能因循守旧，拾人牙慧，寄人篱下呢？二王的法度我不是没吸收，而是已经转化为我自己的法度了，遗憾的是二王不能吸收我的法度再行转化了。"皇帝听了不禁点头佩服。

鸿雁传书：铮铮傲骨铸就一颗忠心

【出处】东汉·班固《汉书·苏武传》

【释义】鸿雁是大型候鸟，每年秋季南迁，常常引起游子思乡怀亲之情和羁旅伤感。鸿雁传书指通信。后来，人们就用鸿雁比喻书信和传递书信的人。

【历史典故】

汉武帝天汉元年，匈奴向汉朝求和，汉武帝派中郎将苏武出使匈奴。苏武

带着使团及丰厚的礼物出使到匈奴。不料，反复无常的匈奴单于不但不感谢，反而受到坏人挑唆，把苏武等人扣押起来，要苏武投降。金钱、高官厚禄、冻饿折磨，都没能使苏武屈服，他坚决不投降。没办法，单于只好下令将苏武送到北海边上（现在的西伯利亚贝加尔湖一带）去牧羊，并且对苏武说："等公羊何时生了小羊，就送你回汉朝去！"公羊怎么能生小羊呢？其用意十分明白，单于是坚决不肯放苏武回汉朝了。

北海一带，荒无人烟，终年白雪覆盖。苏武只能以野鼠洞里的草子充饥。每天一边牧羊，一边抚弄着出使时汉武帝亲手交给他的旌节，心中怀念着自己的家乡。夜晚，他将旌节紧紧抱在胸前。就这样，日复一日，艰难地度过了漫长的岁月。

后来，汉武帝驾崩后，汉昭帝即位，匈奴再次与汉朝议和，而单于仍不让苏武回汉朝，还谎称苏武已经死了。与苏武一起出使匈奴的常惠，千方百计把苏武的情况告诉了汉朝使者，还为使者想出了一个要回苏武的妙计。

第二天，汉朝使者去见单于，对单于说："你们既然诚心跟汉朝结好，就不该再欺骗我们。苏武明明没有死。有一天，我们皇上在上林苑里射猎，射下一只大雁，大雁的脚上系着一条绸子，那是苏武写给皇上的一封信。信里说他在寒冷的北海牧羊，你们怎么说他死了呢？大雁能带信，这是天意，你们怎么可以欺骗天呢？"单于听了，不觉大吃一惊，只好承认自己说了谎话，又说："苏武的忠心都感动了飞鸟，难道我们还不如大雁吗？"说完，他立即向汉朝使者道歉，并赶快派人把苏武从北海接了回来。苏武回到了阔别二十年的京城，汉昭帝接见了他，还让他到先帝庙里去拜见汉武帝的灵位，并把当年汉武帝亲手交给他的旌节交还到汉武帝灵前。

雪中送炭：扶危济困，才是最大的善意

【出处】南宋·范成大《大雪送炭与芥隐》

【释义】炭：木炭。在寒冷的下雪天给人送去木炭，以供取暖。比喻在别人极其困难和危急的时候，给予物质上或精神上的帮助。

【历史典故】

宋太宗即位后，生活非常俭朴，甚至禁止在皇宫之中使用金银做装饰品。他很能体会百姓的甘苦，处处为百姓、为社稷着想。

一年冬天，天气格外冷，外面下着鹅毛大雪。宋太宗在房间里，身上披着狐狸皮外套，仍然觉得浑身发冷，宫外更是天寒地冻。太宗命人端来取暖的火盆，奉上温热的美酒，他烤着火，品尝着美酒，忽然看到院中树上的枯枝随着寒风，被吹落到了地上。他心中不禁一动，想到：这么寒冷的天气，汴梁城中的百姓，有许多缺柴少米的，他们的日子要怎么过呢？

想到这里，他马上下令召府尹进宫，他对府尹说："如今天寒地冻，城中那些缺衣少食的百姓如何受得了？你马上带些衣食和木炭去城中走走看看，帮助那些无法过冬的人们，以解他们的燃眉之急。"

府尹领旨，带领衙役，备好衣食和木炭，给有困难的人家都留下足够的东西。受到救助的百姓感激万分，于是，便有了"雪中送炭"的佳话。

嗟来之食：时刻保持做人的气节

【出处】西汉·戴圣《礼记·檀弓下》

【释义】嗟：不礼貌的招呼声，相当于现在的"喂"。一个有自尊的人，宁可饿死也不肯接受别人轻蔑的怜悯。通常指带有侮辱性的或不怀好意的施舍。

【历史典故】

战国时期，诸侯征战不断，百姓本就处在水深火热之中，如果再遇上天灾，百姓就没法活了。这一年，齐国大旱，田地干裂，庄稼旱死了，穷人吃完了树叶吃树皮，吃完了草苗吃草根，实在没得可吃了，只得到外面去逃荒要饭。

有个富人名叫黔敖，家里囤积了很多的粮食。他看着穷人一个个饿得东倒西歪，始终无动于衷。这时，一个家奴向他建议：如果在这个时候施舍给那些饥民们一点吃的，他们必定会感恩戴德，便可以获得一个好名声。于是，黔敖把做好的窝窝头摆在路边，施舍给过往的饥民。每过来一个饥民，黔敖便丢过去一个窝窝头，并且傲慢地叫着："叫花子，给你吃吧！"有时候，过来一群人，黔敖便丢出去好几个窝头，让饥民们互相争抢，黔敖看着他们争抢，十分开心，觉得自己真是大恩大德的活菩萨。

一天，一个瘦骨嶙峋的饥民走了过来，他满头乱蓬蓬的头发，衣衫褴褛，一双破烂不堪的鞋子用草绳绑在脚上，从他摇摇晃晃的步伐便看得出他已经好几天没有吃东西了。黔敖看见他，便特意拿了两个窝窝头，还盛了一碗汤，对他大声吆喝道："喂，过来吃吧！"语气中充满了得意。黔敖本以为这个饥民一定会感谢他的好意，谁知，那个饥民像没听见似的，根本没有理他。黔敖又叫道："喂，听到没有？给你吃的！"只见那饥民慢慢地走到黔敖的面前，仰起头注视着黔敖说："收起你的吃的吧，我宁愿饿死也不愿吃这样的嗟来之食！"说完头也不回地走了。

黔敖万万没料到，饿得这样走路都摇摇晃晃的饥民还保持着自己的尊严，顿时满面羞愧。

趋炎附势：想巴结别人，先要尊重自己

【出处】《宋史·李垂传》

【释义】趋：奔走，巴结；炎：热，显赫，指权势；附：依附，依靠。奉承和依附有权有势的人。用于指斥那些巴结、投靠有权有势者的行为。

【历史典故】

李垂，字舜工，山东聊城人，北宋官员。咸平年间考中进士，先后担任著

作郎、馆阁校理等职。他曾编写了三卷《导河形胜书》，对治理旧河道提出了许多有益的建议。此人博学多才，为人正直，对当时官场中奉承拍马的庸俗风气非常反感，因不肯同流合污而得罪了许多权贵，一直得不到重用。

当时的宰相丁谓就是一个善于阿谀奉承之人，他用卑劣的手法获取了宋真宗的欢心，从而掌握大权，加上他玩弄权术，排挤异己，最后独揽朝政。许多想要升官发财的人见他炙手可热，便都争相吹捧他、奉承他，希望可以获得他的赏识，平步青云。

有人见李垂从来不去讨好丁谓，十分不解，便问他为何从未去拜谒过当朝的宰相。李垂说："丁谓身为宰相，不但不以身作则，公正地处理政事，反而仗势欺人，实在有负于朝廷对他的重托和百姓对他的期望。这样的人我为什么要去拜谒？"这话很快就传到了丁谓的耳朵里，丁谓对此非常恼火，便借故把李垂贬到外地去了。

宋仁宗即位后，丁谓倒台，李垂被召回京都。一些朋友对他说："朝廷里有些大臣知道你才学过人，都想推举你做知制诏。不过，当今的宰相还不认识你，你是不是应该去拜访他呢？让他认识认识你，一定会有好处的。"李垂淡淡地回答说："如果我三十年前就去拜谒当时的宰相丁谓，可能早就当上翰林学士了，但是我并没有这样做。我坚持自己的原则，见到有的大臣办事不公，就会当面指责他，又怎么能趋炎附势，看别人的眼色行事，借以来换取他们的提携呢？"他的这番话传到了新任宰相的耳朵里。结果，他再次被排挤出了京都。

疑邻盗斧：猜疑是害人害己的祸根

【出处】战国·列御寇《列子·说符》

【释义】疑：怀疑；斧：斧头。怀疑邻居偷斧头。指不注重事实根据，对人对事胡乱猜疑。

【历史典故】

从前有个乡下人，丢了一把斧子。在家里到处找都没有找到，于是，他就怀疑是邻居的儿子偷去了。但没有证据不能乱讲，他就仔细地观察邻居的儿子：看走路的样子，像是偷斧子的；看脸色表情，也像是偷斧子的；听他的言谈话语，更像是偷斧子的。总之，邻居儿子的一言一行，一举一动，都像偷斧子的。

过了几天，这个人到地窖去储存物品。当他挖开地窖门，下到地窖里的时候，发现自家那把不见了好多天的斧头正放在地上。

第二天，这个人再去看邻居的儿子的时候，他的一举一动，一言一行，就连笑的神态，一点儿也不像是偷斧头的样子了。

鞠躬尽瘁，死而后已：忠于职守，尽职尽责

【出处】三国·蜀·诸葛亮《后出师表》

【释义】鞠躬：弯着身子，表示恭敬、谨慎；尽瘁：竭尽劳苦；已：停止。指勤勤恳恳，竭尽心力，到死为止。

【历史典故】

在中国人的心中，诸葛亮是聪明与智慧的化身。他上通天文，下知地理，四书五经，无所不晓。

47岁时，诸葛亮向后主刘禅呈上《出师表》，表明自己为国“鞠躬尽瘁，死而后已”的心迹。为了统一中原，诸葛亮曾经多次兵出祁山，前几次出兵，都因为粮食不足而退兵，第五次他接受了以往教训，非常重视粮食供应。他设计了一种叫做木牛流马（改进的独轮车）的运输工具，用它把粮食运到斜谷口囤积备用。

公元234年，诸葛亮用木牛流马运粮，做好充分准备后，与孙权同时对魏

国发起进攻。诸葛亮率领十万大军出斜谷口，在渭水南岸的五丈原构筑营垒，准备长期作战；一部分兵士在五丈原屯田，跟当地老百姓一起耕种。司马懿率领魏军也渡过渭水，筑起营垒准备和蜀军长期对峙。魏明帝命令司马懿只许坚守，不准出战。

与此同时，孙权派出三路大军进攻魏国，配合蜀国的行动。魏明帝亲自率领大军南下，大败吴军。诸葛亮只好孤军作战，蜀国军队很想跟魏军速战速决，但司马懿固守营垒，坚守不出，决心要打持久战。双方相持了一百多天。

有一次，司马懿虚情假意地接待前来下挑战书的使者，问道：“你们丞相很忙吧，身体还好吗？”使者回答说：“丞相很忙，军营里大小事都亲自过问。他每天早起晚睡。近来胃口也不太好，饭量很小。”使者走后，司马懿对将士们说：“诸葛孔明食少事多，怎能支撑长久呢？”不出司马懿所料，诸葛亮就在这年八月病故，年仅54岁。

按照诸葛亮生前嘱咐，蜀军密不发丧，各路人马按序撤退。司马懿探得蜀军因诸葛亮病死而退兵的消息，立即率军追赶。刚过五丈原，忽然蜀军旗帜转向，战鼓雷鸣，蜀军将士们转身杀过来。司马懿大吃一惊，赶快下令撤退。待魏军退远了，蜀军才缓缓撤出五丈原。

虽然，诸葛亮没能实现统一中原的愿望，但他在政治、军事等方面的才智和鞠躬尽瘁、忠于职守的品格，永远师仪后世。

参考文献

[1] 聂炎. 常用俗语熟词源头之趣[M]. 北京：中国书籍出版社，2013.
[2] 伍铁平. 现代语言学丛书[M]. 上海：上海外语教育出版社，2011.
[3] 杨光荣. 汉语史与中国古典文献学研究丛书：词源观念史[M]. 成都：巴蜀书社，2008.
[4] 甘勇. 清人小学注疏五种词源研究语料库建设及研究[M]. 北京：中国社会科学出版社，2014.
[5] 曾昭聪. 魏晋南北朝隋唐五代词源研究史略[M]. 北京：语文出版社，2010.